Wandel durch Vernetzung

Dominik Petersen • Urs Witschi

Wandel durch Vernetzung

Das Praxisbuch für nachhaltiges
Change-Management

In Zusammenarbeit mit:
Hans Baumeister, Carola Pust und Heinz Vetter

Springer Gabler

Dominik Petersen
Gravedona, Italien

Urs Witschi
Ennetbaden, Schweiz

ISBN 978-3-658-06769-4   ISBN 978-3-658-06770-0 (eBook)
DOI 10.1007/978-3-658-06770-0

Die Deutsche Nationalbibliothek verzeichnet diese Publikation in der Deutschen Nationalbibliografie; detaillierte
bibliografische Daten sind im Internet über http://dnb.d-nb.de abrufbar.

Springer Gabler
© Springer Fachmedien Wiesbaden 2015

Lektorat: Ulrike M. Vetter

Gedruckt auf säurefreiem und chlorfrei gebleichtem Papier

Springer Gabler ist eine Marke von Springer DE. Springer DE ist Teil der Fachverlagsgruppe
Springer Science+Business Media
www.springer-gabler.de

VORWORT

Dieses Buch stellt die logische Fortsetzung des Grundlagenbuches zum WaVe-Verfahren dar (WaVe steht für „Wandel durch Vernetzung"; Petersen u.a., 2011): Während es dort um einen „Theorie-Praxis-Dialog" zum Thema „Change-Management" ging, konzentrieren wir uns hier auf die Anwendung. Dort sollte nicht nur ein Vorgehen dargestellt werden, sondern auch die systemische Konzeption dahinter und die Anbindung der Praxis an den Stand des Wissens. Hier halten wir uns nur kurz mit dem theoretischen Hintergrund auf (Teil A: Über die Linie hinaus ...). Wir wollen den Praktiker[1] (Manager, Berater) vielmehr zur Umsetzung ermutigen,

- indem wir ihm detaillierten Einblick in die Anlage von Change-Vorhaben (Teil B: 12 Prinzipien) und
- Verfahrens-Hinweise für das entsprechende Vorgehen (Teil C: 5 Schritte) geben.
- Die Kenntnis möglicher Varianten in unterschiedlichen Anwendungsfeldern soll zusätzliche Sicherheit beim Navigieren im konkreten Projekt bringen (Teil C: Anwendungsfelder); ebenso die Stimmen aus der Praxis (Teil D).

WIE KAM ES ZU WAVE?

Es sind nun knapp zwanzig Jahre her. Der Mauerfall war noch in frischer Erinnerung, die Globalisierung kündigte sich an. Da fand sich ein Arbeitskreis von Freunden und Beraterkollegen zusammen: Wo sollte die Reise hingehen? Wie könnten wir Unternehmen am besten helfen, sich in der neuen Welt zu behaupten? Für uns schien die Antwort klar. Schließlich kommen die fantastischen technischen Errungenschaften, die den Wandel treiben, nur durch funktionierende Zusammenarbeit vieler Menschen zustande. Diese Kooperation optimal zu organisieren, wird entscheidend für das Überleben sein. Statt immer neue Varianten des alten Musters „Hierarchie" auszuprobieren (bis hin zur mehrdimensionalen Matrix), müsste jetzt doch die Zeit reif sein, sich ganz anders aufzustellen – als Netzwerk selbststeuernder Einheiten. Nur so können wir uns den Gegebenheiten schnell genug anpassen, nur so können – und wollen! – Menschen täglich ihr Bestes geben.

Der damalige Trend zur Bildung autonomer Geschäftseinheiten schien uns zu bestätigen. Und tatsächlich: Ein großes Unternehmen hatte genau das vor, um aus der Krise zu kommen. Man fand unsere Ideen des Arbeitens mit vernetzten und selbstgesteuerten Teams passend für das geplante Projekt. Wir konnten das Management überzeugen, mit Gruppen von Freiwilligen zu arbeiten, diesen die Neugestaltung einschließlich der Projektsteuerung anzuvertrauen und die eigene Managementrolle auf eine unterstützende und orientierende Funktion zu beschränken. Damals war es wohl eher das Bauchgefühl der Verantwortlichen, das eine derartig mutige Entscheidung ermöglichte. Angesichts höchster Komplexität und engster Zeitvorgaben durch den Vorstand hatte man auf diesem Weg wenigstens viele Mitstreiter im Boot. Aber es zahlte sich aus: Nach sechs Monaten war nicht nur die Segmentierung geschafft. Die gesamte Organisation von mehreren tausend Mitarbeitern hatte eine ungekannte Aufbruchstimmung erfasst.

---

[1] *Zur Bezeichnung von anonymen Personengruppen verwenden wir aus Lesbarkeitsgründen vorwiegend die Maskulinform; wir bitten die weiblichen Leser (!) um Verständnis!*

Die freundschaftlich gemeinte Schlussbemerkung des Vorstandes lautete trotzdem: „Herr Petersen, Sie haben ein riesiges Experiment mit uns gemacht!" Experimente sind zum Lernen da. Was ist herausgekommen?

- Zum einen wurden wir bestätigt: Netzwerke selbststeuernder Einheiten/Gruppen sind aufgrund voraussagbarer Wechselwirkungen tatsächlich ungeheuer leistungsfähig. Es entwickelt sich ein positiver Geist, eine gute Stimmung, eine eigene Kultur;
- Zum anderen konnten wir eine entscheidende Erkenntnis gewinnen: Ein solches Netzwerk fängt automatisch an, mit der internen Umgebung zu interagieren. Es entsteht ein organisationsweiter Dialog, der den Wandel treibt und in die Breite trägt. Die Veränderung kommt von innen.

Die Praxis hatte uns also eine wichtige Lektion erteilt: Die Netzwerkidee kann aus dem Elfenbeinturm einer Gedankenkonstruktion für die Zukunft befreit werden. Das *Netzwerk lässt sich direkt und praktisch als äußerst effektiver „Veränderungsmotor" nutzen. Unternehmen können netzwerkartig angelegte Projekte, die einen Unterschied zur Linie machen, hervorragend für ihre Veränderungszwecke einsetzen.*

In den folgenden Jahren konnten wir mit diesem Ansatz in allen unseren Change-Projekten dann auch Resultate erzielen und kulturelle Impulse auslösen, die weit über die Erwartungen hinausgingen.

DER DREIFACHE VORTEIL

Und darum geht es in diesem Buch. Weil wir die Funktionslogik genau beschreiben können, haben wir mit WaVe ein Vorgehen zur Hand, das lern- und wiederholbar ist. Change, auch als tiefgehender kulturverankerter Wandel, lässt sich jetzt risikoarm bewältigen, weil ein Standardleitfaden zur Hand ist. Diesen wollen wir hier dem interessierten Anwender zur Verfügung stellen; mit dreifachem Gewinn:

1. Mit WaVe lassen sich konkrete Veränderungen in allen wichtigen Bereichen bewältigen (Strategieentwicklung/-Umsetzung, Prozessoptimierung, Reorganisation, Merger-Integration).
2. Mit WaVe kann eine Organisation ein Change-Verfahren zum wiederholten Gebrauch erlernen.
3. Mit WaVe tut sich aber auch ein Tor in die Zukunft auf: Mit WaVe lässt sich erlernen, wie eine Netzwerkorganisation unter Realbedingungen funktioniert. M.a.W.: WaVe lässt sich als Probelauf für eine alternative Organisationswelt verstehen und nutzen. Das meinen wir mit „Der neue Geist des Wandels".

DANK

Das Buch wäre nicht zustande gekommen ohne die tatkräftige Unterstützung durch ein Kollegenteam, das einzelne Beiträge geliefert, kritische Fragen gestellt und Vorschläge eingebracht hat. Über den auf dem Buchcover aufgeführten Autorenkreis hinaus gehörten auch zeitweise Martin Zuber dazu und vor allem Wolfgang Kötter, der wertvolle strukturelle Impulse gegeben hat. Zusätzlich haben Jörg Bahlow und Wolfgang Schichterich mit dem Fallbeispiel „Unternehmensentwicklung im Nonprofitbereich", Teil D, eine bereichernde Erfahrung weitergegeben. Und schließlich ein spezieller Dank an Andreas Schlatter, der das Manuskript sorgfältig durchgelesen und redigiert hat.

INHALTSVERZEICHNIS

A) ÜBER DIE LINIE HINAUS ...

INHALT

Im Jahre 1434 legte eine kleine Caravelle in einem portugiesischen Hafen ab, um über „die Linie" zu fahren. „Die Linie" – das war das Ende der Welt.

Das mittelalterliche Weltbild behauptete, dass die Erde eine Scheibe sei und dass sich die Sonne um die Erde drehe. Die Scheibe ist begrenzt: Sie hat einen Rand, und wenn man sich zu weit wagt, fällt man hinunter, „in die Hölle", „dem Teufel in den Rachen". Daran haben die Menschen geglaubt, auch die mutigsten, und einige unter ihnen, portugiesische und spanische Seefahrer, „wussten" sogar, wo „der Rand" – und die Welt zu Ende war: am Kap Bojador an der afrikanischen Westküste.

1.1   WER WAR GIL EANES?

Im frühen 15. Jahrhundert glaubte mindestens einer nicht mehr ganz so fest an die Theorie vom Ende der Welt: Heinrich der Seefahrer. Der portugiesische Prinz hatte systematisch Wissen gesammelt. Er hatte Karten zeichnen, Schiffe bauen und ausrüsten lassen und hieß sie über Jahrzehnte hinweg die afrikanische Küste zu erkunden. Immer näher kamen sie an „die Linie" heran … Einer musst es schließlich wagen: Ein junger Kapitän war es, und Gil Eanes hieß er. Im zweiten Versuch segelte er 150 Seemeilen weit über das Ende der Welt hinaus – und traf immer noch Land an …

Mit einem Schlag hatte er den mythischen Bann gebrochen, das alte Weltbild zertrümmert und das Tor für weitere Entdeckungen geöffnet; wenn man so will, für die Entdeckung der Welt: Bartolomeo Diaz, Kolumbus, Vasco da Gama, Magellan … Schließlich war bewiesen, dass die Erde eine Kugel ist und dass sie sich dreht.

Eanes´ Tat bedeutete also vor allem dieses: „Einen extremen Akt der Entdämonisierung, der Realitätsausweitung, (sie) war eine überwältigende Demonstration der Selbstbehauptung im Ungewissen" (s. Diwald, 1991). Denn anders als seine Nachfolger, die ihn nautisch-seemännisch noch übertrafen, wusste Gil Eanes buchstäblich nichts und also fuhr er ins Nichts.

…Aber er mag etwas geahnt haben. Aufbruch lag in der Luft und der Drang, sich aus der Enge reinen Glaubens zu befreien. Menschen begannen damals, die Welt auf Karten zu bannen und sich ein immer wirklichkeitsnäheres Bild zu machen, auch von sich und den anderen. Ein unerhörter Siegeszug von Erkundungsdrang und Wissen nahm seinen Anfang. Der Herbst des Mittelalters war bald vorbei, der Frühling brach an. Das war der Kontext für Gil Eanes´ Tat. Ja, er muss viel Mut gehabt haben. Aber er muss sich auch auf eine bestimmte Weise sehr, sehr sicher gewesen sein.

Sind auch wir heute etwa in Glaubenssätze und Ideologien gefangen, was den Wandel angeht? Stellt etwa die Vorstellung, die einzig funktionierende Art, eine größere Zahl von Menschen kooperieren zu lassen, sei nur innerhalb einer Linienorganisation möglich, eine solche Ideologie dar? Was ist heute anders, um das Suchen nach Alternativen aussichtsreich zu machen? Wieviel Mut brauchen wir?

Wie viel leichter haben wir es im Vergleich zu Eanes Herausforderung! Wenn wir von der Linie sprechen, dann meinen wir ja nur die herkömmliche hierarchische Linienorganisation.

Aber warum stellt sich uns eigentlich diese Herausforderung? Was treibt uns an, nach einem möglichen Territorium jenseits dieser Linie zu suchen? Und vor allem: Was sollte uns locken, diese Überschreitung zu wagen?

Den Hauptgrund kennen wir zur Genüge: „We can´t keep up with the pace of change, let alone get ahead of it. At the same time, the stakes – financial, social, environmental, political – are rising. The hierarchical structures and organizational processes we have used for decades to run and improve our enterprises are no longer up to the task of winning in this faster-moving world. In fact, they can actually thwart attempts to compete in a marketplace where discontinuities are more frequent and innovators must always be ready to face new problems" (Kotter, 2012).

Um etwas zu ändern ist aber mehr nötig als die pure Not. Über den brutalen Druck der Märkte, über die zunehmende Konkurrenz und steigende Veränderungsgeschwindigkeit hinaus, braucht es noch etwas ganz anderes, um wie Gil Eanes den entscheidenden Schritt zu wagen, der uns eine neue Dimension des Wandels eröffnet.

Was es braucht, ist eine Vision, eine Vorstellung, ein Konzept, eine Überzeugung; kurz etwas, das uns Sicherheit in der Unsicherheit verleiht, so dass wir wie Heinrich angesichts aller drohenden Dämonen und Mythen, entgegen allen Traditionen, Dogmen und Ideologien, agieren können.

Damals war es die Entstehung der Naturwissenschaften und als Folge die Möglichkeit der Vermessung der physikalischen Welt mit neuen Instrumenten, die Orientierung ermöglichten und Halt sicherten. Heute sind es die Systemwissenschaften, die im Laufe der letzten Jahrzehnte neue Denk-Instrumente und Konzepte entwickelt haben. Mit ihnen ist es uns möglich, die soziale Welt der Organisation neu zu vermessen. Zum Vorschein kommt ein komplexes, intern vielfach rückgekoppeltes System, das durch Umweltimpulse, die es nach eigenen Maßgaben verarbeitet, „gesteuert" wird („operativ geschlossen" und „strukturell gekoppelt").

Durch diese Optik können wir erkennen: Wir sitzen in der Falle, wenn wir versuchen, mit den Mitteln und der Logik der hierarchischen Linienorganisation eben diese Linienorganisation zu verändern, umzubauen, flexibler zu gestalten, kundenorientierter auszurichten und schneller zu machen. Wir spielen Münchhausen, wenn wir versuchen, z.B. mit dem berühmten 8-Schritt-Schema (**s. Kasten A.1**) den heutigen Herausforderungen an den Wandel gerecht zu werden. Den Beweis dafür liefert der, der es wissen muss: „(1) The steps are often used in rigid, finite, and sequential ways, in effecting or responding to episodic change ... (2) The steps are usually driven by a small, powerful core group, ... (3) The steps are designed to function within a traditional hierarchy ..." (Kotter, 2012).

Die 8 Schrit-te nach Kot-ter:	1. Establishing a sense of urgency,
	2. creating a guiding coalition,
	3. developing a change vision,
	4. communicating the vision for buy-in,
	5. empowering broad-based action,
	6. generating short-term wins,
	7. never letting up and
	8. incorporating changes into the culture.

Kasten A.1 *Das Münchhausenproblem: der Versuch, mit der bisherigen Logik einen revolutionären Wandel zu vollziehen*

Das Resümee bezüglich herkömmlich angelegter Projekte des Wandels lautet also:

1. Im Allgemeinen geht man zu kleinteilig und technisch vor.
2. Der Wandel beschränkt sich auf zu wenig Menschen bzw. wird nur von irgendeiner Art Kerngruppe vorangetrieben.
3. Das alles findet üblicherweise im Rahmen der Hierarchie statt.

Und vergessen wir nicht: „Hierarchies and standard managerial processes … are inherently risk-averse and resistant to change. Part of the problem is political: Managers are loath to take chances without permission from superiors. Part of the problem is cultural: People cling to their habits and fear loss of power and stature – two essential elements of hierarchies. And part of the problem is that all hierarchies, with their specialized units, rules, and optimized processes, crave stability and default to doing what they already know how to do" (Kotter, 2012, S. 2).

Im letzten der drei Punkte liegt des Pudels Kern. Er gibt den Grund für die beiden vorgenannten Probleme an. Zugleich liefert er aber auch den Ansatzpunkt, um den Sprung über die Linie zu wagen. „The solution is a second operating system, … That uses **a networklike structure and a very different set of processes**" (Kotter, 2012; Hervorhebung durch den Autor).

Damit haben wir über die Not-Wendigkeit Neuland zu betreten hinaus ein attraktives Zukunftsbild, das uns über die Linie locken kann – die Vision: Wir brauchen ein Netzwerk! Ein Gebilde, das durch ganz andere Prozesse verwirklicht wird als die Hierarchie. Wir müssen der Enge der alten Welt entrinnen, um in der Lage zu sein, Neues zu schaffen (s. **Abbildung A.1**). D.h. zwangsläufig und in erster Annäherung:

• Keine Über- und Unterordnungen!
• Keine vorbestimmten Berichtslinien!
• Keine Ab-Teilungen!
• Keine Vor-Gesetzten! Usw.

Getreu dem geflügelten Wort „Wie man sich bettet, so liegt man", gilt, wie wir systemisch inspiriert sagen können: „Wie wir uns organisieren, so lösen wir Probleme!"; denn der umfassende Kontext ist der bestimmende.

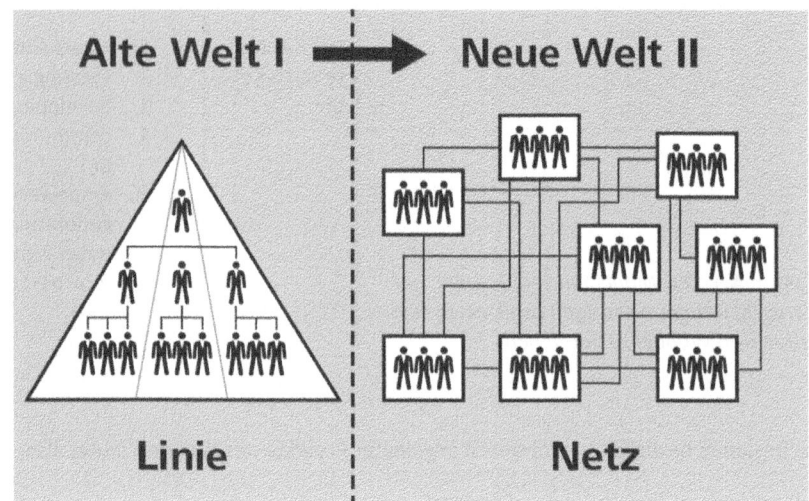

Abbildung A.1 *Von der alten Welt über die Linie hinaus in eine neue Welt*

Was die ganze Sache erleichtert, ist die Möglichkeit, das Netzwerk als Projekt(!) anzulegen, d.h. erst mal für einen begrenzten Zeitraum. Wenn wir im Weiteren von WaVe sprechen, dann meinen wir genau das: Ein **netzwerkartig angelegtes Projekt** des Wandels, mit dem wir drei Ziele erreichen können:

1. Die schnelle und nachhaltige Lösung einer anstehenden Herausforderung bzw. eines Veränderungs-problems (hauptsächlich in den Bereichen Strategieausrichtung, Prozessverbesserung, Strukturan-passung und Post-Merger-Integration).
2. Das Erlernen eines wiederholbaren Veränderungs-Verfahrens und/oder
3. Der Probelauf zur Einführung einer zweiten vernetzten, aber dauerhaften Organisationsdimension (s. Kotter „second operating system").

Damit hätten wir übrigens unser „Münchhausen-Problem" auch noch in anderer Hinsicht geklärt: Die Er-kenntnisse, die aus der empirischen Untersuchung von „successful large-scale-change"-Projekten in den zi-tierten acht Schritten für die Praxis zusammengefasst wurden, behalten ihren Sinn; freilich nun in einem völlig neuen Kontext.

2 RAHMENBEDINGUNGEN GESTALTEN

2.1 „RHYTHM IS IT!"

„Da ist die überschäumende Freude der Kids, wenn sie nach ihrer herrlich gelungenen Tanz-Aufführung … durch den Backstagebereich sausen und ihr „Wir haben's geschafft!" jubeln. Eine Freude, die besonders strahlt, weil sie am Ende harter Probenarbeit steht, nach der Überwindung von Hemmnissen, Frustrationen und Keine-Lust-mehr-Gefühlen". So liest sich ein Kommentar der Süddeutschen Zeitung über ein Ereignis in Berlin 2003, nachzuvollziehen im Film „Rhythm is it!" (www.rhythmisit.com). Ausgangspunkt war die Vision Sir Simon Rattles, des Chefdirigenten der Berliner Philharmoniker, für ein „Education Program". Mehr als 250 Jugendliche, meist mit problematischem Hintergrund, viele Migranten aus unterschiedlichsten Nationen, wurden sozusagen von der Straße geholt, um bei einem Kunstwerk mitzuwirken. Es ging um die Aufführung von Strawinskys „Sacre du Printemps", gespielt von den Philharmonikern, getanzt von diesen Jugendlichen; ein Ereignis, „das aufgrund seiner Rahmenbedingungen eigentlich hatte Schiffbruch erleiden müssen ... (film-dienst; www.rhythmisit.com)": Keine Star-Search-Veranstaltung, Protagonisten, die meist bisher mit klassischer Musik buchstäblich nichts am Hut hatten, ein Choreograph, Roysten Maldoom, der auf Willen und Disziplin setzte statt auf Kumpelhaftigkeit. Im Film kann man diesen unglaublichen Prozess der Entstehung eines Kunstwerkes nacherleben: „Bewegt verfolgt man die Verwandlung: wie aus dem multikulturellen Schülerhaufen ein hingebungsvoll agierendes Ensemble wird." (Süddeutsche Zeitung, ebda.) Und am Ende steht eine rauschhafte Aufführung in der Berliner Treptow-Arena vor dreitausend Zuschauern. Rattle: „Alle, die den Tanz zum ersten Mal sahen, waren tief bewegt und viele – mich eingeschlossen – hatten Tränen in den Augen, als wir die Kraft und Ehrlichkeit sowie die unglaubliche Brillanz und Disziplin der jungen Tänzerinnen und Tänzer gesehen haben. Ohne Zweifel war diese Aufführung in der Arena Treptow einer der denkwürdigsten und ergreifendsten Abende, die wir je erlebt haben; ein Abend, der zugleich von großer Bedeutung für unsere Beziehung zur gesamten Stadt gewesen ist." (ebda.www.rhyhtmisit.com)

Das Ganze atmet etwas vom Geist Heinrich des Seefahrers. Wie einst Gil Eanes hat Sir Simon Rattle den Schritt über die Linie gewagt, den klassischen Kunstbetrieb hinter sich gelassen und den direkten Kontakt zum Leben gesucht.

2.2 DIE VISION – AUSSERORDENTLICHES SCHAFFEN

Auch Sir Simon wusste(!) nicht, was sich ergeben würde – aber eine Vision hatte er sicher, und schließlich hat er gewonnen. Er hat keine Talentsuche veranstaltet und nicht auf einzelne Stars, sondern auf das Ganze gesetzt. Die Kids hat er zu Protagonisten gemacht, aber dass sie es schafften und als Partner der Berliner Philharmoniker das Publikum begeisterten, das hat mit den Verhältnissen bzw. den Rahmenbedingungen zu tun, die Simon Rattle organisiert hatte:

- Vor allem war den Jugendlichen klar, dass man ihnen Außergewöhnliches zu-traute und ihnen damit große Verantwortung an-vertraute.
- Sie wussten sich unter öffentlicher Beobachtung, hatten das nahe Ereignis vor Augen, wie sie auf der Bühne vor einem tausendköpfigen Publikum agieren würden.
- Und das Publikum kam aus ihrer Stadt, wo sie lebten, wo sie ihre Freunde und Bekannten hatten, die sie unter den Zuschauern wussten.
- Dass Tausende kommen würden, war klar, denn die ganze Veranstaltung war so anders, so weit jenseits des Bekannten, dass niemand sich der Neugierde entziehen konnte.

> *„**Das Dialog-System:** Verhaltensrahmen sind vom Inhalt nicht zu trennen wie der Bilderrahmen vom Bild. Das Ur- Beispiel ist das Gespräch. Zwei Menschen reden miteinander. Ein Wort ergibt das andere, löst sowohl bei einem Gedanken aus wie beim anderen, und beide reagieren darauf, richten ihre Rede darnach. Nehmen wir an, die Unterhaltung macht Unterschiede zwischen den Beteiligten deutlich. Sie reagieren nun auf **diese,** und es entsteht, was wir Konflikt nennen. Oder sie nähern und regen sich an. Und im weiteren Verlauf sind beide Personen **von diesem Geschehen** beeinflusst. Es ist nun immer mehr der **Verlauf** selber, die Form des Gespräches, die wir eben Konflikt oder Kooperation nennen, von der das weitere Geschehen abhängt. Und keiner kann unabhängig von den Verhältnissen, zu denen er oder sie doch beigetragen hat, die Interaktion kontrollieren. Die Wissenschaft spricht deshalb von der Interaktion als von einem System. Es funktioniert nach eigenen Gesetzen, und kein einzelnes Individuum kann es beliebig gestalten."*
>
> (in Anlehnung an Elias, 1994)

Kasten A.2 *Die Macht der Rahmenbedingungen – das Grundprinzip am Beispiel des Dialogs*

Hier waren andere Verhältnisse geschaffen worden (s. **Kasten A.2 und A.3**)! Und das bedeutet eine außerordentliche Führungsleistung (in WaVe sprechen wir auch von Kontext-Management)! Unter diesen Verhältnissen wurde außerordentliches Verhalten möglich. Wir hören die Stimme des Choreographen im Film „Rhythm is it", wenn er den Jugendlichen prophezeit: „How a dancing class will change your life"! Da geht es nicht um irgendwelche Fertigkeiten.

> *„Als Philipp Zimbardo vor drei Jahren die Bilder gefolterter Iraker aus dem Abu Ghraib Gefängnis über den Bildschirm flimmern sah, war er schockiert. Überrascht war der 74 Jährige aber nicht. Vor mehr als 30 Jahren hatte er eine umstrittene und berühmt gewordene Studie der Sozialpsychologie unternommen: Das „Stanford Gefängnis Experiment". Mehrere Studenten wurden damals als Wärter und Insassen in ein Gefängnis gesteckt. Ein Spiel, das mit Schrecken endete. Seither ging der seit 2003 emeritierte Forscher von der Stanford University immer wieder der Frage nach, was psychisch gesunde Menschen verführt. In dem viel diskutierten, kürzlich in den USA erschienenen Buch „The Lucifer Effect" hat er jetzt seine Antwort gefunden: Es ist die Macht der Umstände, die den Menschen lenkt. (Süddeutsche Zeitung 2/08/2007, pe)* Lucifer steht für das Synonym für „Umstände", Verhältnisse, Rahmenbedingungen, Kontext, das Ganze, das soziale System.- In dieser Rolle interessiert uns nicht seine satanische, sondern seine Macht als Lichtbringer*

Kasten A.3 *Der Luzifer-Effekt oder die Macht der Verhältnisse*

Hier geht es um nachhaltigen und tiefgreifenden Wandel. Das Geschehen bekam, wie wir im Film verfolgen können, eine Eigendynamik, die alle Beteiligten im Griff behielt. Jeder wirkte auf jeden anderen ein. Die Akteure waren Einflüssen ausgesetzt, die sie selber mitgestalteten und die auf sie zurückwirkten (s.u. „Die 3 Dynamiken" bei WaVe). Ihre Beiträge wurden von den anderen gesehen und umgekehrt. Jeder war von der Leistung jedes anderen abhängig. Jeder konnte sehen, wie weit er in der Lage war, Erwartungen zu erfüllen u.v.a.m. Es entstand eine Projekt-Kultur, ein Geist der Veränderung, der alle Akteure mitnahm.

Wenn wir also eines aus den Systemwissenschaften für den Wandel lernen können, dann dies: Um dem Menschen gerecht zu werden, sollten wir uns mehr um das Ganze kümmern und weniger um einzelne Individuen, ihre Psychologie, ihre Motive und ihre Widerstände. Viel erfolgversprechender ist es da, auf die Wirkung der Konfiguration, die Menschen miteinander bilden, zu setzen. Sie geht tief, wie wir sehen und uns der Luzifer-Effekt zeigt. Und sie – die Konfiguration, das soziale System – lässt sich über Rahmenbedingungen gestalten (s. **Kasten A.4**). Wenn wir das verstehen, übermannt uns nicht immer wieder Ratlosigkeit angesichts menschlicher Abgründe und überraschtes Erstaunen angesichts ihrer Höhenflüge.

Maxime A:	Maxime B:
Arbeite mit Rahmenbedingungen (s. Luzifer Effekt, Berliner Education Program, Netzwerk): Regeldefinition und Grenzziehungen inhaltlicher, zeitlicher und sozialer Art (s. Teil B, 12 Prinzipien)	Setze auf innere Wechselwirkungen (s. Abb. A.3 die 3 WaVe Dynamiken: Interaktions-, Projekt- und Organisations-Dynamik)

Kasten A.4 *Was der Change-Praktiker von den Systemwissenschaften lernen kann – zwei Maximen (s. D 2.3.3)*

Noch in den 80er Jahren fragten sich deutsche Automanager unter dem bedrohlichen Druck der japanischen Konkurrenz und in Anbetracht der außerordentlichen Leistungen des japanischen Arbeiters: „Warum geben denn unsere Werker ihr Hirn am Werkstor ab?" Heute würde so drastisch nicht mehr gefragt werden; denn hier bezichtigen sich die Verantwortlichen selber, und zwar mangelnder Führungsleistungen. Schließlich liegt es an ihnen, die betrieblichen Verhältnisse so zu gestalten, dass die Menschen ihre Fähigkeiten auch in der Arbeit entfalten können. Es handelt sich ja um Menschen, die in ihrem Privatleben die Rolle des verantwortlichen Familienvaters mit der des Unternehmers z.B. beim Bau des eigenen Hauses problemlos miteinander verbinden und sich vor keinem Kräfteeinsatz scheuen.

3 WAVE IM ÜBERBLICK

3.1 WAVE – DIE KENNZEICHEN DES VERFAHRENS

WaVe ist ein Verfahren, das sich vor allem für tiefgreifende Änderungen eignet (s. **Kasten A.5**). Das Charakteristikum ist, dass es erstens auf den Prinzipien eines neuen Denkansatzes „Jenseits der Linie" beruht (konkretisiert in den 12 Prinzipien, s. Teil B) und durch ein wiederholbares Verfahren (dargestellt durch die 5 Schritte) anwendbar ist. Dabei entspricht der Denkansatz der Theorie der sozialen Systeme, und das Vorgehen entspricht weitgehend demjenigen des komplexen Projektmanagements. Während wir diesen Ansatz in unserem Grundlagen-Buch „Den Wandel verändern" (2011) ausführlich beschrieben haben, konzentriert sich die vorliegende Praxisanleitung auf die Darstellung des erforderlichen Instrumentariums für den Anwender.

WaVe hat sich in den letzten 15 Jahren besonders auf folgenden vier Feldern bewährt:

1. Flexibilisierung durch **Prozess-Optimierung**: Einer der größten (deutschen) Automobilzulieferer begegnet Markt- und Technologieveränderungen durch die Entscheidung, die Organisation konsequent nach Prozessen auszurichten und die Abläufe entsprechend zu optimieren (Petersen 2000).
2. **Strategische Ausrichtung**: Ein erfolgreiches Chemieunternehmen beugt vor. Das stetige Wachstum hat zu einer Unternehmenskultur der Bewahrung geführt. Möglichen Erstarrungstendenzen begegnet das Management durch die Überprüfung der Strategie und der Definition neuer strategischer Initiativen (Petersen/Witschi, 2002 1 u. 3).
3. Sanierung durch **Restrukturierung**: Ein süddeutscher Maschinenbauer ist in der Krise. Der Hauptumsatzträger droht wegzubrechen. Man schreibt tiefrote Zahlen. Das Unternehmen muss saniert werden. Das Management entscheidet als zentralen Schritt eine umfassende Restrukturierung, deren Kern in der Aufteilung der Organisation besteht und im Schaffen kleiner selbständiger Einheiten mit Kunden-Lieferanten-Beziehungen untereinander Petersen/Witschi 2005).
4. **Post-Merger-Integration**-Management: Ein Unternehmen im Automobil-Aftermarket-Bereich übernimmt ein kleineres mittelständisches Unternehmen. Es geht darum, optimale Synergieeffekte durch Vollintegration zu erreichen. Das zwingt alle Seiten zu einer Neuausrichtung bzw. zu einer Art Neugründung (Petersen/Noya 2011).

Kasten A.5 *Einsatzfelder von WaVe*

Positiv gesprochen, gelten für Wave einige Grundsätze bzw. Rahmenbedingungen, durch die Verhältnisse entstehen, die sich vom klassischen Projektmanagement und natürlich von der Linienorganisation deutlich unterscheiden:

- **Selbstorganisation, Selbststeuerung:** Die Projektakteure arbeiten in Teams zusammen, die sich selber organisieren und steuern. Es werden keine Teamleiter vorweg und von außen (oben) bestimmt. D.h. die Aktiven müssen ihre Rollenverteilung selber aushandeln und ebenso erarbeiten, wie sie zu soliden Entscheidungen kommen wollen. Auch die Gesamtheit der Teams organisiert sich selber. Es gibt keine zentrale Projektführung im herkömmlichen Sinne. Stattdessen steht ein Unterstützungsteam (U-Team) zur Verfügung. Es steht im Bedarfsfall mit Rat und Tat zur Seite und hat die Vorarbeiten geleistet, die erforderlich sind, um ein Netzwerk von Teams auf den Weg zu schicken. Dazu gehören Regeln für diese Art sich zu organisieren und ein Orientierungsrahmen für die Sacharbeit.
- **Vernetzung:** Die Gruppen haben damit eigenständig für die Kompatibilität ihrer Ergebnisse untereinander zu sorgen. Keine übergeordnete Projektinstanz nimmt ihnen die Koordinationsaufgabe ab. Sie sind also gezwungen, mit dem projektinternen Umfeld jederzeit Kontakt zu halten, d.h. sich gegenseitig zu vernetzen. Das gilt auch für das Projektumfeld im Unternehmen. Als Folge der Projektanlage heißt es also, die Abstimmung mit der Linien-Organisation in Eigenregie sicherzustellen.
- **Kontextmanagement:** Charakteristisch für WaVe ist auch die indirekte Führung, nämlich die Lenkung durch das Setzen von Rahmenbedingungen bzw. durch die Gestaltung des Arbeitskontextes, um außergewöhnlich große Spielräume für die Beteiligten zu schaffen. Ein zentrales Führungsinstrument dazu sind die sog. Leitplanken, welche die Zielrichtung und die Spielregeln vorgeben, um das Empowerment effizient zu machen.

- **Organisationale Wechselwirkung:** Ein WaVe-Projekt ist als öffentliche Arbeitsaufführung (Welt II) innerhalb der Linienorganisation (Welt I) konzipiert. Dadurch entsteht eine „zweihändige" Organisation, deren beide Seiten sich gegenseitig beobachten, miteinander kommunizieren, über sich reflektieren, d.h. in einem Spannungsverhältnis zueinander wirken und sich gegenseitig beeinflussen (s. **Abbildung A.2**). Damit nutzt WaVe die organisationalen Kräfte, die dem Projekt Energie und Durchschlagskraft verleihen.

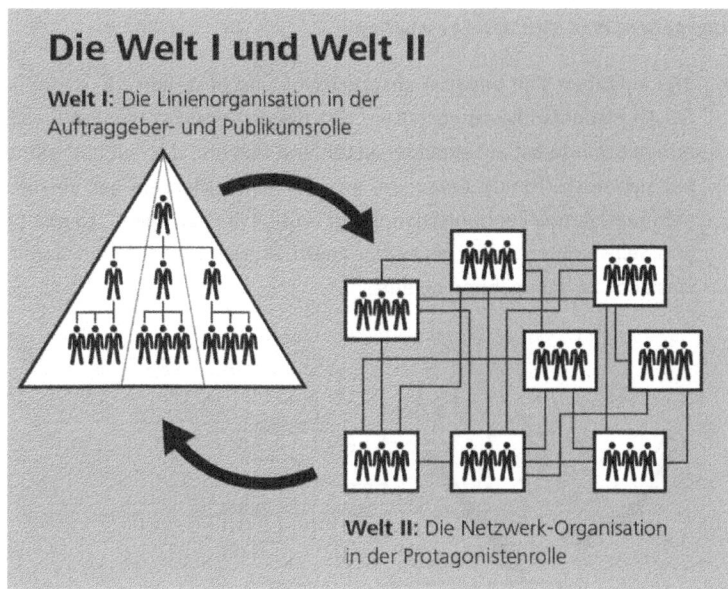

Abbildung A.2 *Die Linienorganisation als Welt I, das Projekt als Welt II*

Mit Hilfe dieser Rahmenbedingungen macht WaVe aus einem Veränderungsprojekt eine Art Aufführung (Arbeitsaufführung) und erzielt Verhaltens-, Einstellungs- und Leistungseffekte, wie sie in „Rhythm is it" (s. Kap. A.2.1) bezogen auf eine ganz andere Herausforderung illustriert werden. Warum Arbeitsaufführung? Die entstehende Welt II des Wandels macht einen riesigen Unterschied. Andersartiges aber zieht Aufmerksamkeit auf sich. Das Geschehen wird zwangsläufig beobachtet. Das Netzwerk agiert wie auf einer Bühne und zieht alle in seinen Bann: Protagonisten wie Publikum. Das hat große Vorteile:

- Ab einem gewissen Punkt wird das Veränderungsprojekt selbst zur Botschaft und funktioniert als Kommunikation. So lassen sich auch große Organisationen durchdringen. Es braucht keine Steuerungsgruppen, die Projektmarketing betreiben. Das ist der Weg, auf dem sich die kulturelle Ebene erreichen lässt.
- Es entsteht ein eigener Geist im Projekt, der ausstrahlt, eine positive Stimmung, eine Attraktion. Und dies ist das mächtige Mittel, mit dem das Denken, die Herzen und das Verhalten der Menschen erreicht werden. Das Wichtigste ist aber die hohe Leistungsbereitschaft, die auf diese Weise frei wird, die letztlich die hohe Ergebnisqualität sichert.
- Damit beginnt der wichtige Teil (Sozialdimension) des Wandels schon in dem Moment, in dem die Teams noch dabei sind, Konzepte (Sachdimension) zu entwickeln. Die ganze Art, wie die Veränderung organisiert wird, weckt Erwartungen. Diese laden das Vorhaben mit Energie auf und verhindern, dass so

etwas wie ein Umsetzungsproblem überhaupt aufkommt: Im Gegenteil, die ganze Organisation hofft nach dem Town-Meeting, dass keine Hindernisse auftauchen, die eine Verwirklichung verhindern könnten.

„Ohne Führung – das funktioniert ja nie!", wirft ein hartnäckiger Skeptiker womöglich immer noch ein. Richtig!, heißt die Antwort. Aber Führung im modernen Sinne heißt, angemessene Rahmenbedingungen herzustellen (s.u. Strategiearbeit Kap. D.2). Wir werden sehen, dass beim WaVe-Verfahren unter Beteiligung der Leitung vorweg wichtige Rahmenbedingungen definiert werden, die den Projektteams Orientierung geben. Was wird dann geschehen?

1.   Die Aufgaben sind bewusst anspruchsvoll und bestehen z.B. darin, jeweils einen ganzen Geschäftsprozess(!) eigenständig zu gestalten. Mit dieser Verantwortung auf sich gestellt, müssen sich die Teams nun mit sich selbst auseinandersetzen und sich und d.h. auch ihre unterschiedlichen Herkünfte (da treffen sich noch fremde Personen, im Falle eines Mergers gar Vertreter einander noch fremder Unternehmen!) genau kennenlernen; denn sie sind ja gezwungen, zu einer funktionierenden Rollenverteilung und Selbststeuerung zu gelangen. Innerhalb der Teams findet damit statt (s. **Abbildung A.3**, Ziffer 1), was auch zwischen ihnen abläuft.

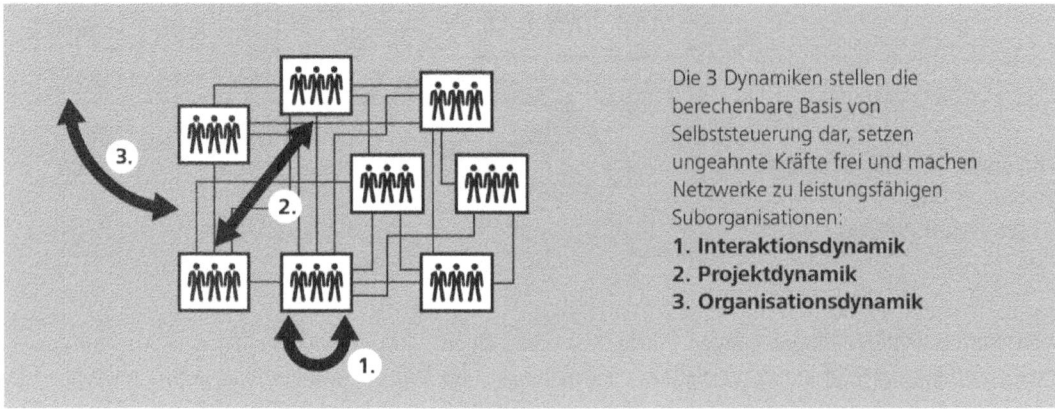

Die 3 Dynamiken stellen die berechenbare Basis von Selbststeuerung dar, setzen ungeahnte Kräfte frei und machen Netzwerke zu leistungsfähigen Suborganisationen:
1. **Interaktionsdynamik**
2. **Projektdynamik**
3. **Organisationsdynamik**

Abbildung A.3 *Die 3 Dynamiken*

2.   Sie suchen nämlich engen Kontakt mit den anderen Gruppierungen, da keine Zentralstelle für die Kompatibilität ihrer Arbeitsergebnisse sorgt und kein Leiter die Außenkontakte alleine abdeckt. Auf diese Weise werden den Teams Vergleiche zwischen Vorgehensalternativen, Qualitätsniveaus in Methodik und Gestaltungsanspruch möglich (s. **Abbildung A.3**, Ziffer 2). Man gewinnt Orientierung und Sicherheit und wird auf diese Weise füreinander wichtig. Und: Da man für Passung der Lösungen sorgen muss, behält man, durchaus wetteifernd, das Ganze im Blick. Dieses Ganze nimmt nun zunehmend eine wahrnehmbare Gestalt an.

3.   Da die Arbeit hierarchiefrei abläuft, stehen alle Akteure gleichermaßen unter Beobachtung – nicht nur wenige „Wichtige". Das führt zu Transparenz und Öffentlichkeit nicht nur innerhalb der Projektorganisation; auch gegenüber dem internen Umfeld der Linienorganisation und besonders den Auftraggebern (s. **Abbildung A.3**, Ziffer 3). Unter Beobachtung zu stehen, spornt an. Niemand will eine schlechte Figur machen. Jeder gibt sein Bestes nicht nur, weil er das gemeinsame „Haus", in dem er künftig wohnen wird, mitgestalten kann, sondern auch weil er weiß, dass das Projekt endlich ist und nach ca. drei

Monaten mit einem Großworkshop zur abschließenden Würdigung der Ergebnisse endet. Alles das würde aber nichts nützen, wenn nicht erfolgreiche Sacharbeit das Ergebnis wäre, bzw. Prozesse, die dem/den Unternehmen das Leben künftig spürbar erleichtern.

Das beschriebene Kräftespiel bringt hervor, was wir als entscheidenden Erfolgsfaktor ansehen müssen: Ein Netzwerk bzw. eine vernetzte (Sub-, Projekt-)Organisation. Eine Form der Begegnung, die Kulturentwicklung ermöglicht. Gelingen kann das, weil wir sozusagen die Stöpsel aus den Engstellen unseres gemeinhin hierarchisch geprägten Organisationsverständnisses ziehen. Aufmerksamkeit und Kommunikation können nun das ganze System durchdringen, statt von wenigen Knotenpunkten absorbiert zu werden (vorgesetzte Stellen). Und schließlich: Stück für Stück entwickelt sich beobachtbar eine Kultur (bei Post-Merger-Integration-Vorhaben nennen wir das „Die 3. Kultur"). Vergessen wir aber eines nicht: Alles das passiert auf dem Hintergrund und im Auftrag der Mutterorganisation(en), der hierarchisch gegliederten Linie, die sich durch WaVe verändern will (s. **Abbildung A.4**).

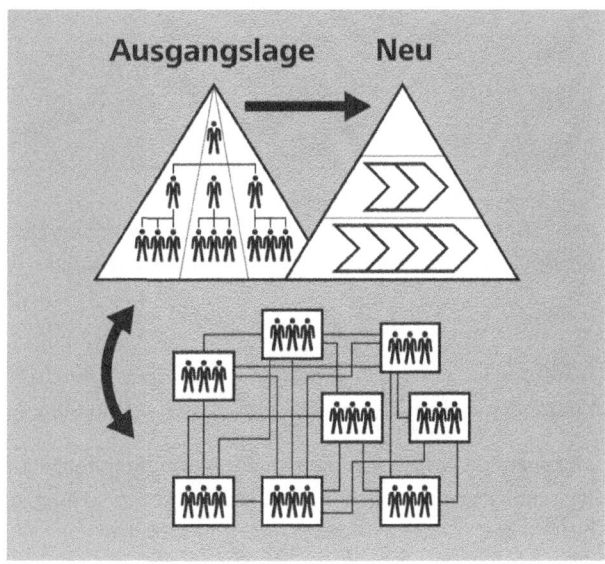

Abbildung A.4 *Die WaVe- Funktionslogik*

3.2   WAVE – VERFAHREN IM ÜBERBLICK

Grundsätzlich gleicht sich der Ablauf, unabhängig davon, ob wir es mit Strategieumsetzung, Prozessverbesserung, Strukturanpassung oder Integration zu tun haben. Das erlaubt es, von einem Verfahren zu sprechen, das uns von der Notwendigkeit befreit, bei jeder Herausforderung ein neues Vorgehen zu erfinden: Zuerst steht Arbeit mit dem Topmanagement an, bis der Entschluss zur Veränderung feststeht, dann Planungsarbeit mit dem Unterstützungsteam und darauf folgend die selbstorganisierte Netzwerkarbeit. Im Einzelnen sind es die folgenden 5 Schritte:

1. Einsicht der Notwendigkeit einer Änderung, Ausarbeitung einer Vision, Auseinandersetzung mit dem Vernetzungsverfahren und Nominierung eines Unterstützungsteams durch das Topmanagement

2. Ausarbeitung der inhaltlichen und prozessualen Rahmenbedingungen durch das Unterstützungsteam
3. Nominierung der Teammitglieder und Durchführen einer Startkonferenz
4. Netzwerkarbeit, d.h. inhaltliche Bearbeitung und gegenseitige Koordination durch die Teams
5. Präsentation und Verarbeitung der Ergebnisse an einer Großgruppenkonferenz und Überleitung zur Stabilisierung

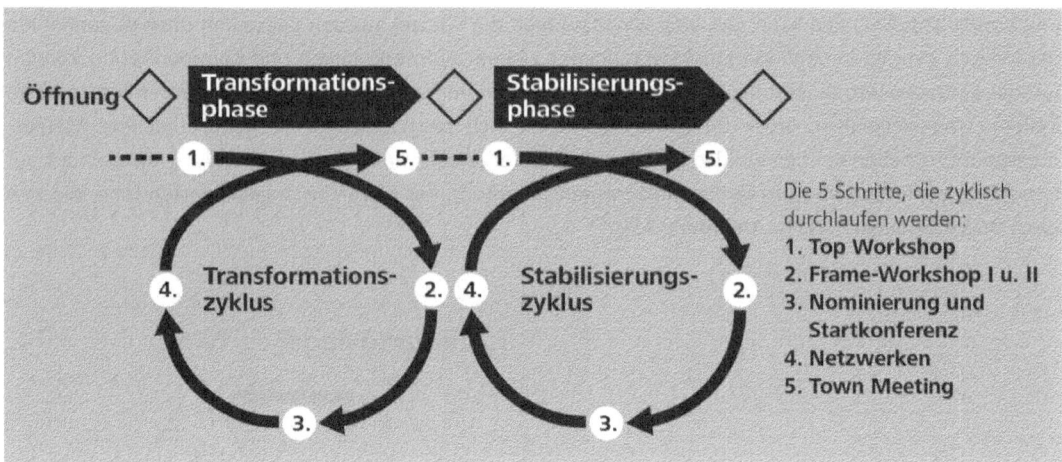

Abbildung A.5 *Schematischer Ablauf des WaVe Verfahrens: die zwei Phasen "Transformation" und "Stabilisierung" werden zyklisch mit je 5 Schritten durchlaufen*

Dieser Ablauf wird in der Regel in zwei Iterationen durchgeführt, wir könnten auch sagen „Phasen": erst die Konzeptions-, dann die Verankerungsphase (s. **Abbildung A.5**).

Im konkreten Projekt kommen immer Besonderheiten vor, auf die reagiert werden muss und die vom idealtypischen Plan abzuweichen zwingen. Dann ist es wichtig, dass man sich auf die 12 Regeln stützen kann, um nicht in den klassischen Ansatz zurück zu verfallen.

Mit einem solchen Verfahren können fraglos noch ehrgeizigere Pläne verfolgt werden (Sollte man sich eigentlich diese riesige Chance entgehen lassen?): Das, was das Netzwerk von einem zweiten „operativen System" (wie Kotter es nennt), unterscheidet, ist ja nur seine zeitliche Begrenztheit. Wenn die Veränderungsziele erreicht sind, kann es wieder abgebaut werden. – Es kann aber weiterarbeiten im Sinne von „Accelerate Change". Das netzwerkartig angelegte Projekt bzw. das Projekt-Netzwerk erweist sich so gesehen als Pilot-Durchlauf für eine neue Art, sich zu organisieren.

Letzteres wäre freilich ein Schritt, der sich schon eher mit der Leistung Gil Eanes´ messen könnte, handelt es sich doch tatsächlich um Neuland (s.u. Strategiearbeit Kap. D.2). WaVe im engeren Sinne wurde dagegen in vielen Projekten im Laufe der letzten knapp 20 Jahre praktisch bestätigt. Schon nach Abschluss des ersten großen Veränderungsvorhabens eben vor beinahe zwanzig Jahren fanden wir bewiesen, was heute einen größeren Widerhall erwarten kann. Damals konnten wir schlussfolgern: „Netzwerke setzen einen Kontext, welcher Verhaltens- und Einstellungsänderungen in Richtung Unternehmertum, Flexibilität, Risiko- und Verantwortungsbereitschaft provoziert" (Petersen, 2000).

Mit dem, was wir in diesem Buch beschreiben, finden wir uns also nicht nur in prominenter Gesellschaft (s. z.B. Kotter Kap. A.1.2): Wir sind vielmehr in der Lage, weiter zu gehen und mit dem WaVe-Verfahren einen konkreten Weg zu zeigen, mit dem sich ein zweites operatives System tatsächlich einführen lässt.

B) MACH EINEN UNTERSCHIED! –
12 PRINZIPIEN

Damit sich ein Projekt anders entwickelt als mit den gewohnten Vorgehensweisen, damit es also im Geist von WaVe zu einem außergewöhnlichen Erfolg wird, muss man wissen, auf was es ankommt, auf welchen Grundsätzen der Ansatz beruht. Es ist ein bisschen wie beim Kochen: Mit reinem Rezeptkopieren kriegen wir allemal ein ansprechbares Resultat hin. Aber was ist, wenn irgendetwas fehlt, wenn irgendjemand mit Unverträglichkeiten zu kämpfen hat, oder wenn wir gar improvisieren müssen oder gar kein Kochbuch verfügbar ist? Nur wenn die Grundzusammenhänge verstanden sind, wird es möglich, souverän zu navigieren, d.h. flexibel auf unterschiedliche Rahmenbedingungen, Voraussetzungen und Ereignisse zu reagieren und auch immer wieder neue Wege zu gehen.

Wie sind diese 12 Prinzipien entstanden? Einerseits haben theoretische Grundlagen geholfen, sie überhaupt zu finden und so zu formulieren, dass sie auf die Praxis übertragbar sind. Andererseits bauen sie auf einen Erfahrungsschatz aus über 15 Jahren auf und sind in zahlreichen Projekten ausprobiert, überprüft und präzisiert worden.

WaVe ist wie eine „Spielanlage", wie die Spielidee beim modernen Fußball, ein Gesamtsetting. Alles muss „stimmen". Einzelne Prinzipien für sich genommen machen WaVe noch nicht aus. Viele dieser Grundsätze – einzeln gesehen – sind ja schon bekannt und kommen zum Teil auch in traditionelleren Projektmanagement-Ansätzen zum Tragen. Im WaVe-Ansatz ist es jedoch entscheidend, dass alle Prinzipien, die im Folgenden beschrieben werden, insgesamt einfließen. Fehlt eines, so müssen bei der Wirkung von WaVe Abstriche gemacht werden (s. **Abbildung B.1**).

Die Gesamtheit dieser 12 Prinzipien trägt jedenfalls zu einer Kultur bei, die sich von gewohnten Arbeits- und Projektkulturen deutlich unterscheidet. Es ist der erlebte Unterschied, der Neues ermöglicht. Gleichzeitig sind sie die Grundlage für das Vorgehen, das sich in den 5 Schritten konkretisiert (s. Teil C). Sie ermöglichen es, beim Projektprozess immer wieder im Auge zu behalten, worauf es ankommt, damit das WaVe-Prinzip konsequent eingehalten werden kann. Denn die Verführungen sind groß, tradierten Denkmustern zu verfallen und so vom eingeschlagenen Weg abzukommen. Zudem sind die Prinzipien eine Basis dafür, um in der konkreten Projektsituation – die immer speziell ist – adäquat zu agieren und das Vorgehen der Situation anzupassen.

Im Folgenden sind die 12 Prinzipien detailliert beschrieben, jedes einzelne nach demselben Raster:

- „Worum es geht",
- „Was tun und worauf achten",
- „Was sich dadurch ändert" und
- „Beispiel".

Wo immer möglich, sind Querverweise zu den Vorgehensschritten (Teil C) eingefügt; denn der eine oder andere Aspekt des jeweils erklärten Prinzips erschließt sich in Gänze erst nach Kenntnis des Vorgehens, d.h. der 5 Schritte. Allzu häufiges Hin- und Herspringen wird dem Leser aber nicht abverlangt. Da die entscheidenden Weichen zu Beginn gestellt werden, ist die Beachtung nahezu aller 12 Prinzipien schon in Schritt 2 (Planung) erforderlich. Wir folgen dem Motto „Das Wichtigste geschieht zuvor", d.h. ein komplexer sozialer Prozess muss präzise nach den 12 Grundsätzen geplant werden (und die Abfolge der 12 Prinzipien lehnt sich durchaus an die zeitliche Reihenfolge der Gedanken eines planenden Praktikers an).

Diese Einstimmung lässt schon ahnen, dass wir im Folgenden die „Gangart" wechseln. Wir muten dem Leser nun zu, sich Hin-, ja sogar An-Weisungen gefallen zu lassen; in der Hoffnung, ihm damit den Wechsel vom „Lektüre"- in den „Anwendungs-Modus", vom „Passiv"- in den „Aktiv"-Modus zu erleichtern.

Abbildung B.1 *Die 12 Prinzipien bedingen sich gegenseitig und bilden ein Ganzes*

2.1   WORUM ES GEHT

Die Forderung nach Wichtigkeit lässt sich operationalisieren: Wir benutzen das Kürzel „SPSS", um die Themengebiete zu bezeichnen, die Gegenstand von Veränderungsbemühungen sein müssen, wenn Wandel ernst gemeint ist (im Sinne von Wandel II (s. **Kasten B.1**):

1. S: Strategie,
2. P: Prozesse (z.B. Produktentwicklungs-Prozess, Auftragserfüllungs-Prozess, usw.),
3. S: Systeme (IT, Beurteilung, Belohnung, Zielvereinbarung …) und
4. S: Strukturen (Einheiten, Verantwortlichkeiten, Berichtslinien und schließlich – die berühmten Organigramm- Kästchen).

Art des Wandels	Wandel I	Wandel II
Veränderungslogik	Arbeit im System	Arbeit am System
Kontext für den Wandel	Hierarchische Linienorganisation	Netzwerk
Gegenstand	z.B. Prozessanpassungen, Kooperationsverbesserungen, Kulturentwicklung, Führungsentwicklung, SAP-Einführungen, KPI-Veränderungen, Leitbildentwicklungen ...	SPSS
Interventionen	Workshops, Informationskampagnen, Managementmeetings, Projekte/Projektmanagement	Vernetzung
Beispiel Strategie	Strategische Planung	Strategie-Entwicklung/ strateg. Ausrichtung

Kasten B.1 *WaVe ist ein Verfahren für Wandel II: Wandel I ist die stetige Weiterentwicklung einer Unternehmung im Sinne von Anpassungen und Veränderungen nach bisheriger Logik. Wandel II bedeutet Änderung des bisherigen Lern- und Weiterentwicklungsverhaltens selbst, also Wandel des Wandels.*

Prozesse, Systeme und Strukturen stellen das Wissen der Organisation dar. Denn sie machen sie fähig, das zu schaffen, was kein Einzelner schafft: Autos, Energieversorgung, Werkstoffe ... Sie verknüpfen die „Hirne" so, dass organisierte Leistung möglich wird. Und sie sind es – so das herkömmliche Verständnis –, mit deren Hilfe die Strategie umgesetzt wird. SPSS repräsentieren mit andern Worten die Prämissen, auf denen das soziale System Unternehmen/Organisation aufbaut.

Weil sich die Umwelt verändert, kann es sein, dass Systeme, Strukturen und Prozesse irgendwann anfangen, das Überleben des Unternehmens bzw. der Organisation zu bedrohen. So gesehen macht die überspitzte Formulierung Sinn: Wissen macht dumm. Denn vergessen wir nicht: Wissen ist immer alt! Wenn ich weiß, muss ich nicht mehr lernen. Das ist der Zweck von Wissen. Es ist ökonomisch, nicht alles neu erlernen zu müssen. Wenn die Organisation weiß, hat sie stabile Prozesse und Routinen, funktionierende Systeme und eine klare Struktur. Und irgendwann ist sie dumm geworden. Dann werden neue Themen und Aufgabenstellungen in den Routinen so kleingearbeitet und weichgeknetet, dass sicher das herauskommt, was schon immer herausgekommen ist ...

Rufen wir uns außerdem die sachlogischen Zusammenhänge ins Gedächtnis, die hinter SPSS stecken: Grundsätzlich muss jedes Change-Vorhaben als Maßnahme zur Strategieumsetzung gesehen werden können. Der Erfolg einer Unternehmung hängt vom äußeren und inneren Kontext der Firma ab. Eine Strategie macht klar, welche Vorstellung die Führung vom Zusammenhang zwischen Kontext, Maßnahmen und Erfolg hat. Zentraler Ansatzpunkt für erfolgversprechende Maßnahmen ist immer der innere Kontext bzw. die Organisation, denn sie ist beeinflussbar (im Gegensatz zu vielen Veränderungen im äußeren Kontext, den Märkten, der Technologie, der Politik ...).

- Für die Einschätzung der Bereitschaft für den Wandel kümmere dich immer um die 3 Grundelemente Not-Wendigkeit, Vision und Verfahren (s. **Kasten C.1** Kap. C.2.1.3). Denke daran, dass keines der 3 Elemente fehlen darf, soll der Wandel gelingen (sonst ist das Ergebnis des Produkts sozusagen gleich Null). Mit Not-Wendigkeit ist das erforderliche Problembewusstsein gemeint; ohne Problembewusstsein kein Wandel. Mit Vision beziehen wir uns auf die erforderliche Zukunftsorientierung genährt durch ein erstrebenswertes Leitbild oder die klare Vorstellung eines attraktiven zukünftigen Zustandes. Auch hier gilt: Ohne Vision kein Wandel. Mit Verfahren beziehen wir uns auf einen erkenn- und verstehbaren Weg, der in der Lage ist, die „Weg-von-„ und „Hin-zu-Kräfte" in einen stabilen und zielgerichteten Entwicklungs-Prozess zu verwandeln.

- Irgendjemand im Unternehmen bzw. in der Organisation muss irgendeinen Veränderungsdruck spüren und ein klares „N" (Notwendigkeit) sehen, sonst brauchen wir uns keine Gedanken über Change-Management zu machen. Und dann beginnt schon das weitere Nachdenken: Ob es um Innovation, um Qualität, um Schnelligkeit, um das Klima im Unternehmen, um was auch immer geht: Wie sieht die Anbindung an SPSS aus?

- Wenn die Existenz des Unternehmens betroffen ist, rote Zahlen, Ineffizienzen, Wegbrechen von Umsatzträgern u.ä., liegen die wichtigen Themen auf dem Tisch, und dass es um SPSS gehen muss, ist klar.

- Wenn das der Fall ist, geht die Suche nach einer Allianz mit genügend einflussreichen Stakeholdern los. Mit ihnen heißt es dann das Terrain zu bereiten und an der Not-Wendigkeits-, der Visions- und der Verfahrensfrage zu arbeiten, bis die Bereitschaft besteht, WaVe-Berater zuzuziehen. Diese können nun eine Verfahrensperspektive eröffnen und zeigen, dass methodisches und risikoarmes Change-Management möglich ist. Wenn die Berater dann Interviews mit Mitarbeitenden führen, kommen die zentralen Fragen unvermeidlich ans Licht. Entscheidend ist der erste Workshop mit Teilnahme der Verantwortlichen. Richtig besetzt und gemäß NxVxV (s. **Kasten C.1**) strukturiert, setzt er den Change-Prozess in Gang (s. Kap. C.2.1 Top-Workshop).

- Ähnlich liegt der Fall, wenn es um eine faszinierende Zukunftsperspektive (Vision) geht, einen Einstieg in neue Märkte, in eine neue Technologie, wenn es um die Übernahme eines Unternehmens geht. Diese Art von Vorkommnissen zwingen die Themen mit entsprechendem Tiefgang auf die Agenda.

- Ist die Verbindung zu SPSS nicht herzustellen, ist natürlich die Bearbeitung des Themas nicht „verboten". Aber es ist dann auch klar, dass wir über kein Change-Vorhaben im eigentlichen Sinne sprechen. Dann geht es um irgendeine Veränderung, aber nicht wirklich um Wandel II.

- Die Frage, ob wichtige Themen angegangen werden, beherrscht naturgemäß primär die Anfangsdiskussionen. Wird sie bejaht, sagt man mit anderen Worten eigentlich nur „Weiter so wie bisher ist nicht mehr möglich!" Damit sind natürlich schnell Ängste geweckt. Der Verweis auf die systemischen Zusammenhänge (s. Kap. B.2.1 „Wissen macht dumm!") kann dann helfen: So entlastet man Einzelpersonen und macht klar, dass jede Organisation einer regelmäßigen „Grundüberholung" bedarf.

Prinzip 1: Pack die wichtigen Themen an!

- Schließlich sollten wir festhalten: Die Wichtigkeit ist nicht von der Ernsthaftigkeit zu trennen. Egal, wie sich das Thema/Problem jeweils darstellt, seine Wichtigkeit wird erst wahrgenommen, wenn es ernsthaft angegangen wird. Es wird ernsthaft angegangen, wenn es bis auf SPSS zurückverfolgt und dort in Angriff genommen wird. Ernsthaftigkeit so verstanden, macht einen Unterschied.

- Schlussendlich gilt: „Weiche Themen" stellen im erklärten Sinne für WaVe keine wichtigen Themen dar. Mehr zu dieser scheinbar paradoxen Aussage unter Prinzip 2 (s. Kap. B.2).

2.3 WAS SICH DADURCH ÄNDERT

- Dramatisch viel – gerade, weil scheinbar so wenig Greifbares entstanden ist; schließlich fehlt zu einem stabilen Projekt noch einiges. Aber die Bereitschaft, Fragen aufzuwerfen, deren Beantwortung Arbeit an den Fundamenten erfordert, stellt einen Prämissen-Wechsel dar. Die Aussage heißt ja: „Nicht mehr weiter wie bisher!"

- Die Wichtigkeit des Themas macht im Kontext des Veränderungsprojektes einen entscheidenden Unterschied: Weichenstellungen sind kein Eliteprivileg mehr, sondern Aufgabe aller Mitwirkenden.

- Damit schaltet die Organisation vom herkömmlichen Dauererfolgs- in einen Lernmodus um, der Selbstevaluation und Korrektur in die normale Funktionsweise integriert.

- Das verantwortliche Management agiert nun in einer anderen Rolle: Es greift Grundsatzthemen gemeinsam mit allen Betroffenen an und macht sich damit zum Teil des geplanten Entwicklungsgeschehens.

- Die Organisation wechselt in den Aufmerksamkeitsmodus: Sie selbst als Organisation wird in Form der definierten Themen als gemeinsames Thema für alle sicht- und beobachtbar.

2.4 BEISPIEL

Interessant ist der Fall des mittelständischen Chemieunternehmens mit ein paar Hundert Mitarbeitern: Gut verdienend, Weltmarktführer mit seinen Spezialitäten. Die Not-Wendigkeit besteht „nur" darin, den Vorsprung zu halten, und der Kern der Vision drückt sich im Begriff der „ganzheitlichen Qualität" aus (s. **Abbildung B.2,** linke Folie). Gibt das eine genügend stabile Basis für ein Veränderungsprojekt mit WaVe her? Ist „Ganzheitliche Qualität" das, was wir unter „wichtig" verstehen? Im Beispielfall konnte das so lange nicht wirklich behauptet werden, bis im zweiten und dritten Workshop die Ziele abgeleitet waren: Einführung einer Matrixorganisation und Ausrichtung nach Prozessen (s. **Abbildung B.2**, rechte Folie). Das waren die Hebel, für die sich das Unternehmen entschied, um die Qualität im ganzheitlichen Sinne zu steigern. Damit wird auch klar, wie weit der Weg oft ist, der zurückgelegt werden muss, damit den ersten drei Grundelementen Genüge getan ist und das Produkt NxVxV tatsächlich größer ist als die bestehenden Beharrungskräfte (s. Teil C, WaVe-Schritt 1 und 2, Top- und Frame-Workshops).

Prinzip 1: Pack die wichtigen Themen an!

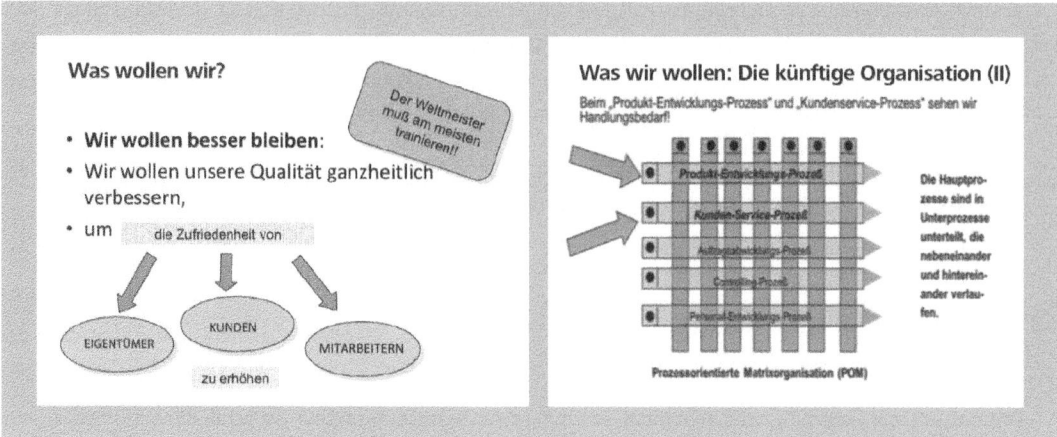

Abbildung B.2 *Auszüge aus Originalpräsentationen (Leitplanken) zu den Grundelementen Not-Wendigkeit, Ziel und Wichtigkeit*

3 PRINZIP 2: ERÖFFNE GESTALTUNGSMÖGLICHKEITEN!

3.1 WORUM ES GEHT

Wenn das Veränderungsprojekt erfolgreich durchgeführt ist und die Akteure sagen können: Diese Effekte (bezogen auf SPSS) haben wir erreicht, wir können uns als Autoren bezeichnen und als wesentliche Treiber des Erfolges. Wenn sie der Überzeugung sind „Dieser Erfolg ist unser Erfolg!", dann hat ihnen das Projekt Gestaltungsmöglichkeiten eröffnet. So gilt es, Konzepte in entscheidendem Ausmaß gestalten wie auch die Umsetzung realisieren zu lassen. Und, wie gesagt, das sind nicht irgendwelche Konzepte, sondern solche, die die Prämissen der Organisation betreffen.

Mit diesem Gestaltungsspielraum setzen wir die herkömmlichen Grundregeln bzw. Unterscheidungen zwischen oben und unten, Anweisungen und Ausführung, Vorgaben und Informationen, für das Veränderungsvorhaben außer Kraft. Und insofern beginnt mit dem ersten Schritt des Veränderungsgeschehens der (kulturelle) Wandel und nicht erst, nachdem Arbeitsergebnisse vorliegen. Der WaVe-Weg ist der Wandel. Der Grund für diese Ermächtigung liegt in der Absicht, das Wissen und die Fähigkeiten der Mitarbeitenden zu aktivieren. Wie weit jeder im Unternehmen sein Bestes geben kann, hängt entscheidend von der Frage ab, wie das Zusammenspiel organisiert ist, in das er/sie eingebunden ist. Es kann nur im Sinne der Ergebnisverbesserung des Unternehmens liegen, Gestaltungsmöglichkeiten zu eröffnen.

- Mache die Umfänglichkeit und Tiefe klar, mit der ein wichtiges Thema bearbeitet werden soll. Beides zusammen bestimmt das Ausmaß der Gestaltungsmöglichkeiten.

- Zeige auf, dass Arbeit an der Strategie, an Systemen und Prozessen strukturelle(!) Auswirkungen haben können und dürfen; dass also die Projektaktiven ihr Haus sozusagen selber bauen. Wenn diese Möglichkeiten eröffnet werden, steigt die Spannung, die Aufmerksamkeit – die Energie.

- „Rücke das Geschäft in den Mittelpunkt!". Das ist immer die Leitüberlegung. Die Fragestellung für jede Veränderungsanstrengung muss immer lauten: „Was müssen wir tun, um die Anforderungen des Marktes bzw. der Kunden besser zu erfüllen"? Und dass tatsächlich Gestaltungsspielräume eröffnet werden, wird klar, wenn für die Beantwortung dieser Frage auch die Macht- und Gratifikationsstrukturen der Organisation zur Veränderung frei gestellt werden.

- Den Gestaltungsauftrag heißt es ernst zu nehmen! Wir schließen damit Analysearbeiten aus, weil sie keinerlei Möglichkeit geben, einen Unterschied zu machen. Dasselbe gilt für die sogenannten „weichen Themen": Reflektieren über z.B. Werte, Kultur, Stil, Klima wird von den Mitarbeitenden als reine Selbstbeschäftigung wahrgenommen und zu Recht, denn sie lassen sich gar nicht fokussiert bearbeiten (s.o. „Rücke das Geschäft in den Mittelpunkt!").

- Denke daran: Energie – spürbar im herrschenden Projekt-Geist oder „Spirit" als unmissverständlicher Gradmesser für die Qualität von Veränderungsarbeit – lässt sich nur über unmittelbar geschäftsbezogene Fragestellungen wecken.

- Sorge für klare Grenzen! Grenzen haben zwei Seiten, daher werden Gestaltungsmöglichkeiten sichtbar, wenn die Spielräume sachlich klar abgegrenzt und damit auch geöffnet sind. Sollen z.B. Prozesse neu gestaltet werden, dann werden die Grenzen durch klare Definition des Beginns und des Endes des Prozesses definiert.

- Für alle Beteiligten muss der Unterschied zwischen dem hier praktizierten Empowerment und sorglosem „Laissez faire" klar sein. Dass es um eine wohlüberlegte Führungsentscheidung geht, macht eben eine sorgfältige Grenzziehung klar: Was ist der Einflussbereich der Projektaktiven und wo beginnt „verbotenes Gebiet" (Kern eines klaren Projektauftrags)?

- Denke zu diesem Zweck und aus Klarheitsgründen auch an die Definition von Nicht-Zielen (wie wir später auch Nicht-Regeln verwenden werden).

- Die Gestaltungsmöglichkeiten sind z.B. durch die Aussagen begrenzt: „Wir wollen keine Hierarchiediskussionen!" und „Keine Kästchen malen!" (Über diese entscheiden beim Town-Meeting bzw. um das Town-Meeting herum die Verantwortlichen der Linienorganisation). Auch wenn die Dinge zusammenhängen und letztlich die berühmte Kästchen-Frage durch die Gestaltungsarbeit der Teams präjudiziert wird, wird die Absicht von den Teams verstanden und als Orientierung akzeptiert.

- Stecke also den Rahmen ab und schaffe Raum durch Grenzen: Zeitlimits, definierte Rollen und Mitgliedschaften, Ziele und Nicht-Ziele, „Go's und No-Go's", Verhaltensregeln für die Projektarbeit.

Prinzip 2: Eröffne Gestaltungsmöglichkeiten!

Abbildung B.3 *Auszug aus einer Projektbroschüre: Grenzziehung durch Namensgebung (Das Logo steht für: „Für Fitness!" und „Prozess-Fitness")*

- Gib dem „Kind" einen Namen: Ein Projektname ist der Ausdruck für etwas Eigenes (s. **Abbildung B.3**). Er bezeichnet das Insgesamt der Grenzziehungen (sozial: Mitgliedschaften bzw. Publikum und Protagonisten, zeitlich: Anfang und Ende, sachlich/inhaltlich: SPSS) und damit den Unterschied, von dem Wandel lebt. Nur durch das Erschaffen einer Welt II in Welt I kann das Paradox gelöst werden: „Du hast nur das Bestehende, um das ganz Neue zu schaffen!".

- Alle diese Punkte konkretisieren sich einerseits in der Projektbroschüre, aber vor allem in den Leitplanken, die im klassischen Projektmanagement in etwa dem Projektauftrag entsprechen (s. **Abbildungen C.3 ff.**).

3.3   WAS SICH DADURCH ÄNDERT

- Wenn die Ermächtigung ausgesprochen ist, ist die Welt nicht mehr, wie sie war. Betroffene wechseln von der Rolle des Ausführenden in die des Mit-Bestimmers (der eigenen Zukunft), und das macht einen Unterschied: Der Unterschied von oben und unten wird (zeitweise) außer Kraft gesetzt.

- Als Projektaktiver kann ich zum einen zeigen, was ich kann, was die Organisation von mir im Normalfall nicht abfordert. Zum anderen muss ich Verantwortung übernehmen: Was ich hier tue, hat Auswirkungen auf viele andere und auf mich selber. Die Organisation wird als veränderbar wahrgenommen.

- Das Projekt hat noch gar nicht richtig Gestalt angenommen, da bekommt die Aufmerksamkeit weiter Nahrung. Eine Art innerbetrieblicher Öffentlichkeit fängt sich an zu bilden.

- Damit sind die „weichen Faktoren" nicht im Fokus, aber in Bearbeitung (Stichwort: unfokussierte Bearbeitung), und so soll es sein. Die WaVe-Regeln sollen Veränderer in die Lage versetzen, Kontexte zu gestalten, damit die kulturwirksamen Veränderungen selbsttätig in Gang kommen. WaVe und besonders die Eröffnung von Gestaltungsmöglichkeiten wirkt als Kultur-Intervention. Der Weg ist der Wandel.

3.4   BEISPIEL

Im Falle eines Zulieferers komplexer Aggregate für die Nutzfahrzeug-, Bau- und Landmaschinenindustrie (Umsatz: ca. 1,1 Mrd. Beschäftigte: ca. 6.500 weltweit) liegt der Fall klar: Es muss etwas getan werden. Das Fass zum Überlaufen brachte der Ausfall eines der Hauptumsatzträger am wichtigsten Standort des Unternehmens in Deutschland. Es entsteht die schonungslose Diagnose einer Krise. Aber auch in dieser Turnaround-Situation wurde den Mitarbeitenden und den Projektbeteiligten erst mit der Formulierung der Gesamtaufgabe der Beweis für die Wichtigkeit der Aufgaben und für das Ausmaß des „Empowerment" offenbar: Es geht um die Umgestaltung der gesamten Produktion am Hauptstandort (**s. Abbildung B.4**)

Abbildung B.4 *Auszüge aus Originalpräsentationen (Leitplanken) zum Thema „Gestaltungsspielräume". In einer vorangehenden Folie wird die Krise wie folgt beschrieben: „Wir haben schwere Zeiten vor uns ... Umsatzeinbruch um etwa 100 Mio. € gegenüber dem Vorjahr ... stark negative Entwicklung der Preis-Kosten-Schere ... dramatische Ergebnisverschlechterung ... massive Kapazitäts- und Beschäftigungsfragen ..."*

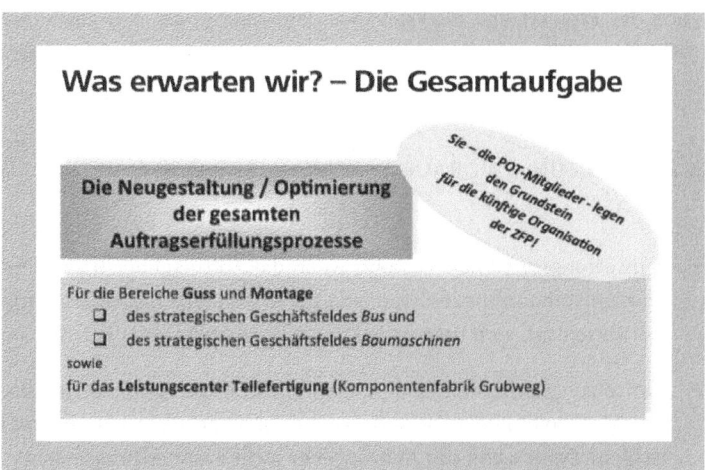

Was erwarten wir? – Die Gesamtaufgabe

Sie – die POT-Mitglieder - legen den Grundstein für die künftige Organisation der ZFP!

Die Neugestaltung / Optimierung der gesamten Auftragserfüllungsprozesse

Für die Bereiche **Guss** und **Montage**
❏ des strategischen Geschäftsfeldes *Bus* und
❏ des strategischen Geschäftsfeldes *Baumaschinen*
sowie
für das **Leistungscenter Teilefertigung** (Komponentenfabrik Grubweg)

4.1 WORUM ES GEHT

Die Zusage, die Ergebnisse tatsächlich umzusetzen, heißt: Wir – die Verantwortlichen – vertrauen auf euch! Und sie stellt eine Selbstdeklaration der Mächtigen dar: Wir übernehmen die Rolle von Mit-Spielern in diesem ernsten Spiel. Wir stehen nicht drüber, wir steigen mit euch ein, weil wir klar machen, dass wir von eurem Erfolg abhängig sind (was übrigens sowieso der Fall ist, üblicherweise aber nicht zur offiziellen Arbeitsgrundlage gemacht wird). Wir bilden mit euch ein andersartiges (Projekt-)System, um zu neuartigen Lösungen zu kommen. Weil aber hierarchische Organisationen primär macht- und nicht vertrauensbasiert funktionieren, müssen die Verantwortlichen dazu explizit ein Commitment abgeben mit dem Namen „Umsetzungsgewissheit". Sie müssen deutlich machen, dass sie sich für das Veränderungsvorhaben einen anderen Funktionsmodus wünschen.

Da die Zusage von den Mächtigen gegeben wird, bleibt sie immer auch prekär („die haben die Lösung doch schon in der Schublade", so der gängige Spruch von Projektaktiven; die Zusage könnte ja jederzeit wieder zurückgenommen werden) – und macht gerade dadurch einen so deutlichen Unterschied. Also: Entmachtung findet hier gar nicht statt. Es geht um Selbstbindung von Mächtigen (nicht von Nicht-Mächtigen!). Außerdem: Keine Umsetzungssicherheit zu geben, wäre im Grunde genommen widersinnig. Schließlich stellt ja gerade die Umsetzung von geplanten Veränderungen normalerweise die entscheidende Hürde dar.

Wir müssen die Sache auch noch von einer anderen Seite betrachten: WaVe darf nicht als Parteinahme für irgendeine Seite oder Fraktion in einer Organisation missverstanden werden. Es geht um das Erreichen eines Gesamtoptimums. So gesehen, bedeutet die Gewissheit der Umsetzung für die Protagonisten des Projekts auch eine große Verantwortungslast. Jeder hinterlässt Spuren, die nicht so schnell verwischt werden können. Jeder ist auch potenziell Leidtragender eigener Fehlentscheidungen. Und schließlich: Nach Beendigung des Projekts und Rückkehr aus dem Netz in die neu gestaltete Mutterorganisation lässt sich nicht mehr einfach über die Umstände klagen. Für die ist man jetzt mitverantwortlich.

4.2   WAS TUN – WORAUF ACHTEN

- Umsetzungssicherheit besteht, wenn die Auftraggeber für das Projekt z.B. sagen: „Gestaltet den Produktentstehungsprozess neu, von der ersten Idee bis zur Industrialisierung! Das, was Ihr uns als Ergebnis vorschlagt, wird umgesetzt! Voraussetzung ist, dass sich alle an die Spielregeln halten"!

- Umsetzungssicherheit kann und wird also nicht voraussetzungslos gegeben. Das interne Umfeld „Hierarchie" bleibt intakt, ist Auftraggeber und darf nicht entmachtet werden – wo bliebe sonst der Unterschied? Denn wenn der Auftraggeber nicht mehr auftragsmächtig wäre, würde auch die Ermächtigung der Mitarbeitenden in sich zusammenfallen. Das Spannende ist ja gerade, dass zwei ganz unterschiedliche Welten in Balance gehalten werden und als mögliche Optionen immer gegenwärtig sind.

- Außerdem ist die Einhaltung von Spielregeln gefordert. Auch eine andere Welt, die Welt II des vernetzten Change-Projekts, braucht eine gewisse Struktur, um Orientierung zu ermöglichen. Klarzustellen ist, dass die hier praktizierte Ermächtigung, das Umschalten von Macht auf Vertrauen – kurz die selbstorganisierte Projektwelt, die durch die 12 Regeln Konturen gewinnt – nicht einfach durch das berühmte Loslassen der verantwortlichen Leitung allein gelingen kann.

- Dies geht am einfachsten, indem Nicht-Regeln (Bsp. dazu **Abbildung C.10** Kap. C.3.2.3) formuliert werden. Z.B.: „Keine Hierarchiediskussionen!", „Keine Kästchen malen!", „Strebt nicht nach hundertprozentigen Lösungen" bzw. „Keine Perfektion!"; oder und vor allem: „Keine Überraschungen!". Letztere Regel bedeutet, dass Konzepte, Lösungen, also Team-Resultate, nur als Resultate tatsächlich anerkannt werden, wenn sie kommuniziert sind. Arbeit in und besonders an Organisationen ist Kommunikationsarbeit. Das müssen alle Aktiven verstehen lernen.

- Sorge für Unterstützung: Systemische Führung fokussiert sich auf zwei Aufgaben; einmal auf die sorgfältige Gestaltung des relevanten Kontextes (hier: 12 Prinzipien). Zum anderen geht es darum, Unterstützung bereitzustellen: Bei WaVe heißt es also, für ein funktionierendes Unterstützungsteam zu sorgen (das die herkömmliche Steuergruppe ersetzt und primär auf Anfrage aktiv wird); denn wenn es Schwierigkeiten gibt, muss Hilfe bereit stehen. Führung hat somit einen indirekten und einen direkten Anteil. Die Rahmenbedingungen stehen für den indirekten, die Unterstützung für den direkten Teil.

- Das Projekt-System schaltet vom „Push-Modus" in den „Pull-Modus" um: Es geht nicht mehr um Steuerung und Kontrolle, sondern um Kooperation und Unterstützung. Damit stellen wir von herkömmlicher Leadership auf „Servant Leadership" um. Anders kann es auch rein logisch kaum gehen, wenn wir uns an die ersten drei Regeln halten.

- Verantwortungsdelegation (bzw. die Trias der ersten drei Regeln) kombiniert mit einer Unterstützungszusage stärkt die Systemkohäsion. Alle brauchen einander. Freiheit macht Bindung attraktiv.

- Umsetzungssicherheit wirkt als mächtiges Vertrauenssignal. Der Machtkontext wandelt sich in einen Vertrauenskontext.

- Wenn sich die Mitarbeitenden ermächtigt fühlen (besonders durch die drei ersten Regeln), sind sie stark daran interessiert, ihren Einsatz honoriert, d.h. gewürdigt und umgesetzt zu sehen. Sie wollen ihren Erfolg. Der darf nicht riskiert werden. Da hält man sich gern an Regeln.

- Indirekte Führung wird als dienende Funktion praktizier- und erlebbar: Man gibt gern Informationen, um das Vertrauen weiter zu nähren. Man erhält Rückmeldung, Bestätigung oder Korrektur und fühlt sich unterstützt. Führung wird eingefordert.

- Punkt-Entscheide werden durch Entscheidungs-Prozesse ersetzt. Beispielsweise braucht ein Team die Gewissheit, eine Lösungsidee weiter verfolgen zu können – auch wenn das Investitionen erfordert. Man fragt die Vertreter der Hierarchie an, die im Unterstützungs-Team vertreten sind. Man bekommt eine Antwort und kann weiter machen. Und wenn man das konsequent durchhält und bei jedem Schritt in Tuchfühlung mit den Betroffenen bleibt (seien es hierarchisch Höhergestellte oder Ausführende) wird das Arbeiten leichter.

- Dicht gewebte Kommunikations- und Informationsbeziehungen lassen ein enges Kooperationsnetzwerk entstehen, dessen Knoten sich gegenseitig brauchen. Wechselwirkungen ersetzen Einwirkungen von oben oder außen. Die Steuerungskapazität insgesamt erhöht sich, weil sie sich nicht nur auf vertikale Beziehungen stützt.

- Vertrauen geben entlastet. Man tut so, als sei die entscheidende Frage „Werden wohl gute Lösungen herauskommen?" schon beantwortet: Vertrauen geben, heißt Zukunft vorwegzunehmen und ist so rational wie Papiergeld zu verwenden oder Macht zu nutzen. Vertrauen ist ein Steuerungsmedium.

4.4   BEISPIEL

Verglichen mit den beiden bisher genannten Fällen, geht es hier um ein relativ kleines System. Das Veränderungsvorhaben betraf einen Personalbereich mit ca. 50 Mitarbeitenden, der darauf reagieren musste, dass sich das Konzernumfeld dezentralisiert hatte. Er musste sich von einem behäbigen funktional aufgestellten Verwaltungsapparat in einen modernen „Business Partner" verwandeln (s. **Abb. B.5** Folie „Vision"). Wichtigkeit und Gestaltungsspielräume wurden klar, als man sich entschlossen hatte, die Organisation nach

Prinzip 3: Gib Umsetzungsgewissheit!

zwei Hauptprozessen auszurichten. Die Antwort auf die Frage, was mit den Resultaten geschieht, räumte jeden Zweifel an der Ernsthaftigkeit des Projektes aus: Dass umgesetzt würde, war mit der Präsentation der Leitplanken evident (s. **Abbildung B.5**).

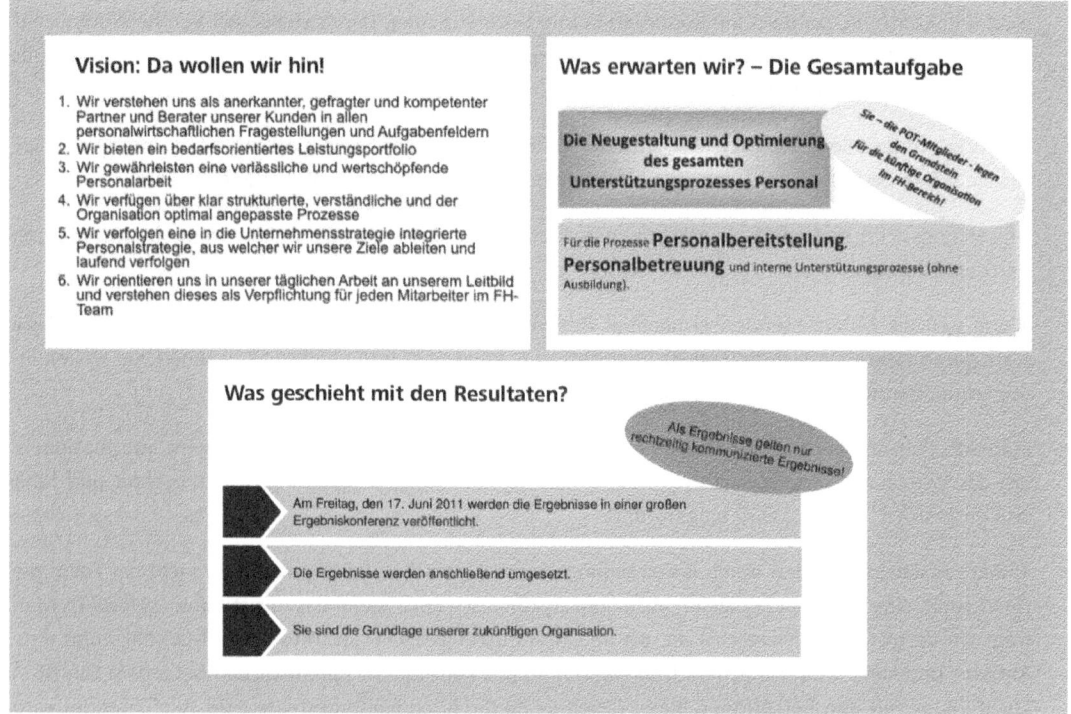

Abbildung B.5 *Auszüge aus Originalpräsentationen/Leitplanken zu den Regeln „Gestaltungsspielräume"
und „Umsetzungsgewissheit" (Folien 2 und 3) im Rahmen der entsprechenden Vision (Folie 1)*

5 PRINZIP 4: TEILE DAS GANZE IN PORTIONEN AUF!

5.1 WORUM ES GEHT

Die Aufteilung in Portionen (auch: Teilprojekte, Arbeitspakete) erscheint trivial. Schon in der Schule lernt man einen Aufsatz zu gliedern und nicht sofort das Ganze einfach anzupacken. Bei Themen des Wandels gilt das Gleiche, zumal in diesem Fall ja thementeilig und mit mehreren Gruppierungen gearbeitet werden muss. Die Projektstrukturierung stellt somit das Herzstück der Projektplanung durch das U-Team dar.

Zu beachten ist, dass dieser rationale Prozess immer durch ein soziales Geschehen getragen oder unterlegt, manchmal auch überlagert wird. Gefragt ist nämlich Verständigung, Abstimmung und Kooperation. Und immer sind Interessen im Spiel; denn von der Form, die sich eine Organisation gibt, hängt ab, wie erfolgreich sie ihre Strategie verfolgt. Bei der Projektstrukturierung werden dazu die ersten Weichen gestellt; und so geht es in den einschlägigen Diskussionen um Zukunftsentwürfe, Erfolg und Risiko und persönliche Perspektiven … und damit um: Werte, Kultur, Führungsstil …

Wir sind also bei der berühmten Unterscheidung zwischen „weichen" und „harten" Fakten angelangt. Für ihre Bearbeitung gilt es die jeweils angemessene Form zu wählen. Bewährt hat sich, zwischen unfokussierter und fokussierter Bearbeitungsweise zu unterscheiden. Mit der Aufforderung „Teile das Ganze in Portionen auf!" legen wir den Fokus auf die Strukturierung der sachlichen Problemstellung. Herauskommen muss eine klare Projektstruktur. Das als Ausgangspunkt zu nehmen bzw. zu fokussieren, hat den Vorteil, dass sich die oft komplexen weichen Themen recht leichtfüßig bearbeiten lassen – nämlich dann, wenn sie auftauchen, unfokussiert.

5.2 WAS TUN – WORAUF ACHTEN

- Praktiziere handwerklich saubere Projektarbeit: Das Thema ist zu strukturieren und in Kapitel und Unterkapitel zu gliedern. Es gilt die Baustellen zu definieren, die man anpacken muss und heraus zu arbeiten, welche möglichen Teilbaustellen sich ergeben, damit sie machbar sind und von Teams tatsächlich bearbeitet werden können. Diese Arbeit erfolgt vor allem im Vorgehensschritt 2, der inhaltlichen Projektplanung- und Strukturierung (s. Kap. C.3.1 Frameworkshop I).

- Verliere trotzdem nicht die soziale Dimension aus den Augen: Sachliche Schwerpunktbildungen und Themenabgrenzungen stellen die Grundlagen klar formulierter Projektaufträge für mehrere Teams dar.

- Vergiss nicht: Wandel muss alle erreichen. Daher sollten wir durch das Projekt mindestens die erforderliche kritische Masse direkt einbeziehen. Unter dieser Perspektive ist thematische Vielfalt hilfreich (3 bis 9 unterscheidbare Fragestellungen/Themenschwerpunkte). Vereinfachung stellt hier keinen Wert dar.

- Bei Strukturanpassungen und Krisenbewältigungen stehen häufig die Prozesse im Mittelpunkt. Also muss Klarheit über die gesamte Prozesslandschaft geschaffen werden. Die Aufteilung der Arbeit in „Portionen" folgt dann der Prozesslogik: Hat sich das Projekt mit allen Geschäftsprozessen zu befassen? Dann würde jeweils einer dieser Hauptprozesse eine „Portion" bzw. eine Baustelle darstellen. Oder heißt es, eine dieser Prozesskategorien näher unter die Lupe zu nehmen? Geht es z.B. „nur" um die Produktion, m.a.W. um den Auftragserfüllungsprozess (AEP)? Wenn ja, sind dann die weiteren Baustellen bzw. die einzelnen Themen für die Projektteams durch Prozesse definiert, die den Produkten entsprechen oder eher den Funktionen/Verrichtungen?

- Die Grundherausforderung heißt meistens: Angemessener Umgang mit Komplexität. Die Strukturierungsarbeit fördert nämlich unweigerlich die Zusammenhänge zu Tage. Wo und wie sind die Schnitte zwischen den Aufgabenschwerpunkten für die unterschiedlichen Teams zu legen? Inwieweit präjudizieren wir dadurch spätere Strukturentscheidungen?

- Damit kommen Strategiefragen ans Licht: Wie man sich aufstellen will, sollte vom Markt her beantwortet werden. Meistens, zumal in Krisen- oder Merger-Situationen, drängt aber die Zeit. Sorgfältige Strategieentwicklung ist jetzt nicht möglich. Es heißt, aufzupassen, die Ruhe zu bewahren und den Wald nicht vor lauter Bäumen aus dem Blick zu verlieren. Also muss man sich oft pragmatisch zu strategischen Statements durchringen, damit eine erste Orientierung sichergestellt ist und die Themenaufteilung Sinn macht.

- Bei dieser Arbeit fühlen sich Betroffene wie Entscheider wohl! Sie haben das Gefühl, „endlich!" konkret werden zu können. Während die Arbeit an Empowerment durch „Wichtigkeit", „Gestaltungsfreiheit" und „Umsetzungsgewissheit" (Prinzipien 1 bis 3) indirekte Führungsarbeit pur darstellt, geht es hier direkt um die Sache. Dort (Prinzipien 1 bis 3) geht es um die Change-Logik von WaVe – das WIE. Hier (Prinzip 4) dagegen gilt es klarzustellen, WAS zu tun ist.

- Der Auftraggeber/das U-Team fühlt sich auf sicherem Terrain. Da in den wenigsten Fällen Erfahrungen mit indirekter Führung gemacht worden sind, wird erst hier bei der Erstellung der Projektstruktur die Führungsfunktion, die im Projekt auszufüllen ist, erfahrbar.

- Das U-Team durchdringt die Sachfragen. Der wahre Projektumfang ist klar und oft stellt sich ein Gefühl des „Respekts" ein, wenn offenbar wird, wie groß das Rad ist, das man im Begriff ist zu drehen. Der Begriff Leitplanken wird jetzt besser verstanden, weil die zweite Seite Konturen bekommt – die Sache, um die es inhaltlich geht.

- Spätestens bei der Frage der Projektstruktur werden Strategiefragen unausweichlich. Die Festlegung der Prozesslandschaft ist z.B. engstens mit der Mission verbunden: „Was ist unser Geschäftsauftrag?". Der Beginn und das Ende der jeweiligen Prozesse spiegeln die horizontale Integration des Unternehmens wieder. Wollen wir das so? Stimmt das mit unserem Geschäftsmodell überein? Können wir das hier und jetzt so entscheiden?

- Mögliche Projektauswirkungen sind wesentlich klarer, Interessen werden berührt, Konflikte tauchen auf – kurz Start-Allianz bzw. U-Team werden zu dem, was ihre Namen ausdrücken. Die Beteiligten erfahren überdies, dass tatsächlich Leadership gefordert ist, zumal sie schon jetzt unter Beobachtung stehen und nach den jeweiligen Workshops Aussagen erwartet werden. Damit konsolidiert sich das ganze Vorhaben, die Orientierung nimmt zu, die Rollenidentifizierung wird stärker, vor allem weil die Verantwortlichen merken, dass sie bei aller Selbststeuerung nicht überflüssig werden und keine Basisdemokratie droht.

- Schließlich macht sich aber auch Entlastung breit: Glücklicherweise haben wir uns für ein Netzwerkverfahren entschieden, so drückt es die Stimmung in den Frame-Workshops aus: Da können dann die Spezialisten zeigen was sie können und wie sie in der Lage sind, sich abzustimmen.

5.4   BEISPIEL

Hier geht es um Post-Merger-Integration-Management: Zwei Unternehmen im freien Ersatzteilgeschäft der Automobilbranche (Automotive Aftermarket) fusionieren (s. **Abbildung B.6**). Das Unternehmen, dessen Geschäftsbetrieb übernommen wurde, hat ca. 100, die kaufende Unternehmensgruppe ca. 400 Mitarbeiter. Beide Unternehmen vertreiben ihre Produkte weltweit und weisen in unterschiedlichen Bereichen wertvolle Wettbewerbsvorteile auf. Die Integrationsaufgabe wurde zuerst in drei Aufgabenkategorien unterteilt: Zügig vorzunehmende Umstellungen, Strategieanpassung, mittelfristige Entwicklungsthemen. Letztere Kategorie konnte weiter untergliedert werden: Gestaltungsaufgabe „Prozessoptimierung/-Gestaltung" und

Gestaltungsaufgabe „Lösung weiterer Sachfragen". Die weitere Aufschlüsselung dieser Gestaltungsaufgaben in Unterthemen lieferte die Basis für die Auswahl der Teams, die dann mit der Bearbeitung der entsprechenden „Unterthemen" betraut wurden.

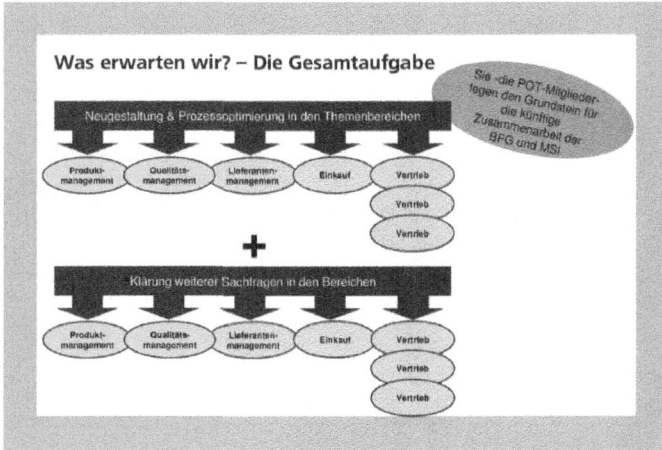

Abbildung B.6 *Auszug aus der Originalpräsentation „Leitplanken": Überblick zur Projektstruktur (POT = Prozess Optimierungs-Teams)*

6 PRINZIP 5: FÜHRE EINE NOMINIERUNG DURCH!

6.1 WORUM ES GEHT

Wird der Wandel ernst genommen, geht es von Beginn an um das Gesamtsystem (Organisation, Unternehmen, Einheit, Teileinheit, Abteilung ...) und damit um die Aktivierung aller Mitglieder; denn Veränderung muss Aufgabe von allen sein, soll sie kulturell wirksam werden und etwas zum Besseren wenden. Das Nominierungsverfahren ist ein Baustein bei der Mobilisierung und gibt eine wichtige Antwort auf die Frage: Wie eine Organisation zielführend in Bewegung bringen? Sicher, nicht alle können direkt zum Vorhaben beitragen, je größer das System, desto weniger. Desto wichtiger ist es, für alle eine aktive und klar verständliche Rolle bei der Veränderung bereitzuhalten und sie dadurch zum aktiven Mitarbeiten zu bringen.

Ein einfacher Kunstgriff macht es möglich. Den einen wird die Protagonisten-, den anderen die Publikumsrolle zugedacht (s. **Abbildung B.7**). Das eine ist nicht ohne das andere denkbar. Gelingendes Veränderungsmanagement arbeitet bewusst und systematisch mit zwei Seiten. Wir gaben schon die zentrale Devise aus: „Mach einen Unterschied!" Spätestens jetzt wird erkennbar: Ein Unterschied ist eine Form mit zwei Seiten. Wandel mit WaVe ist ein Geschehen mit den Protagonisten auf der einen und dem Publikum auf der anderen Seite. Mit dem Nominierungsverfahren (s. **Abbildung B.8** und Kap. C.4.2) nehmen wir diese Erkenntnis ernst.

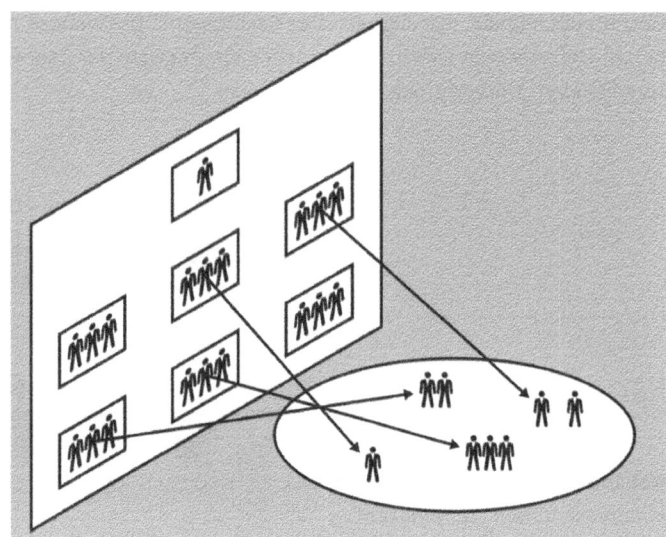

Abbildung B.7 *Die Logik der Nominierung*

6.2 WAS TUN – WORAUF ACHTEN

- Genügend intime Bekanntschaft mit dem Projekt ist Voraussetzung für den selbstgesteuerten Auswahlprozess. Es muss klar sein, um was es überhaupt geht. Alle müssen über das Veränderungsvorhaben informiert sein. Der Informationsprozess kann mithilfe einzelner Kurzworkshops/Info-Workshops (Divergenz-Modus, s. Kap. C.4 Einleitung) oder einer zentralen Großveranstaltung gestaltet werden.

- Die Überlegung dahinter ist, die Betroffenen zur Auswahl ihrer Vertreter im Projekt zu befähigen. Befähigung bedeutet, die Voraussetzungen zu schaffen, dass überall im Unternehmen die erforderlichen Gespräche geführt werden können. Die Mitarbeiter haben die Listen in Händen und wissen, wie viele KollegInnen aus ihrem Bereich mit welchen Merkmalen für welches Team gesucht werden. Jetzt kommt es darauf an, miteinander zu reden und die richtigen Personen auszuwählen.

- Also ist es sinnvoll, die Ziele der Information möglichst früh klar zu machen. Damit lässt sich vermeiden, dass die Teilnehmer in Konsumentenhaltung in den Workshop kommen. Wenn sie merken, dass es um die Möglichkeit geht, bei wichtigen Veränderungen mitzumachen, erleben sie die Informationen als Unterstützung. Wenn außerdem klar wird, dass das selbstgesteuerte Verfahren zwangsläufig zu Rückmeldungsprozessen im Kollegenkreis führt – dann steigt die Spannung und die Information wird mit noch höherer Aufmerksamkeit verfolgt.

- Die Aufmerksamkeit richtet sich primär auf das U-Team, das die bisherige Vorbereitungsarbeit geleistet hat. Es agiert anfangs noch als einziger Protagonist und gibt die Informationen bekannt. Auch sein Auftreten selber wird zur Botschaft. Agieren die Mitglieder als Team? Oder gibt es Top-Down-Ansagen? Wie konsistent sind die Aussagen? Wie sorgfältig sind sie vorbereitet? Es ist ja selber annähernd als Mikrokosmos gestaltet; „annähernd", weil die verantwortliche Leitung repräsentiert ist und damit Unterstellungsverhältnisse nicht ganz herausgehalten werden können.

- Ob im Divergenz- oder Konvergenz-Modus (s. Kap. C.4) durchgeführt – hier hat eine Begegnung Premiere: zwischen Protagonisten (hier noch auf das U-Team beschränkt) und Publikum. Und schon hat der Wandel begonnen.

6.3 WAS SICH DADURCH ÄNDERT

- Die Belegschaft ist über das Vorhaben informiert und „mobilisiert": d.h. alle haben einen Auftrag, müssen sich mit dem Projekt beschäftigen, sind mit sich im Sinne der eigenen Stellung im Kollegenkreis beschäftigt und müssen mit den anderen über die Beschickung der Teams beraten.

- Das Unternehmen ist jetzt im sogenannten Aufmerksamkeitsmodus: Ein Unterschied wird wahrgenommen. Er zeigt sich in der breiten Beteiligung bei der Nominierung, im Vertrauensbeweis, der durch die selbstorganisierte Teambesetzung erwiesen wird und durch die Ernsthaftigkeit, die die Themenwahl und die Gestaltungsspielräume zum Ausdruck bringen.

- Damit ist der Veränderungsprozess unumkehrbar geworden. Die Beobachtungsdynamiken sind in Gang gesetzt, Erwartungen sind geweckt, die Spannung ist groß.

6.4 BEISPIELE

Im vorgenannten Fall der Merger-Integration gab es zwei günstige Voraussetzungen. Zum einen ging es um Unternehmen, die quantitativ überschaubar waren: Das übernommene Unternehmen zählte ca. 100 und von den ca. 400 Mitarbeitern des kaufenden Unternehmens war ein großer Teil der im Lager Beschäftigten nicht betroffen. Die andere günstige Vorbedingung: Die Geschäftsführung war von der Idee eines Großworkshops begeistert, zumal der Aufwand vertretbar war. So konnten zum Start des Team-Netzwerks und damit der eigentlichen Projektarbeit beide Belegschaften vollzählig versammelt werden.

Nominierungsverfahren

1. Die jeweiligen Bereichsleiter bzw. Vorgesetzten sprechen ihre Mitarbeiter an, um die Diskussionen/Gespräche zur Auswahl der Teammitglieder zu starten.
2. Die Auswahl wird durch die Mitarbeiter selber getroffen. Die Teammitglieder werden nicht durch Vorgesetzte ausgewählt.
3. Zu Teammitgliedern können auch Personen gewählt werden, die an den Informationsworkshops nicht teilgenommen haben.
4. Mitgliedschaft in mehreren Teams ist nicht möglich.
5. Es darf keine direkten Unterstellungsverhältnisse geben.
6. Die Zusammensetzung soll hierarchieübergreifend sein.
7. Bei Problemen der Gesamtzusammensetzung erfolgt Rücksprache zwischen U-Team und den Betroffenen.
8. Die Meldung erfolgt an das U-Team. Anlaufstelle ist Drift.

Abbildung B.8 *Auszug aus einer Originalpräsentation: Hinweise zum Vorgehen bei der Nominierung:*

Zur Nominierung (s. **Abbildung B.8**) mussten sich die Mitarbeiter, die im großen Saal an gemischten Rundtischen platziert und über das Merger-Projekt informiert worden waren, neu zusammenfinden; und zwar derart, dass die Tischordnung nun den Organisationseinheiten der beiden Unternehmen entsprach. Dort kannte man sich und konnte miteinander diskutieren, wer denn von ihnen in den Arbeitsteams vertreten sein sollte. Die Moderatoren waren sehr angespannt als die Situation im großen Saal unübersichtlich zu werden drohte. Anders als abgesprochen, besuchten Teilnehmer andere Tische oder mehrere Tische wurden gar zu großen Tischinseln zusammengeschoben ...! Dann waren in einer Ecke des Saales plötzlich Jauchzer, Pfiffe und Händeklatschen zu hören: Das erste Team war geboren – und wurde offensichtlich jauchzend begrüßt. Ein besserer Teamstart war ja kaum denkbar! Nun war ein Maßstab gesetzt. Alle konnten ja mitvollziehen, was vor sich ging.

7 PRINZIP 6: VERTEILE DIE ARBEIT AUF MEHRERE TEAMS!

7.1 WORUM ES GEHT

Wenn wir nun verantwortungsvolle und wichtige Arbeit auf mehrere Teams verteilen, dann macht das für die Aktiven in unseren normalen Organisationen einen großen Unterschied. Auf diese Weise entsteht nämlich eine dezentrale Welt (Welt II) im Rahmen der zentral gesteuerten Linienorganisation (Welt I). Und diese Rahmenbedingungen, die ein Netzwerk entstehen lassen, fordern von den Aktiven anderes Verhalten, einen höheren Grad an Verantwortlichkeit und vielseitigere Fähigkeiten ab als in der normalen Routine-Welt I, die es zu verändern gilt.

Aber hier wie dort ist klar, dass komplexe Aufgaben arbeitsteiliges Vorgehen erfordern und damit mehrere und unterschiedliche Gruppierungen. Und wenn man sie nicht aktiv daran hindert, beobachten sich diese Gruppierungen wechselseitig, vor allem wenn sie vernetzt organisiert sind. Und die Vielfalt, die es zu entdecken gibt, regt an und löst neue Ideen aus und inspiriert zu neuen Lösungen.

7.2 WAS TUN – WORAUF ACHTEN

- Beachte: Die Dinge hängen immer zusammen. Insofern hat die Aufgabenverteilung oft mehr mit Schwerpunktbildung als mit Ab-Teilung zu tun, mehr mit Naht- als mit Schnittstellen. Manchmal sind auch Aufgaben mit Querschnittcharakter zu bearbeiten. Typischerweise sind das betriebswirtschaftliche Themen wie Kosteneffizienz, Kennzahlendefinition u.ä. Die Teams, die mit derartigen Aufgaben beauftragt sind, setzen auf der Arbeit der anderen Teams auf. Ihre Arbeit lebt davon, dass sie von den anderen Gruppen „gefüttert" werden. Auf diese Weise entstehen innere Zwänge, sich effizient zu vernetzen.

- Sorge also dafür, dass Teams Kunden-Lieferanten Verhältnisse aufbauen müssen. Auf diese Weise verfolgen sie das jeweils eigene, aber auch das Gesamtziel und lernen Kommunikationsarbeit als essenziell für den eigenen Erfolg verstehen.

- Arbeite mit einer Mindestzahl an Teams und denke daran, die kritische Masse an Beteiligten zu erreichen. Wenn mehr Teams auf den Weg geschickt werden, ist die „Bühne" größer, es kann sich eine Projektdynamik entwickeln, es entsteht, was man tatsächlich als zweite Welt bezeichnen kann, wir erreichen mehr Menschen – kurz das ganze Unterfangen wird leichter.

- Eine organisationale Alternative zur Linienorganisation lässt sich nur darstellen, wenn mindestens zwei Teams mit je ca. 9 Mitgliedern auf den Weg geschickt werden. Ab dieser Projektgröße stellt sich den Gruppen tatsächlich eine Selbst-Organisationsaufgabe, die den Namen auch verdient. Erst ab dieser Komplexitätsgrenze entwickelt sich so etwas wie ein echter Projekt-Geist, ein Veränderungsspirit, vielleicht gar eine Art Projektkultur.

- Beantworte inhaltliche mit sozialer Komplexität, so könnten wir auch sagen. Herkömmlich geht es genau anders herum: „Wir sollten die Dinge erst mal im kleinen Kreis vorbesprechen", so drückt sich der defensive Managementreflex aus, der oft, und zumal im Change-Management, fehl angebracht ist. Gerade Unterschiedlichkeit und Vielfalt von Sichtweisen und Know-how kann überaus hilfreich sein. Deshalb lautet eine zentrale Regel bei WaVe: Verteile das Vorhaben auf mehrere Teams!

7.3 WAS SICH DADURCH ÄNDERT

- Ein im Verhältnis zum erforderlichen und geleisteten Aufwand großer Teil der Menschen ist vom Wandel aktiv erreicht. Jeder Projektteilnehmer repräsentiert mehr oder weniger eine Organisationseinheit, ist von ihr entsendet und bleibt mit ihr im Kontakt.

- Durch die Verteilung auf mehrere Teams ist eine Parallelorganisation geschaffen. Nur eine solche ist in der Lage einen organisationsrelevanten Unterschied zu machen, der genügend interessant ist, um Aufmerksamkeit auf sich zu ziehen.

- Wandel ist wirksam, weil er kulturwirksam ist. Kulturwirksam ist er, weil die selbstgesteuerte Zusammen-/Arbeit mehrerer Teams zwangsläufig eine Projektkultur entstehen lässt, die intern und im inneren Umfeld wahrnehmbar ist. Von diesem Spirit hängt alles ab.

- Vielfalt im Projekt ist sichergestellt und kann wirksam werden, weil die Teams netzwerkartig verknüpft sind. Vielfalt ist die Quelle von Neuem. Im Projekt führt sie zu erhöhter Kreativität und stellt ein großes Problemlösungs- und Selbstkorrekturpotenzial dar.

7.4 BEISPIEL

Ein Automobilzulieferkonzern mit ca. 80.000 Mitarbeitenden und einem Umsatz von ca. 12 Mrd. Euro der in vier Divisionen gegliedert ist, löst die Aftersales-Organisationen aus den Divisionen heraus und führt sie in einer einzigen Konzerneinheit zusammen. Eine einzige Konzern-Aftersales-Organisation ist besser in der Lage, Synergien zu nutzen. Das ist die Überzeugung dahinter. Um diesen internen Merger zu bewältigen, werden zehn Teams mit jeweils einer der zehn Hauptaufgaben beauftragt (s. **Abbildung B.9**, linke Folie).

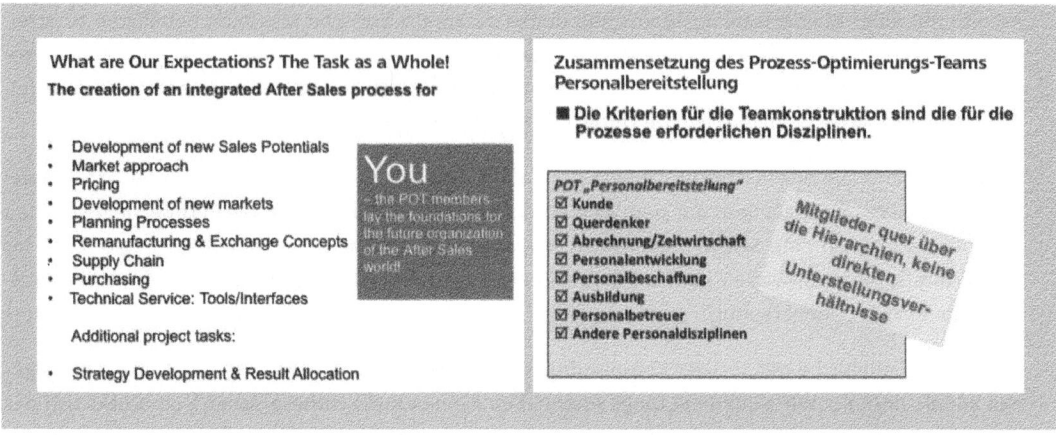

Abbildung B.9 *Auszüge aus Originalpräsentationen (Leitplanken): Beispiele für Team-Aufteilung (Linke Folie: Aftersales-Organisation, rechte Folie: Personalbereich)*

Aber nicht immer ist die Themenvielfalt derart breit. Oft geht es auch um kleinere Einheiten und nicht um ganze Konzerne. Schon der Fall des Chemieunternehmens von oben hat es gezeigt und im Fall des Personalbereichs wiederholt es sich: Auch mit zwei Teams lässt sich eine effektive Welt II verwirklichen. Diese Zahl ergab sich im Beispielfall zwangsläufig aufgrund der Erkenntnis, dass sich die Personalarbeit in zwei Hauptprozesse gliedert: Personalbereitstellung und Personalbetreuung.

8 PRINZIP 7: SORGE FÜR VIELFALT IN DEN TEAMS!

8.1 WORUM ES GEHT

Gemischte Teams im Rahmen eines Projekts des Wandels heißt vor allem: Unterschiedliche hierarchische Ebenen, unterschiedliche Disziplinen und Organisationseinheiten. Einmal geht es um die Ermöglichung eines Lernprozesses. Man muss sich ganz anders verhalten, wenn die bevorzugte Blickrichtung nicht mehr nur nach oben zum Vor-Gesetzten geht, sondern in die Breite, weil nun alle anderen viel interessanter werden.

Alles, was die anderen mitbringen oder darstellen, muss auf seine Verwertbarkeit für das gemeinsame Ziel überprüft werden. Allein kann man es nicht schaffen und niemand ist da, der alleine für das Ganze verantwortlich wäre. Man ist aufeinander angewiesen. Erfahrungshintergründe, Know-how-Unterschiede, Positionen in der Organisation, Alter … Man muss sich viel mehr als gewohnt umsehen und sich um die anderen kümmern.

Damit – und das ist der andere Aspekt – gewinnen Personen neues Profil. Auch kleinere Unterschiede und Besonderheiten werden wichtig und die Aufmerksamkeit gilt nicht den immer gleichen, die als Leistungsträger gelten. Der Organisation werden die eigenen Ressourcen viel transparenter. Die Gruppen stellen also eine Art Mikrokosmos dar. Sie bilden die Gesamtorganisation im Kleinen ab. Sie bürsten diese zugleich gegen den Strich. Was dort getrennt ist, wird hier in seiner Vielfalt zusammengeführt. Auf dem Hintergrund der Mutter- bzw. der normalen Linienorganisation tritt dies erst zutage. Dieser Unterschied macht die Situation interessant und wandelt sie in eine Herausforderung um.

8.2 WAS TUN – WORAUF ACHTEN

- Vielfalt muss geschaffen werden. Folgende Fragen gilt es zu beantworten: Welche Disziplinen sind für welches Aufgabenpaket nötig und welche Organisationseinheiten sollten einbezogen werden? Welche Hierarchiestufen sollten vertreten sein? Wie steht es mit indirekten Kriterien (Meinungsführer? Bremser? …). Das alles muss in Einklang mit quantitativen Grenzen gebracht werden.

- Im Allgemeinen sollte eine Gruppe nicht mehr als neun Personen umfassen, um sich noch selber steuern zu können. Kleiner sollte sie nicht sein, um noch in den Genuss des „Gesetzes der großen Zahl" zu kommen. Je kleiner die Gruppe, desto größer nämlich der Einfluss Einzelner. Das macht sie anfällig, Ergebnisverzerrungen sind möglich, extreme Tendenzen können sich Bahn brechen. Sie werden bei mehreren Mitgliedern leichter neutralisiert, während gruppendienliche Beiträge auch in größeren Teams Gehör finden und zum Tragen kommen, weil die Resonanz größer ist.

- Doppel-/Mehrfachmitgliedschaften sind nicht möglich, da die Belastung für die Betroffenen zu groß wird und die Teamkohäsion leidet. Außerdem wird die Netzwerkarbeit verwässert.

- Diese „Teamkonstruktion" – durchgeführt durch das U-Team – führt zu einer Kriterienliste (s. **Abbildungen B.10** und **C.12**) für jede Gruppe. Darin sind alle Merkmale aufgeführt und jeweils die Zahl der vorgesehenen Plätze im Team. Diese Listen bilden die Diskussionsgrundlage zur Auswahl der konkreten Personen durch die Kollegen.

- Wichtig ist die Beachtung der Nichtregel: „Keine Unterstellungsverhältnisse!". Zwar erfordert das Mikrokosmosziel Ebenen übergreifende Besetzung, aber die normalen hierarchischen Verhältnisse der Welt I sollten natürlich nicht wiederholt werden.

- Um diese Vielfalt herzustellen, um an alle die durch Menschen repräsentierten Ressourcen heranzukommen, um den Auswahlprozess feinkörnig und genügend sensibel zu gestalten, braucht es intime Kenntnisse. Es gilt also, in die Breite zu gehen und das Urteil aus den Kollegenkreisen zu nutzen. Sie kennen sich gegenseitig aus anderer Perspektive und meist viel genauer als es von hierarchischer Warte aus möglich ist.

- Es ist wichtig, dass die Zusammenhänge von den Mitarbeitern verstanden werden. Es muss transparent sein, dass mit diesem Vorgehen vielfältige Kommunikationsprozesse ausgelöst werden. Bei den Diskussionen geht es ja letztlich um gegenseitige Beurteilungen, um die Frage, wie man gesehen wird, wo man in den Augen der anderen steht. Es geht darum, Vertrauen zu erweisen und Verantwortung zu übernehmen.

- Durch diese gemischten Teams macht sich die Organisation/das Unternehmen sozusagen mit sich selbst bekannt, die Arbeit ist pures Kommunikationstraining

- Die Teams wirken wie Keimzellen des Wandels; denn sie stellen im Kleinen das Ganze dar. Sie sind Mikrokosmen sowohl der Mutterorganisation wie auch der Projektwelt (Welt II).

- Sie machen den Unterschied am unmittelbarsten erlebbar: Vielfalt. Die Teammitglieder setzen sich mit sich auseinander: Sie müssen eine Sprache finden, die sie alle verstehen, sie müssen Unterschiedlichkeit benennen und schätzen lernen und sie als Voraussetzung von Übereinstimmung sehen lernen. Kein Zusammenspiel ohne Auseinandersetzung.

- Die Teams lernen, indem sie erfassen müssen, was jeder mitbringt und wie jeder einsetzbar ist. Hier bildet sich die Basis von Vernetzung.

- Die Teammitglieder sind frei. Sie sind frei vom üblicherweise geltenden Normsystem und frei von eingefahrenen Loyalitäten und Abhängigkeiten. Sie finden eine neue Konstellation vor und es liegt an ihnen, welche Wege sie gehen wollen, um zu effizienter Zusammenarbeit zu gelangen.

- Ungenutzte Potenziale können sich entfalten; denn das herkömmliche Normsystem wird durch ein rein meritokratisches System ersetzt: Es gilt, was nützt – unabhängig von Herkunft und Hintergrund des Urhebers.

8.4   BEISPIEL

Die Vielfalt in den Teams ist eine Grundbedingung gelingenden Wandels. Unabhängig vom jeweiligen Fall gelten dieselben Grundsätze. Freilich verbirgt sich hinter der Forderung nach den richtigen Erfahrungsträgern und der Berücksichtigung des „Mikrokosmos-Prinzips" viel fallabhängige Detailarbeit (s. Kap. C.4.2 Nominierung), bis eine Kriterienliste (s. **Abbildung B.10**) entstanden ist, die als Basis für die Nominierung durch die Kollegen dienen kann.

Disziplinen	POTs		Produkt-management	Lieferanten-management	Einkauf/Dispo	Qualität	Vertrieb konzeptionell	Vertrieb operativ I	Vertrieb operativ II
Einkauf/Dispo	MSI:	6	1	2	2	1			
	BFG:	5	1	1	2	1			
Vertriebs-innendienst	MSI:	1			1		(2)		
	BFG:	1			1		(2)	(4)	(4)
Vertriebs-außendienst	MSI:	13	1				2	5	5
	BFG:	11	1				2	4	4
Logistik	MSI:	3		1	1	1			
	BFG:	1				1			
Produktmnmt.	MSI:	5	2	1	1	1			
	BFG:	3	1	1	1				
Qualität	MSI:	5	1	2		2			
	BFG:	2	1			1			
Controlling	MSI:	1					1		
	BFG:	1					1		
Techn. Kundenservice	MSI:	1					1		
	BFG:	0							
Rechtsabt.	MSI:	0							
	BFG:	0							
		59	9	8	9	8	7	9	9

Abbildung B.10 *Auszüge aus Originalpräsentationen (Leitplanken; Erklärung s. Text): Bsp. für eine Kriterienliste zur Nominierung*

9 PRINZIP 8: BEAUFTRAGE DIE TEAMS MIT SELBST-STEUERUNG!

9.1 UM WAS ES GEHT

WaVe macht Wandel II durch eine Welt II in der Welt I, d.h. durch eine netzwerkartige Organisation innerhalb der Linienorganisation, möglich. Es geht also darum, ein anderes Steuerungsmodell zu erproben, nämlich Vernetzung. Vernetzung heißt, ohne zentrale Steuerungsimpulse von außen auszukommen: kein Chef sagt, wo es langgeht, kein Vor-Gesetzter macht Vorgaben. Es geht darum, Außerordentliches zu ermöglichen. So organisiert, wird das Projekt zu einem echten „Hingucker" für diejenigen, die nicht direkt im Projekt mitarbeiten. Für diejenigen, welche beteiligt sind, entsteht Hochspannung. Sie stehen sozusagen unter Strom – wie auf einer Bühne (zumal der Termin für das Town-Meeting schon steht; und da gibt es dann eine wirkliche Bühne).

Der Clou liegt darin, dass kein Sprung ins Ungewisse wie von Gil Eanes nötig ist. Wir wissen ja, dass dieses Steuerungsmodell funktioniert; denn von Steuerung wird ja nicht abgesehen, im Gegenteil. Der Kapitän auf der Brücke wird nur durch wechselseitige Beeinflussung bzw. Wechselwirkungen und damit durch vielfältige Steuerung von innen ersetzt. Wir drücken das in einem Slogan aus: Von der 1-Wirkung zur Wechsel-Wirkung. Wir konnten schon sehen, wie sehr das alles zwingt, sich umzusehen, sich um die Kollegen zu kümmern, wie die ganze Projektanlage die Aufmerksamkeit auf sich zieht: Wir sprachen von „Hingucker".

- Wichtig ist, den Teams die konkrete Aufgabe klar zu machen, die hinter diesem Auftrag steht. Statt die Teams sich selbst zu überlassen, wird ein klarer Auftrag zur Selbststeuerung gegeben: „Findet Eure Rollenverteilung selber!" Selbst-Steuerung bedeutet damit, alle Beteiligte mit der Frage der Steuerung/Führung aktiv zu befassen und alle damit für das Gesamtergebnis des Teams verantwortlich zu machen. Das steckt hinter der Nicht-Regel: „Keine Vor-Gesetzten!"

- Konkrete Hinweise (z.B. anlässlich des Kick-Offs, s. Kap. 5.1) können sein: Macht euch Gedanken, wie ihr zu Entscheidungen kommen wollt! Definiert die Rollen, die Ihr braucht, um effektiv arbeiten zu können. Wie sieht es z.B. mit der Sprecher-Rolle nach außen aus gegenüber dem U-Team? Im Kontakt mit den Kollegen, die Mehrarbeit in der Linie übernehmen (Publikum)? Was ist mit der Moderationsrolle? Wer übernimmt die Dokumentation? Wer übernimmt wann bzw. in welchen Situationen den „Lead"? Oder wollt ihr durchwechseln? Wie sieht es mit einer Mehrfachbesetzung aus?

- Reflektiert über euer Zusammenspiel: Für funktionierende Führung ist gegenseitiges Einverständnis erforderlich. Wenn dies gegeben ist, übernehmen beide Seiten Verantwortung für das Gelingen einer derartigen Beziehung. Dann geht es auch hier um Geben und Nehmen wie in jeder menschlichen Beziehung und nicht um Auftrag und Erfüllung. Selbst-Steuerung erfordert damit, Steuerung einer ständigen Überprüfung bezüglich Effektivität auszusetzen. Das gegenseitige Einverständnis zum Weitermachen in der gewählten Konstellation muss immer wieder abgesichert werden.

- Den Teams hilft es, diese Zusammenhänge klar zu machen und ihnen zu sagen: Redet regelmäßig über euer Zusammenspiel in der Gruppe! Wertet eure Sitzungen aus! Wertet eure Beziehungen und eure Kommunikationsarbeit mit dem internen Projektumfeld aus! Gebt euch gegenseitig Rückmeldung! Wertet Erfolge und Misserfolge aus und macht klar, wer was kann und was nicht. Damit werdet Ihr euch bewusst, über welche Ressourcen ihr verfügt – an Sach- und Sozialkompetenz. Das bedeutet es, sich zu vernetzen.

- Keine völlige Freistellung der Team-Mitglieder für das Projekt! Auch das erfordert Selbststeuerung. Die Team-Mitglieder sind nämlich gezwungen, mit ihren in der Linie verbleibenden Kollegen Arrangements zu finden. Die Arbeit muss ja getan werden. Die Projekt-Protagonisten fehlen aber ca. 2 Tage pro Woche. Wie kann man mit dieser Situation umgehen? Die Lösung dieser Frage wird von den Betroffenen gefunden. Wie sie auch immer aussieht: auf jeden Fall stellt sie eine Art Bindemittel zwischen Projektgeschehen und Linienarbeit dar. Es braucht ja Commitments. Was die Linien-Kollegen z.B. an Mehrarbeit tun müssen, wollen sie in irgendeiner Weise durch die Projektarbeit vergolten haben. Linie und Projekt interessieren sich füreinander.

- Die Teams vernetzen sich intern: Jeder muss jeden beachten, beobachten und verstehen, es soll sicher-gestellt sein, dass die eigenen Möglichkeiten/Ressourcen als Team bekannt sind. Jeder fühlt sich auch dazu aufgefordert, weil ihm selber geholfen ist, wenn jemand anderes einen brauchbaren Beitrag lie-fert.

- Jeder fühlt sich aufgefordert beizutragen. Nur dann kann er hoffen, auch zu gewinnen. Das Miteinander baut auf dem Renommee auf, das jeder in der Gruppe besitzt. Je positiver das Bild, das jeder abgibt, desto größer die Unterstützung, die zu erwarten ist. Es baut sich ein positiver Zirkel von Geben und Nehmen auf.

- Ein differenziertes Rollengefüge bildet sich heraus. Die Differenzen im Sinne von Varietät werden viel genauer als im hierarchischen Umfeld erkennbar. Der Umgang wird differenzierter. Kommunikation wird als Erfolgsfaktor erkannt.

9.4   BEISPIELE

Der Auftrag zur Selbststeuerung (s. **Abbildung B.11**) zwingt die Teams über die Auseinander-Setzung zum Zusammen-Spiel zu gelangen. Damit wird eine Übereinstimmung erreicht, die qualitativ ungleich haltbarer ist als durch das einfache „Abnicken" im Routine-Alltag. Im eingangs geschilderten Turnaround-Fall musste ein Team tatsächlich erst das Tal der Tränen durchschreiten, bis es den Durchbruch erreichte. Aber genau diese Art von Erlebnissen in ihrer Vielzahl von Varianten macht aus, worauf es ankommt: Es sind erst die einschneidenden Erlebnisse, die eine Projektkultur entstehen lassen, die den Namen wert ist. Und erst eine solche fungiert als Modell für einen Kulturwandel im gesamten betroffenen System. Glücklicherweise überwiegen die positiven vor den Krisenerlebnissen (ohne die es nicht geht).

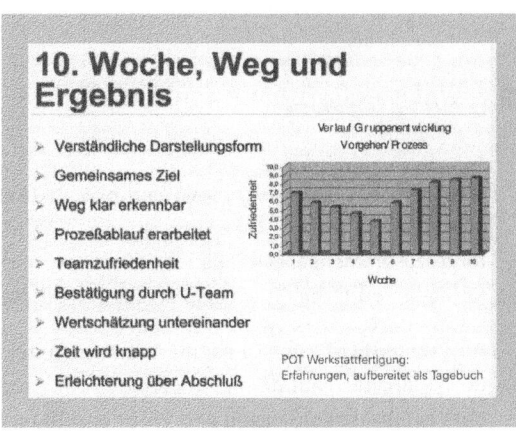

Abbildung B.11 *Selbststeuerung: Dokumentation der laufenden Selbstauswertung eines Teams (Aus-zug aus der Schlusspräsentation eines POTs). Selbst-Evaluation und   -Reflexion, regelmäßiges Feedback untereinander – das sind die Instrumente, die zur Selbststeuerung erforderlich sind*

Prinzip 8: Beauftrage die Teams mit Selbst-Steuerung!

10.1 UM WAS ES GEHT

WaVe ist im Kleinen konstruiert wie im Großen: Was wir vom Mikrokosmos der einzelnen Teams schon wissen (s. Prinzip 8), gilt in gleicher Weise für das gesamte Change-Projekt: Es ist nach dem Prinzip der Selbstähnlichkeit angelegt. Auch auf der Ebene des Gesamtprojektes wie innerhalb der Teams geht es um Komplexität als Ressource. Die vielen Schnittstellen zwischen den Teams/Aufträgen/Themen und besonders die vielen Zusammenhänge und Überlappungen sind von einer zentralen Steuerungsgruppe aus nur schwer zu überblicken und zu planen. Viel leichter ist es, mit verteilter Steuerung zu arbeiten, die Teams nicht von dieser Gesamtaufgabe zu entlasten, sondern an ihr zu beteiligen.

Was innerhalb der Teams gilt, gilt zwischen ihnen: Es gibt keine übergeordnete Instanz, die von der Verantwortung für das Ganze entlastet. Es gibt kein einzelnes Leitgestirn, kein Orientierungsmonopol. Um Orientierung muss sich jedes Team selber kümmern. Aber sie lässt sich auch in vielfacher Weise finden, wenn man nur will – in Form der anderen Teams, vor allem des U-Teams – und zunehmend auch des Publikums. Alle diese Gruppierungen werden plötzlich als Ressource erkenn- und nutzbar. Das ganze Gebilde „Projekt" treibt sich sozusagen selber an (Pull-Modus sagten wir), d.h. von innen und durch Wechsel-Wirkungen statt durch Ein-Wirkung von oben oder außen (Push-Modus).

Auf der anderen Seite geht es zunehmend mit dem Fortschreiten der Arbeit in den Teams darum, selber Orientierung und Informationen aktiv zu geben. Jeder Projektakteur fühlt sich den KollegInnen gegenüber im Obligo: Man repräsentiert diejenigen, die in der Linie verblieben sind. Ohne die Unterstützung des Publikums wäre die eigene Abwesenheit bzw. der Einsatz im Projekt nicht möglich. Das Publikum hat einen Vertrauensvorschuss gegeben und oft auch inhaltliche Mandate. Es verbindet Hoffnungen mit der Projektarbeit und mit den von ihm entsandten Protagonisten. Da man als Protagonist ca. 2 Tage in der Woche in Welt II arbeitet, den Rest aber seine normale Rolle in Welt I ausfüllt, taucht jeder Aktive regelmäßig wieder in die Alltagswelt ein und kommt in direkten Kontakt mit dem Publikum. Welt I und Welt II vernetzen sich. Beide Welten haben Erwartungen aneinander. Und aus dieser Energiequelle nähren sich Kommunikationsaktivitäten und breiten sich selbsttätig aus.

10.2 WAS TUN – WORAUF ACHTEN

- Installiere ein Unterstützungs-Team bzw. U-Team: Dort sind die wichtigsten Projektverantwortlichen aus Welt I vertreten. Außerdem ist es gemäß Mikrokosmos-Regeln hierarchie- und funktionsübergreifend zusammengesetzt. Damit wird das herkömmliche Steering-Committee bzw. Projekt- oder Kernteam durch ein Team ersetzt, das Teil des Netzwerks ist und nicht drüber steht.

- Aufgabe des U-Teams ist es, die Teams zu unterstützen: auf Nachfrage den Teams Hinweise zu geben, ob sie inhaltlich auf dem richtigen Weg sind, worauf sie achten sollen, was ihnen helfen kann (besonders bei Investitionsfragen und Weichenstellungen, die strategische und strukturelle Auswirkungen haben). Die Nicht-Regel (d.h. was nicht erlaubt ist) lautet dementsprechend: „Keine zentrale Projekt-Steuerung!"

- Beachte die Nicht-Regel „Keine Überraschungen!": Sie erlaubt, dem Netzwerkgeschehen eine zielgerichtete Dynamik zu verleihen, indem sie die Auftraggeber bzw. das U-Team, die anderen Teams und das Publikum kontinuierliche Mitkontrolle über das Veränderungsgeschehen einräumt. Als Maxime formuliert, könnten wir sagen: Sichert allzeit „Transparenz & Öffentlichkeit!"

- Weise die Protagonisten darauf hin: Wenn ihr Orientierung über das hinaus braucht, was in den Informationsveranstaltungen, den Leitplanken und dem Kick-off bekannt wurde, geht auf das U-Team zu! Fragt nach!

- Macht den Teams deutlich: Eure Ergebnisse müssen mit denen der anderen Teams kompatibel sein! Bearbeitet aktiv die Schnittstellen! Damit wird die N-Regel „Keine Überraschungen!" bezüglich des Projektzusammenspiels noch präzisiert. Überraschungen zwischen den Teams zu vermeiden, erfordert aktive Abstimmung.

- Erkenne im Publikum einen Allianz-Partner: Wenn ihr schon jeweils die einzelnen Lösungsschritte, Konzeptbausteine und Überlegungen mit dem Umfeld abstimmt, und nicht nur die Meilensteine, fühlt sich das U-Team bei Anfrage viel entscheidungssicherer, weil viele Augen schon draufgeschaut haben. Das U-Team weiß, dass die Vorschläge getragen werden.

10.3 WAS SICH DADURCH ÄNDERT

- Ein neues Steuerungssystem wird erlebbar: Hierarchen lernen, sich zurückzuhalten, offene Situationen länger auszuhalten. Im Laufe des Projektes erleben sie, wie sie ihre Führungsrolle als Service-Funktion ausfüllen können und müssen. Sie werden angefragt, weil ihre Entscheidungen gebraucht werden. Führung wird bezüglich ihrer Funktionalität immer wieder auf den Prüfstand gestellt.

- Führungs- und Sacharbeit greifen ineinander. Das eine braucht das andere. Man stützt und fühlt sich gestützt.

- Dieses Steuerungssystem fördert zwangsweise die Vernetzung innerhalb des U-Teams. Nachdem die Team-Aktivitäten zusammenhängen, will kein U-Team-Mitglied unabgestimmt bei irgendeinem Team intervenieren. Führung im Sinne von Unterstützung einerseits und kollegialer Zusammenarbeit entwickelt sich.

- Es entwickelt sich ein dichtes Kommunikationsnetzwerk, in dem es keinen Unterschied mehr zwischen formellen und informellen Austauschbeziehungen gibt.

- Es entsteht eine Welt II in dem Sinne, dass das Gesamtbild in allen Subgruppierungen jederzeit präsent ist. Man weiß, wo die anderen sind, was sie tun und worauf das Ganze hinzielt. Unfokussiert wird auf diese Weise ein Projekt-Geist erarbeitet, eine Art „Unternehmenskultur im Unternehmen".

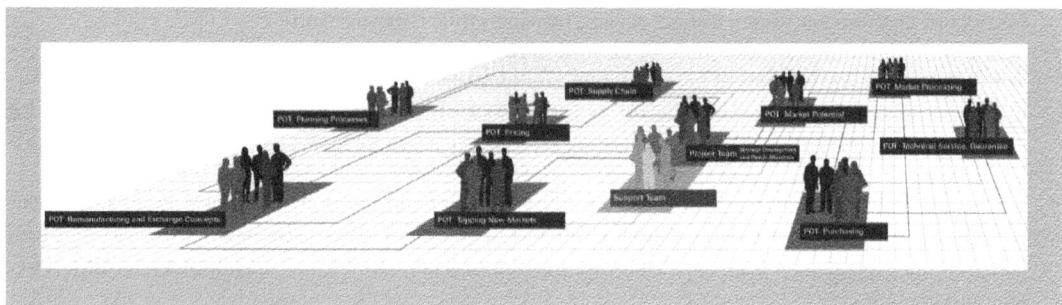

Abbildung B.12 *Auszug aus einer Originalpräsentation (Projektbroschüre zu dem Fallbeispiel des internen Mergers unter Prinzip 6): Die Teamstruktur des Netzwerkes folgt aus der Projektstruktur.*

Im Fall des internen Mergers (s. **Abbildung B.12**) wie auch des „externen" Mergers (s. **Abbildung B.13**) folgt aus der Themen-/Projektstruktur logischerweise das entsprechende Teamnetzwerk. Interessant ist im ersten Falle die Doppelrolle des Unterstützungsteams: Es agiert auch als POT (Prozess-Optimierungs-Team) zum Thema „Strategie-Entwicklung" und „Ergebnis-Allokation" (den Divisionen sollte das „ihrem" After-Sales-Geschäft zurechenbare Ergebnis durch die Zusammenführung nicht weggenommen werden).

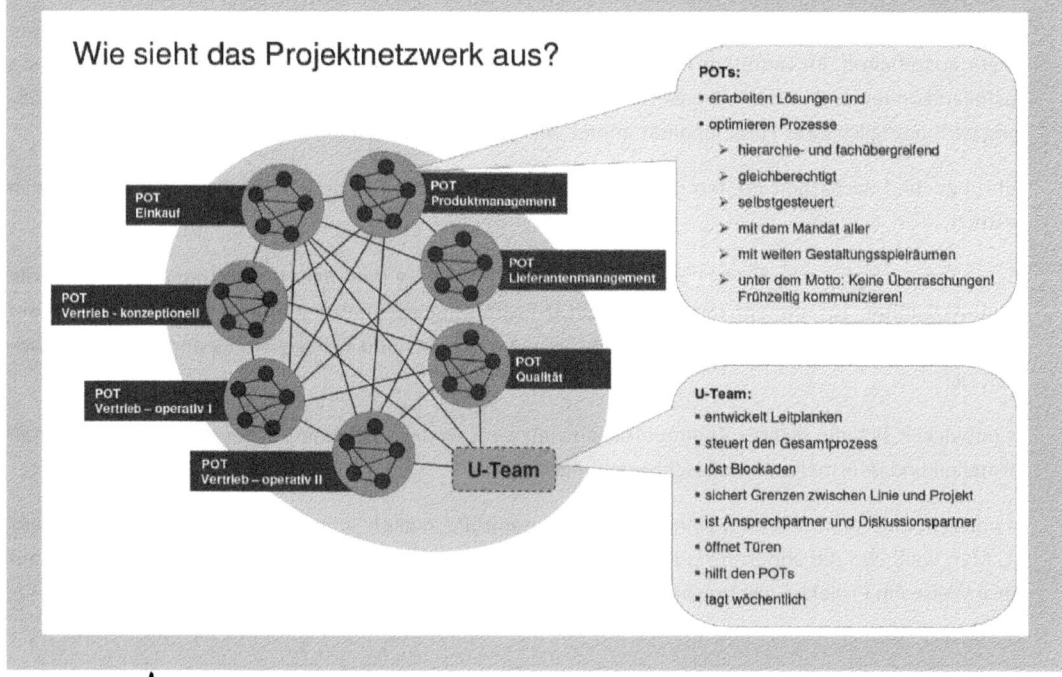

Abbildung B.13 *Auszug aus einer Originalpräsentation (Leitplanken zu dem Fallbeispiel des externen Mergers unter Prinzip 4). Die Teamstruktur des Netzwerkes folgt aus der Projektstruktur.*

Und diese Doppelrolle erwies sich als sehr förderlich; denn noch viel klarer als beim klassischen U-Team wird hier der Netzwerkcharakter deutlich: Auch das U-Team (Unterstützungs-Team), zum großen Teil mit den Hierarchen aus Welt I besetzt, muss seinen „Job" machen.

11   PRINZIP 10: SETZE EIN STRAFFES ZEITZIEL!

11.1 WORUM ES GEHT

Mit dem Setzen eines ehrgeizigen Zeitziels komplettiert sich die Antwort auf eine zentrale Herausforderung von Change-Management: Wie das ganze Vorhaben mit Energie versorgen? Wie das Ganze anlegen, dass es sich von innen nährt und antreibt?

Das Timebox-Verfahren – von vorneherein das Ende terminieren und bekanntgeben – liefert uns die dritte Energiequelle, über die wir verfügen. Die erste besteht in der Spannung zwischen Not-Wendigkeit und Vision. Die zweite in der Dynamik zwischen Publikum und Protagonisten (zzgl. Gruppen- und Projektdynamik). Die dritte nun setzt auf die beiden ersten auf und konkretisiert sie, indem sie den dazu nötigen Entwicklungsprozess (WaVe) auf einen kurzen Zeitstrahl projiziert und dem Projekt so erst wirkliches Leben verleiht.

Wir können auch sagen: Damit geben wir dem Projekt seine endgültige Gestalt. Es hebt sich eindeutig vom Hintergrund der alltäglichen Routine ab. So wie es uralte Kulturtradition ist, die Welt verstehbar zu machen, indem wir sie auf der Bühne aufführen, so verfahren wir mit WaVe. Wir arbeiten mit Unterschieden. In die Praxis umgesetzt bedeutet das, Grenzen zu definieren und zu setzen, hier: zeitliche Grenzen (klarer Beginn und klares Ende im Unterschied zu den kontinuierlichen Routine-Prozessen). Das bedeutet System-Steuerung: Schaffen von Rahmenbedingungen, die Gestaltungsspielräume für zielgerichtete Arbeit öffnen.

11.2 WAS TUN – WORAUF ACHTEN

- Lege von vornherein Beginn und Ende des Vorhabens fest: Spätestens wenn die Mobilisierung durch die Nominierung beginnt, müssen Start des Netzwerks und Ende der Transformationsarbeit im Projekt bekannt sein.

- Der formale Start der Transformationsarbeit bzw. des Netzwerkens wird durch ein Projekt-Kick-off oder eine Startkonferenz, das Ende dieses Projektschritts durch das Ereignis der Ergebniskonferenz bzw. des Town-Meetings gekennzeichnet.

- Schaffe einen Spannungsbogen, der hält: Die Zeitspannen dürfen nicht zu lange sein. Im Allgemeinen sind für die Transformationsarbeit in Netzwerkform nicht mehr als 3 Monate vorzusehen. Dasselbe gilt für den zweiten Netzwerk-Durchgang („Implementierungsphase" genannt).

- Denke daran: Das Projekt braucht einen gewissen Rhythmus. Straffe Zeitziele machen ihn spürbar. Formal macht sich der Rhythmus durch eine Abfolge von konvergenten (d.h. zusammenführend im Plenum oder in der Großgruppe) und divergenten (d.h. auseinanderstrebend, in parallel arbeitenden Kleingruppen oder Teilprojektteams) Arbeitsformen bzw. Schritten kenntlich: Die Vorbereitungsarbeiten bis die Leitplanken vorliegen erfolgen hauptsächlich im Konvergenz-, die Transformationsarbeit im Divergenzmodus.

- Im Allgemeinen braucht die Vorbereitungsarbeit zur Erstellung der Leitplanken (plus der Broschüre) doppelt so viel Zeit, mindestens aber gleich viel wie die eigentliche Transformationsarbeit der vernetzten Teams.

- Der erste Durchgang lässt sich also in neun Monaten schaffen. Dann ist der Durchbruch erreicht. Der Wandel ist unumkehrbar. Der zweite Durchgang – Implementierung – erfordert ebenso lange Zeit. Ein großes Change-Projekt, das von 50 bis zu einige tausend Mitarbeiter umfassen kann, kann in ein und einem halben Jahr zum erfolgreichen Abschluss geführt werden und einen neuen eingeschwungenen Zustand herstellen.

- „Keine Perfektion!" – so lautet die korrespondierende Nicht-Regel. Achtzig Prozent reichen, so könnten wir auch sagen, indem wir enge Zeitgrenzen setzen. Dem Projekt wird der Stempel von Einfachheit und Authentizität aufgeprägt. Macht ehrliche Arbeit, so hört sich die Botschaft für die Aktiven an.

11.3 WAS SICH DADURCH ÄNDERT

- Es entsteht organisationsweite Spannung: Alle schauen hin, weil ein Geschehen mit Anfang und Ende eine Gestalt hat und somit überschaubar ist. Wie wird das Ganze ausgehen? Das beschäftigt alle. Ist das Ende nicht sichtbar, verschwindet der Unterschied. Die Organisation ist auf Dauer gestellt und wird zur Routine.

- Es entsteht Transparenz & Öffentlichkeit und die Spannung erhöht sich noch; denn mit dem zeitlichen Rahmen wird ein klarer Kontrollpunkt gesetzt: Alle Beteiligten müssen sich im Town-Meeting der Frage nach Erfolg oder auch Misserfolg stellen.

- Das Projekt baut in sich einen Spannungsbogen auf: Alle Aktiven bringen höchsten Einsatz, weil das Ende voraussehbar ist und damit der eigene Kräfteeinsatz kalkulierbar wird. Entspannung ist in Sicht.

- Zum Spannungsbogen trägt aber noch viel mehr die Rückmeldung bei, die man bei dieser Projektanlage erwarten kann. Die eigene Leistung geht nicht in der Routine-Anonymität unter und bleibt auch nicht auf die Kenntnis des Vorgesetzten beschränkt.

- In gewisser Weise wird Leistungswille aber auch gefordert: Die Ansprüche sind hoch, die Zeit kurz. Und wenn es auch nicht um Perfektion geht, herauskommen soll doch etwas!

- Das Zeitbudget macht klar, dass es vor allem um das Machbare geht. Dies zwingt zu Ökonomie und zum Wesentlichen, und es breitet sich ein Geist von sportlichem Ehrgeiz und Pragmatik aus.

Im Beispielfall sieht man die Zusammenhänge sehr deutlich (s. **Abbildung B.14**). Das straffe Zeitziel – 10 Wochen für das Netzwerk – ist nur verantwortbar auf dem Hintergrund einer sehr sorgfältigen Vorbereitung der Rahmenbedingungen/Leitplanken (im dargestellten Fall im November des Vorjahres beginnend bis zum Start Anfang Mai. Mit den kalkulierten 10 Wochen kann der Durchbruch gerade noch vor der Sommerpause erreicht werden, so dass nicht unterbrochen werden muss und der Spannungsbogen nicht gefährdet ist).

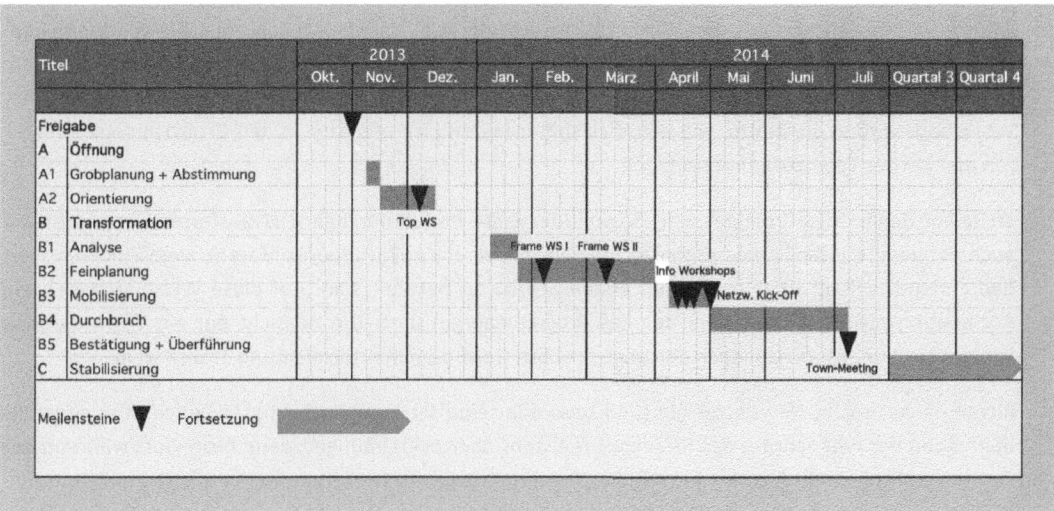

Abbildung B.14 *Auszug aus einer Originalpräsentation (Leitplanken; s. Beispiel unter Prinzip 4): Time-box – ein straffes Zeitziel von 10 Wochen für die Aktivität B4, Netzwerkarbeit bzw. Durchbruch.*

12 PRINZIP 11: SCHAFFE ÖFFENTLICHKEIT!

12.1 UM WAS ES GEHT

Was Gedanken, Vorstellungen, Ideen – kurz Kognitionen für den Einzelnen bedeuten, bedeutet Kommunikation für die Organisation. Der Funktion des Bewusstseins für den Einzelnen entspricht die Öffentlichkeit für die Organisation. Was das Nachdenken über sich selbst bewirkt, bewirkt Öffentlichkeit in der Organisation – Weiterentwicklung. So wie der, der sich selbst klar sieht, sich aus seinen Abhängigkeiten befreit, befreit sich die Organisation aus ihrer scheinbar schicksalhaft gegebenen Trägheit. Wenn wir ein vernetztes Projekt des Wandels anlegen, hält sich die jeweilige Organisation in Form des Netzwerks den Spiegel vor, sieht wo anzusetzen ist und wie Überleben sichergestellt werden kann – und merkt irgendwann, aber sehr bald: Hoppla, wir sind ja schon unterwegs!

Öffentlichkeit zu schaffen, ist natürlich nur in geringem Maße durch Direktinterventionen wie das Town-Meeting möglich. Zum größten Teil ist sie Ergebnis des Zusammenspiels der 12 Prinzipien und damit indirekter Steuerung durch Rahmenbedingungen. Wir sprechen von Breitenwirkung als Effekt minimalen Interventionsaufwands; denn lebendige Öffentlichkeit ist ja Ausdruck eines ganz und gar selbstgesteuerten Vernetzungsgeschehens.

12.2 WAS TUN – WORAUF ACHTEN

- Arbeite von Beginn an nach dem Mikrokosmos-Prinzip; d.h. trachte danach, dass die Workshops gemischt besetzt sind und annähernd einen diagonalen Schnitt durch das gesamte System darstellen. Schon im Top-Workshop ist das annähernd möglich und meistens empfehlenswert, in den Frame-Workshops wird es zur Norm, wie natürlich später in den Kick-offs bzw. in den Großgruppenkonferenzen und bei der Teamzusammensetzung.

- Stelle vor Beginn des Projektes klar: Sowohl der erste Projektdurchgang (Transformationsphase) wie auch der zweite (Stabilisierungsphase) müssen mit einer Großgruppenkonferenz abgeschlossen werden (Town-Meeting). Dies muss vom ersten Schritt an bekannt sein. Auf diese Weise lässt sich ein Antizipationsprozess installieren, der das Projekt energetisiert. Die Aussicht auf ein Town-Meeting konkretisiert unmissverständlich den angestrebten Geist der Öffentlichkeit und Transparenz.

- Richte einen Projekt-Newsletter ein (und bzw. oder eine Intranetplattform). Er berichtet mindestens über jeden der fünf Schritte des Projektes, meistens aber noch häufiger; denn besonders während der vernetzten Projektarbeit ist es sinnvoll, durch Fortschritts- und Stimmungsberichte aus den Teams Einblick in das Veränderungsgeschehen zu geben. Natürlich ist es auch wichtig, über die Vernetzungsforen (s. Kap. C.5.3) zu berichten, so sie während des vierten Projektschritts (s.u.) stattfinden.

- Berichte auch über Projektkrisen. Verstehe sie als Chancen. Es gibt immer auch Schwierigkeiten, die zu meistern sind, Stimmungsabfälle, Situationen von Ratlosigkeit. Das ist zwangsläufig. Verbunden mit Informationen über die gewählten Lösungswege und Maßnahmen, prägt diese Ehrlichkeit daher eine authentische Kultur des Wandels mit großen Vertrauens- und Commitment-Gewinnen.

- Gewöhne die Organisation an neue Begegnungsformen: So kann abhängig von der jeweiligen Situation auch die gesamte Mobilisierung (Information-/Nominierungsprozess) in einem Großworkshop zusammengefasst werden. Der zielgerichtete Ablauf solcher Workshops und vor allem der vollkommen neue und positive Geist, der sich damit wecken lässt, stärkt das Vertrauen in das insgesamt so andersartige Vorgehen. So wächst der Optimismus, bevor das Netzwerk gestartet ist. Der Wandel hat offensichtlich mit dem ersten Projektschritt begonnen.

- Schon nach dem ersten Drittel der Vernetzungsarbeit sollten die Teams in etwa die Ablauflogik des Town-Meetings (s. Kap. C.6) kennen – für das oft nur ein Tag erübrigt wird. Dann wird klar: Dort ist eine vertiefte Sacharbeit, ein Vertrautmachen des Umfeldes mit den eigenen Ergebnissen gar nicht möglich. Es geht vielmehr um Würdigung und Reflexion der Change-Logik und um die Überführung in die nächste Phase. – Die Schlussfolgerung für die Teams liegt auf der Hand: Wir müssen im Vorfeld für

Transparenz & Öffentlichkeit sorgen, wir müssen informieren und kommunizieren, sollen unsere Resultate organisationale Realität werden.

- Halte dich an die anderen Prinzipien: Nominierungsverfahren, Steuerung durch Wechsel-Wirkung statt Ein-Wirkung, d.h. Installation einer netzwerkartigen Projektorganisation, klares Ende von Anfang an, Selbststeuerung; all das zusammen führt zu hoher Transparenz & Öffentlichkeit.

12.3 WAS SICH DADURCH ÄNDERT

- Transparenz & Öffentlichkeit stellt eine der wichtigsten Energiequellen für den Wandel dar: Transparenz, kombiniert mit den anderen Regeln, führt zu Aufmerksamkeit und Beobachtung. Beobachtung aber spornt an. Wenn man fühlt, was es heißt, Delegierter zu sein, ein Mandat zu haben (s. Kap. C.4.2 Nominierung), steigt die Anspannung. Man antizipiert die Blicke des Publikums auf dem Town-Meeting und fühlt die Aufregung.

- Transparenz & Öffentlichkeit schafft Vertrauen: Alle werden sichtbar und damit ihr Beitrag, in welcher Rolle auch immer und in welcher Position in Welt I auch immer. Wenn jeder weiß, dass auch alle anderen wissen, dass …, finden keine „Spiele" mehr im Verborgenen statt. Jeder ist einer gewissen Überprüfung ausgesetzt. Das schafft bei aller Unterschiedlichkeit Vergleichbarkeit und damit das Gefühl, im selben Boot zu sitzen mit dem Ergebnis, sich vertrauen zu können.

- Transparenz schafft Sicherheit, Sicherheit, dass das Unterfangen ernst gemeint ist. Wenn man auf Ernsthaftigkeit setzen kann, lohnt sich der Einsatz. Wenn der Einsatz sich lohnt, ist man bereit, ihn zu erhöhen.

- Eine unternehmensinterne Öffentlichkeit bedeutet, dass die Organisation ein gemeinsames und vergemeinschaftetes Bild von sich selber hat. Das stellt gegenüber den individuellen Bildern (aller) Einzelner einen qualitativen Sprung dar; denn nur so ist systematische Weiterentwicklung des sozialen Systems „Organisation" möglich.

12.4 BEISPIEL

„ZPF bewegt sich. Wie und wohin, erlebten an die 500 Mitarbeiterinnen und Mitarbeiter live auf dem Town-Meeting. Erfahrungen mit der neuen Art der Teamarbeit, inhaltliche Ergebnisse der Prozessarbeit und Ausblicke auf die Zukunft des Projekts proFIT und damit des gesamten Unternehmens sorgten für einen spannenden Tag" (s. **Abbildung B.15**). So titelte die Unternehmenszeitung nach dem Großworkshop, der dem Durchbruch/der Netzwerkarbeit folgte. Dass die Arbeit in eine derartige interaktive Ergebniskonferenz münden würde, war den Teams ab dem Kick-off der Projektarbeit klar gewesen. Im Town-Meeting findet das Streben nach Öffentlichkeit seinen sichtbarsten Ausdruck, wenn auch die ganze Projektanlage von diesem Geist getragen ist.

Town Meeting

Die Zukunft auf der Tagesordnung

Abbildung B.15 *Auszug aus einer Mitarbeiterzeitschrift: Transparenz & Öffentlichkeit werden auch durch Großgruppenworkshops und entsprechende Medienunterstützung hergestellt*

13 PRINZIP 12: MACH ALL DAS TRANSPARENT!

13.1 UM WAS ES GEHT

Parallel zur permanenten Organisation ist WaVe aufgebaut: Das Unternehmen darf sich nicht nur darüber freuen, schnell und effizient und in positivem Geist ein organisatorisches Problem gelöst zu haben. Es kann auch lernen, wie so etwas funktioniert, wie Steuerung funktioniert, wie soziale Systeme ticken, was syste-mische Führung heißt – kurz: wie der Wandel gestaltet werden kann; nicht nur diesmal, sondern auch in Zukunft. Denn indem wir den 12 Prinzipien folgen, haben wir das Change-Projekt so angelegt, dass auch der Erarbeitungsprozess wie auf einer Bühne unter Beobachtung aller stattfindet, nicht nur die Ergebnispräsen-tation auf dem Town-Meeting. Gutes Change-Management muss für diese Doppelgleisigkeit sorgen! Schließlich kann es lernen, wie die Organisation der Zukunft funktioniert (dazu mehr: Kap. D.2 Strategiear-beit).

13.2 WAS TUN – WORAUF ACHTEN

- Gib Sicherheit bezüglich des Vorgehens! Die vorausgegangenen 11 Prinzipien sind Grundlage der Ver-einbarung mit den Auftraggebern für das Change-Projekt. Mit ihnen lässt sich die nötige Verfahrenssi-cherheit herstellen. Wandel erfordert Umgang mit Unsicherheit. Man kann vorher nicht im Detail wis-sen, was herauskommt. Das lässt sich nicht ändern, und glücklicherweise ist das so. Diese Unsicherheit in der Sache darf aber nicht dominant werden. Sie lässt sich in gewissem Ausmaß kompensieren – durch maximale Verfahrenssicherheit bzw. durch maximale Transparenz des Verfahrens; d.h. Sicherheit bezüglich des Veränderungs-Prozesses. Wir sprachen schon vom zweiten V in der Veränderungsformel $N \times V \times V > W$ (s. **Kasten C.1**).

- Mach den Verfahrens- bzw. Methoden-Charakter des Vorgehens deutlich. Er belegt, dass das Vorhaben nicht aus dem Ruder laufen kann, dass es erprobt, wiederholbar und lernbar ist. Es handelt sich um einen bekannten Weg und nicht um einen, der erst beim Gehen entdeckt werden kann und muss. Es geht darum, dem Unplanbaren einen planbaren Rahmen zu geben.

- Zeige dazu die systematische Abfolge von Phasen und Schritten auf, einschließlich der zeitlichen Taktung bezogen auf den sozialen Entwicklungsprozess (Bsp. dazu s. **Abbildung C.11** und **D.5)**)

- Stelle sicher, dass jeder Schritt auch im Verlauf des Projektes reflektiert werden kann. Wandel ist organisationale Selbst-Veränderung und erfordert Selbst-Reflektion. Es geht also darum, Lernen zu lernen und nicht einfach dafür zu sorgen, dass „die Kuh vom Eis kommt".

- Leitplanken stellen daher die Arbeitsgrundlage für die Teams dar (s. **Kasten B.2**). In diesem Papier sind die Arbeitsaufträge formuliert (wie im herkömmlichen Projektauftrag). Zusätzlich formulieren sie aber einen Selbststeuerungs- und Selbst-Organisationsauftrag. Bei einem Projekt des Wandels geht es ja um zwei Dimensionen: die sachlich-rationale und die sozial-organisationale. Es geht um eine Problemlösung und das Erlernen eines Problemlösungsverfahrens zugleich. Die Leitplanken machen das transparent. Leitplanken haben immer zwei Seiten.

Leitplanken: Inhaltsübersicht

- Wer sind die Auftraggeber?
- Beginn? Ende? Zwischeninhalte?
- Notwendigkeit und Vision
- Gesamtaufgabe/Zielsetzung: was wollen wir, was erwarten wir? – Was wollen wir nicht?
- Was ist das Prinzip der künftigen Organisation? – Prozesslandschaft, Prozesssteckbriefe
- Wie sollen die Teams arbeiten?
- Wie wird die Teambesetzung organisiert? Wie setzen sich die Teams zusammen?
- Was erwarten wir vom Abschlussbericht?
- Was geschieht mit den Resultaten?
- Wie evaluieren wir?
- Auf was sollen wir in der nächsten (Stabilisierungs-)Phase achten? Verfahrensvorschläge

Kasten B.2 *Die Leitplanken: Zusammenfassung der Inhalte (die meisten Punkte sind durch Beispielauszüge in den vorausgegangenen Abschnitten illustriert)*

- Außerdem ist für die breitere Öffentlichkeit eine Projektbroschüre zu erstellen. Deren Hauptkapitel bestehen aus N und V und V; und das zweite V (Verfahren) macht die besagte Zweidimensionalität auch für andere Zielgruppen klar.

- Schließlich stellen die Großworkshops primär die Plattformen dar, auf denen für diese Art Transparenz gesorgt werden sollte. Gerade das Town-Meeting ist der Ort, wo gemeinsam über den Lernweg nachgedacht werden kann, über Werte, über Kultur, über Führungsstil, Steuerungsformen, Vertrauen und Macht – und Leistungsfähigkeit.

13.3 WAS SICH DADURCH ÄNDERT

- Es entwickelt sich ein Verständnis für die eigene Organisation als soziales System. Das Soziale wird mit andern Worten als eigenständiger Sachverhalt erkennbar, der eigenen Regeln folgt. Erst die Erkenntnis dieser Regeln (z.B. die Beobachtungsdynamiken) macht systematische Weiterentwicklung möglich.
- Das Steuerungsrepertoire erweitert sich. Die Nutzung von Wechselwirkungen wird verstanden und kann eingesetzt werden.
- Systemische Führung wird erlernt. Es wird erkannt, wie sich auf relativ anstrengungslose Art große Wirkungen erreichen lassen.
- Das Menschenbild verändert sich und wird offener. Das befreit von Personen-Abhängigkeiten und führt zu freierem Agieren.

13.4 BEISPIEL

In den relevanten Veröffentlichungen zu den jeweiligen Projekten, z.B. in den Leitplanken, in der Broschüre, in den Intranetpublikationen usw. wird der Unterschied, auf dem die Projektanlage fußt, artikuliert. Es wird klar gemacht, dass die Verantwortlichen damit bewusst arbeiten. Aber auch während der Teamarbeit werden die Gruppen angehalten, jeden Arbeitstag mit einer Reflexionsrunde zu beenden (Transparenz über das eigene Tun schaffen). Besonders aber auf dem Town-Meeting wird auf Transparenz Wert gelegt: Der Höhepunkt besteht in den Erfahrungsberichten der Teams zu dieser Art der Projektarbeit (s. **Abbildung B.16**).

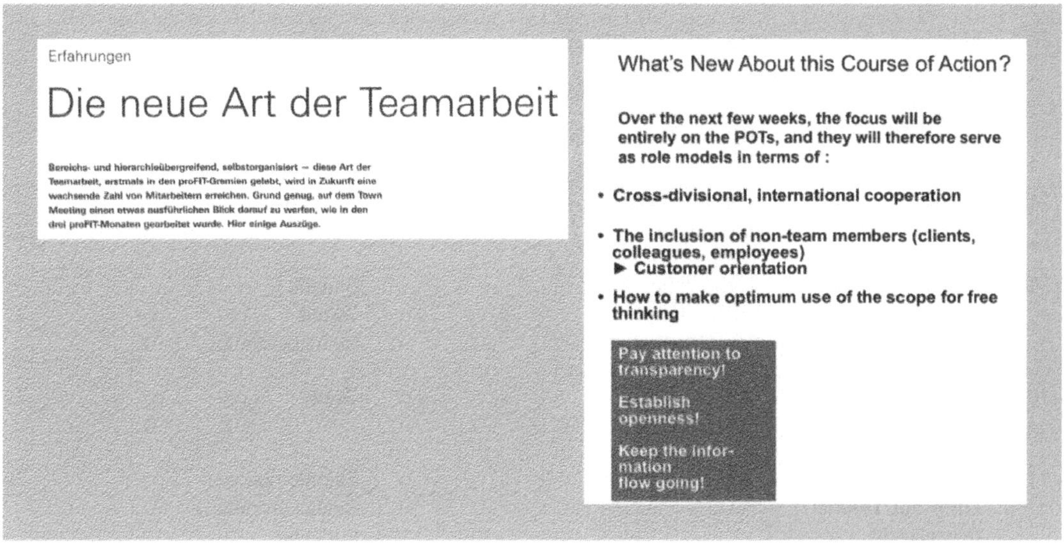

Abbildung B.16 *Auszüge aus einer Projektbroschüre und einer Originalpräsentation (Leitplanken): Transparenz als Voraussetzung organisationalen Lernens und Wiederholbarkeit des Verfahrens.*

14 KLASSISCHES PROJEKTMANAGEMENT UND WAVE IM VERGLEICH

In Ergänzung zu den 12 Prinzipien kann die folgende Unterscheidung zwischen „klassischem und WaVe-Projektmanagement" zum Verständnis dafür beitragen, was das Besondere von WaVe ist:

	Merkmal	Klassisches PM	WaVe
1	**Gegenstand des Projekts (Absicht)**	Problemlösung	Problemlösung und Verhaltens-/Kulturveränderung
2	**Entscheidung**	Entscheider außerhalb des Teams = Entscheidung von außen Punktentscheide	Entscheider in das Team integriert = Entscheidung von innen Prozessentscheide
3	**Akzeptanz**	Konzentriert sich auf die Mächtigen	Konzentriert sich auf die MA
4	**Autonomie**	Gering	Hoch: Empowerment
5	**Interessenausgleich**	In Stufen	Integriert
6	**Verhaltenssicherheit / -gewohnheit**	Groß	Rel. hohe Unsicherheit, da neuartige Strukturen

	Merkmal	Klassisches PM	WaVe
7	Soziale Dynamik	Nebenfolgen, wichtige Randbedingung	„Kerngeschäft" Kernbedingung
8	Lernen	Individuelle Weiterentwicklung, Fachlernen	„Lernende Organisation" und soziales Lernen im Vordergrund
9	Führung	Vorbestimmt Konzentriert Fremdbestimmt	Situativ verteilt Selbstbestimmt
10	Unterschied zur Linie	Gering	Groß
11	Zusammenset-zung der Teams (Kriterien)	Fachkompetenz	Fachkompetenz Sozialkompetenz Funktion Rolle
12	Auswahl Prozess der Team-mitglieder	Meist vorgegeben Außengesteuert Randprozess	Ist Schwerpunkt der Netzwerkarbeit Kerngeschäft
13	Ressourcen-bindung	Rel. gering	Rel. hoch
14	Planbarkeit	Detailliert	Gesamthaft
15	Struktur	Einfach	Komplex
16	Transparenz	Gering	Hoch
17	Berater	Nicht zwingend	Zwingend (zur Einführung)
18	Rolle des Management	Führen und entscheiden	Kontext-Management
19	Know how	Auf Spezialisten konzentriert Spezialwissen	Breit gestreut

Kasten B.3 *Worin sich WaVe von klassischen Projektmanagement unterscheidet*

C) DER WEG IST DER WANDEL - 5 SCHRITTE

Wie in klassischen Projekten sind auch WaVe-Projekte in Phasen gegliedert (s. **Abbildung C.1**). Die Phasen benennen sich aber nicht nach der Lebensphase im Sinne des Standes der sachlichen Bearbeitung (z.B. Vorprojekt, Planung, Realisierung), sondern nach der Lebensphase verstanden als Entwicklungsstand des sozialen Systems während des WaVe-Projektes. Im Prinzip sind es 2 Phasen, die mit je 5 Vorgehensschritten zyklisch durchlaufen werden.

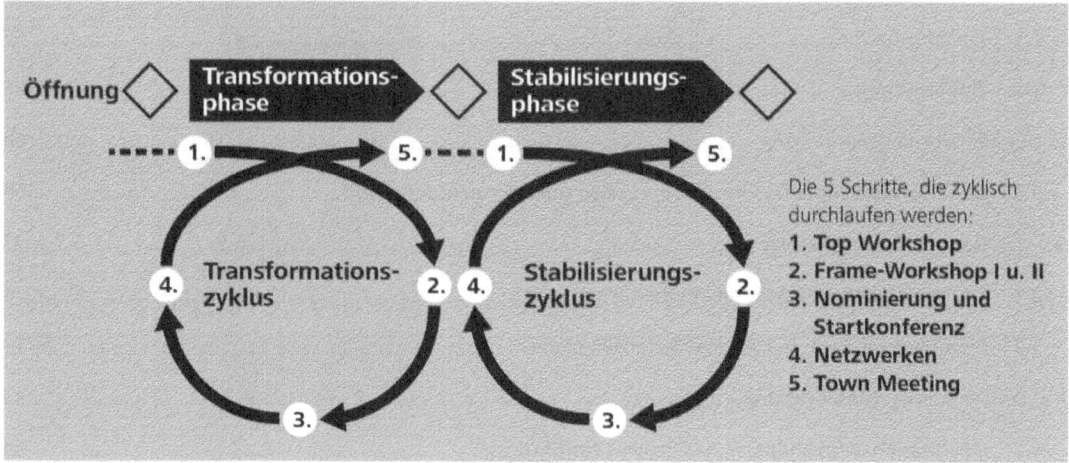

Abbildung C.1 Schematischer Ablauf des WaVe Verfahrens: die zwei Phasen „Transformation" und „Stabilisierung" werden zyklisch mit je 5 Schritten durchlaufen

Wir können sagen, wann ein Projekt beginnt, aber kaum, wann der Wandel beginnt: Wir steigen immer in einen Fluss der Veränderung ein. Es entsteht z.B. Unzufriedenheit mit der Situation – z.B. dass die Durchlaufzeiten viel zu lang sind, oder es bietet sich eine einmalige Chance – z.B. Fusion mit einem Unternehmen, das die eigene Produktpalette gut ergänzen würde. Einen Change-Prozess ins Auge zu fassen, muss nicht ausschließlich aus einem Defizit erfolgen, sondern kann durchaus aus der Absicht entstehen, einen Sprung nach vorne zu machen.

In dieser Phase der Öffnung finden Reifungsprozesse statt:

- Durchführung von Standortbestimmungen
- Erarbeitung/Diskussion möglicher zukünftiger Modelle
- Machbarkeitsüberlegungen
- Gespräche mit Experten
- Interview mit Exponenten des Betriebs

Auch kann es zweckmäßig sein, eine ganz „konventionelle" Vorstudie durchzuführen, welche Aufschluss über die Situation und gangbare Lösungswege gibt. Je nach Situation kann also dieser Anstoß für ein Change-Projekt sehr unterschiedlich verlaufen. Wenn dann die Überzeugung da ist: ja, wir müssen etwas unternehmen, wir vermuten auch, wohin die Reise gehen könnte, und wir sind auch überzeugt, dass wir den Wandel schaffen werden, dann ist quasi der erste Meilenstein erreicht: die Organisation ist „reif" für einen Change.

1.1 TRANSFORMATION

In dieser Phase wird nicht nur ein Konzept für eine neue Organisation entwickelt, sondern die Organisation selber macht durch die Art, wie die Konzeptentwicklung angelegt ist, einen Lernprozess durch und wandelt sich dabei grundlegend. Genauer gesagt: Die Organisation bricht aus ihrer eingespielten Entwicklung aus und „landet" auf einem höheren Niveau, gängige Muster werden verlassen und neue gebildet: die Art und Weise, wie ein Unternehmen lernt, wie es mit Änderungen umgeht, wie es sich weiterentwickelt, ändert sich – oder kurz: der Wandel wandelt sich. Damit dieser Sprung eintreten kann, müssen 5 Iterationsschritte durchlaufen werden (s. **Abbildung C.2**).

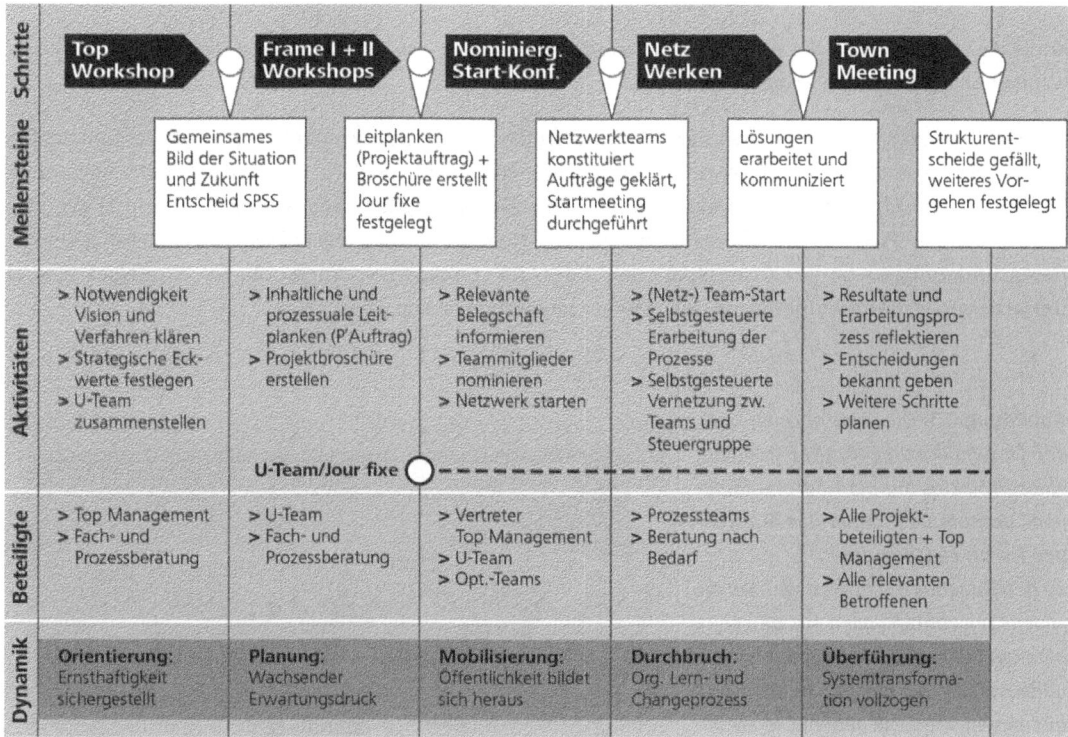

Abbildung C.2: *Die 5 Schritte im Überblick (hier nach den Maßnahmen benannt; die Kapitelüberschriften richten sich dagegen nach der Dynamik, letzte Zeile)*

Zu ihrer Bezeichnung beziehen wir uns auf die soziale Dynamik bzw. auf den Entwicklungsstand der jeweiligen Organisation (als soziales System verstanden). Es handelt sich um die Schritte:

1. Orientierung – Top-Workshop: Einstieg in den Wandel, Visionsbildung und Startallianz
2. Projektplanung – Workshops mit Unterstützungsteam: Rahmengestaltung für das Projekt-Netzwerk
3. Mobilisierung – Projektorganisation und Nominierung der Teams, Projekt-Kick-off
4. Durchbruch – Netzwerkarbeit: Konzept- Er-Arbeitung
5. Würdigung und Überführung - Town-Meeting: Ver-Arbeitung und Einstieg in die nächste Phase

1.2   STABILISIERUNG

Nach dem Durchlaufen der 5 Schritte hat der Wandel eine innere Zwangsläufigkeit in der Weise erreicht, dass dem betroffenen System eine weitere Phase als selbstverständlich erscheint: die Stabilisierungsphase. Im klassischen Projektmanagement würde sie der Implementierungsphase entsprechen (wir bezeichnen daher die Teams in dieser Phase mit PITs – Prozess-Implementierungs-Teams – nicht ganz stimmig, aber anschlussfähig). Aber: das Durchlaufen der 5 Schritte in der vorangehenden Transformationsphase hat die Organisation bereits auf die Neuausrichtung eingestellt: der Durchbruch ist erfolgt, ein Zurück ist nicht mehr möglich.

In dieser Phase werden die erarbeiteten Systeme, Strukturen, Prozesse in organisationale Routinen verwandelt und geben so den Ergebnissen Dauer.

Bei den folgenden Beschreibungen der 5 Schritte stützen wir uns zur Konkretisierung schwerpunktmäßig auf Beispiele aus dem Bereich „Prozessverbesserung/-Neuausrichtung" (s. **Abbildung C.3 ff**). Abgesehen davon, dass der Ablauf ebenso für alle anderen (SPSS-)Gestaltungsaufgaben (s. Kap. B, Prinzip 1) gilt, verstehen wir die Prozessthematik als gemeinsamen Nenner für alle denkbaren Change-Management-Herausforderungen, ob in Krisensituationen oder zur Erfolgsabsicherung, ob für Strategiearbeit (-Umsetzung), bei Restrukturierungen oder Merger Integration (s. Kap. D.4)

Abbildung C.3: *Die Illustrationen sind den Originaldokumenten/-Leitplanken eines Projektes aus dem Automobilbereich entnommen (daher das Autorennen (!) als Leitthematik)*
Zu den folgenden Schritten werden die jeweils relevanten Folien aus den Leitplanken (12 Auszüge aus einem Originalbeispiel; s. die entsprechenden Abbildungen) wiedergegeben. Die zwölf Beispiele zusammengenommen, geben daher dem Leser ein „Template" zur Erstellung von Leitplanken für ein WaVe-Projekt an die Hand.

Im Laufe der folgenden Workshops wird jeder Prozessschritt immer voraussetzungsvoller bzw. fallabhängiger, so dass die folgenden Darstellungen zwar einen typischen WaVe-Prozess abbilden, nicht aber in jedem Detail als Standard zu verstehen sind. So können sich die Regiepläne der einzelnen Workshops bzw. Schritte im Einzelnen von den hier dargestellten Abläufen unterscheiden, man wird mit methodischen Varianten arbeiten usw.

2.1   DER TOP-WORKSHOP: DAS PROJEKT INS LEBEN RUFEN/PROJEKTDEFINITION

Das Projekt beginnt mit dem Top-Workshop. Der Teilnehmerkreis ist üblicherweise das Topmanagement-Team des Unternehmens (der jeweiligen Einheit). Manchmal wird der Kreis um Vertreter weiterer Ebenen/Gruppierungen ergänzt.

2.1.1   UM WAS GEHT ES?

Mit diesem Top-Workshop geht es darum, das Change-Projekt ins Leben zu rufen. Dabei sind die folgenden drei Hauptfragen zu klären:

1. *Warum?* Warum wollen wir diese Veränderung? Was treibt oder zwingt uns, – gemeinsam?
2. *Was?* Was wollen wir, was sind unsere Ziele, was ist unsere Zukunftsvorstellung, – gemeinsam? Wichtig ist dabei der Abgleich mit der Strategie.
3. *Wie?* Welchen Weg der Veränderung wollen wir gehen, – gemeinsam?

Wobei zu den ersten beiden Fragen in erster Linie das Know-how der Teilnehmer, zur dritten Frage dasjenige der Berater gefordert ist.

Der Workshop sollte so gestaltet und moderiert werden, dass die involvierten Topmanager zu einem Team zusammenwachsen, damit sie dem Projekt den nötigen Rückhalt geben können: als sogenannte Startallianz.

2.1.2   ZIELE:

Was soll am Ende des Top-Workshops erreicht sein? Das sind die wesentlichen Ziele und Wirkungen:

- Eine tragfähige Vision ist erarbeitet und die strategischen Rahmenbedingungen sind geklärt.
- Eine gemeinsame Leitvorstellung für die Veränderung ist verstanden (gedankliche Ebene) und angenommen (emotionale Ebene).
- Der Zusammenhang zwischen Problemstellung, Lösungsstrategie und geplanter Wirkung ist klar.
- Das Verhältnis von Aufwand und Ertrag erscheint sinnvoll und ist akzeptiert.
- Das Auftraggeber-Team für das Change-Projekt ist zu einer „Start-Allianz" zusammengewachsen.

Das Format ist eine intensive Klausur mit Workshop-Charakter von ca. 2 Tagen Dauer, Anreise möglichst am Vorabend. Die Orientierung für die Aktivitäten gibt die Erfolgsformel N x V x V ≠W (s. **Kasten C.1**).

DAS PROGRAMM

Und das sind die wesentlichen Themen, die zu bearbeiten sind:

- Sich mit der Ausgangslage auseinandersetzen, eine gemeinsame Einschätzung der Notwendigkeit vornehmen bzw. sich bietende Chancen herbeiführen.
- Eine Vision entwerfen.
- Strukturelle und strategische Eckwerte festlegen im Sinne eines Gestaltungsrahmens.
- Sich mit dem Change-Verfahren auseinandersetzen (das entsprechende Know-how dazu bringt hier die Beratung).
- Unterstützungs-Team zusammenstellen (entspricht in etwa der Steuergruppe im klassischen Projektmanagement, hat hier aber eine andere Funktion, nämlich indirekte statt direkte Steuerung durch Rahmenbedingungen und Unterstützung der Bearbeitungsteams.
- Nächste Maßnahmen planen.

Der Schwerpunkt liegt auf den beiden ersten Elementen der Veränderungsformel: N und (Visions-) V. Das liefert einerseits übergenug Stoff, andererseits bieten gerade diese beiden Elemente die beste Möglichkeit, die Ebene zu wechseln und das Soziale an die Oberfläche zu holen: Das Miteinander der Start-Allianz-Mitglieder. Führt der Workshop zu gemeinsam getragenen (das ist das Soziale) Antworten, macht er einen positiven Unterschied und erfüllt seine Funktion.

Anhand der Formel NxVxV>W kann überprüft werden, ob die Organisation für eine grundlegende Veränderung bereit ist. N, V, V stellt zudem eine Gliederungshilfe für alle wichtigen Gespräche und Workshops dar, die im Laufe eines WaVe-Projektes stattfinden:

- N = Notwendigkeit: besteht ein Problemdruck, bietet sich eine Änderung an, werden die Zeichen der Zeit erkannt? Was treibt uns?
- V = Vision: Was ist unsere Zukunftsvorstellung? Wie attraktiv ist sie? Wie klar ist sie als Vision formuliert?
- V = Verfahren: Wie klar ist das Verfahren? Wie viel Sicherheit gibt es? Genügt sie, um mit der Unsicherheit umgehen zu können?
- W= organisationales Wissen: für die neue Lösung müssen neue Regeln, Routinen und Strukturen gefunden werden, bisherige müssen über Bord geworfen werden. Wissen äußert sich daher „widerständig". Der Wandel bedeutet also organisationales Lernen - ist die Organisation bereit dazu?

Als Formel gefasst, wird deutlich, dass kein Faktor fehlen darf, soll nicht das Ganze gefährdet werden.

Kasten C.1 *Formel zur Einschätzung der Bereitschaft für einen Wandel*

Der Ablauf orientiert sich entsprechend der Formel (s. **Kasten C.1**):

- Notwendigkeit,
- Vision und
- Verfahren.

Not-Wendigkeit: Wir beginnen mit einem „Check in", indem wir Zielabfragen durchführen oder über „prouds and sorries" erzählen lassen, um durch Zulassen von Schatten- und Sonnenseiten jeder Voreingenommenheit den Boden zu entziehen.

Dann geht es direkt zur „Sache" – und zwar anders als erwartet. Wir lassen ein Bild der Situation erstellen, d.h. eine IST-Aufnahme mit analogen Mitteln (z.B. mit Zeichnungen/Bildern auf Flip-Chart) durchführen. Das geschieht in sorgfältig ausgewählten Subgruppen.

Die Besprechung danach im Plenum fördert die Unterschiedlichkeit zu Tage. Sie dient dazu, auf akzeptable Art die heiklen Punkte ins Gespräch zu bringen: Unzulänglichkeiten, Unzufriedenheiten, Bedrohungen, Defizite usw. – immer mit angemessener Berücksichtigung der Stärken.

Mit genügend Tiefgang und Feingefühl durchgeführt, kann die Diskussion dann in Querschnittsgruppen in 9 bis 12 Punkten in Form ganzer Sätze zusammengefasst werden. Der Vergleich in der folgenden Plenumsrunde zeigt den Grad an Übereinstimmung bezogen auf die Not(-Wendigkeit). Das gibt bei aller Nachdenklichkeit Kraft. Man hat eine von Konsens getragene IST-Aufnahme erstellt (s. **Abbildung C.4**).

Abbildung C.4 *Leitplankenauszug 1: die Notwendigkeit*

Vision: Jetzt folgt ein abrupter „Szenenwechsel", vom Thema wie von der Bearbeitungsweise her. Wir gehen die Zukunft an, aber von einer innerlichen Position der Stärke aus. Das wird uns auf dem Hintergrund der vorausgegangenen Diskussionen möglich, indem wir erneut einen Moduswechsel in die analoge Form vornehmen: Die Teilnehmer gehen davon aus, dass sie das Projekt schon erfolgreich beendet haben und müssen jetzt „nur" noch den Erfolgsbericht schreiben (dazu bieten sich Präsentationen von Subgruppen vor einem angenommenen Entscheidungsgremium an. Es kann dabei um eine Award-Verleihung im Bereich „Change-Excellence" gehen oder um ähnliche spielerische Bewährungsproben.)

Diese Rahmenbedingungen werden im Allgemeinen als Aufforderung verstanden, innovative, kreative, unkonventionelle Problemlösungen für die im ersten Workshop-Teil definierten Verbesserungsbedarfe zu finden. Die Kleingruppenergebnisse stellen die Variation des einen Themas „Wie/Wer wollen wir sein, wenn wir drei Jahre erfolgreich unterwegs gewesen sind?" dar. Wir können auch sagen: Das ist das Material, aus dem die strukturell-/strategischen Eckwerte für das Veränderungsvorhaben in der nachfolgenden Diskussion gebaut werden (s. **Abbildung C.5**).

One voice to the customer!

Customers wants to have one contact person with one message

The identification of the contact person must be easy and clear for the customer

We must have „ONE face to the customer" and clear "game rules" behind the scenes (in the "box")

Abbildung C.5 *Leitplanken-auszug 2: die Vision*

Verfahren: Der dritte Teil des Workshops befasst sich damit, aus der bisher geleisteten Arbeit die Konsequenzen zu ziehen: Im vorausgegangenen Visionscoaching hatten die Teilnehmer jede Gelegenheit konkret zu werden. Auf dieser Basis

- folgt jetzt eine erste strukturell-strategische Zielableitung für das geplante Projekt.
- Darauf leitet eine Kurzpräsentation zu WaVe die Abstimmung zum Projektverfahren ein.
- Aus allen bisher erarbeiteten Ergebnissen (s. Übung „Bilder", Übung „Erfolgsbericht", Informationen zu WaVe) wird das Material ausgewählt, das für die Broschüre mit den Kapiteln NxVxV verwendet wird. Außerdem wird die Erstellung der Broschüre organisiert.
- Weiterhin wird das Unterstützungs-Team, welches das Projekt steuern wird, zusammengestellt, und
- die Kommunikation nach dem Workshop erarbeitet.
- Schließlich wird ein Name für das Projekt kreiert.

2.1.4 WER IST DABEI?

An diesem Workshop nehmen teil:

- Top-Management-Team des Unternehmens (der jeweiligen Einheit)
- Ergänzung um Vertreter weiterer Ebenen/Gruppierungen
- Querschnittslogik, d.h. Vertreter aus den unterschiedlichen relevanten Bereichen, ev. auch Arbeit-nehmervertreter

2.1.5 WAS IST DANACH ANDERS?

Die Überzeugung für einen Wandel und das Vertrauen in die Durchführbarkeit sind gewachsen:

- Die Gruppe ist bereit, mit dem „zweiten Hut" als Auftraggeber für das Change-Projekt an die Öffent-lichkeit im Unternehmen zu treten und das Unterfangen bekannt zu machen.
- Sie ist zu einem Team zusammengewachsen mit der Auftraggeberfunktion für das Projekt. Es nennt sich nun „Start-Allianz".
- Sie ruft eine Kerngruppe zur Steuerung des Change-Projektes ins Leben: Das Unterstützungsteam (U-Team). Dieses wird die Rahmenbedingungen bzw. Leitplanken ausarbeiten und die Netzwerkteams un-terstützen.
- Bis zu den folgenden Frameworkshops werden die protokollierten Workshopergebnisse zu einer Pro-jektbroschüre verarbeitet. Damit sind zum einen das Fundament des Veränderungsleitbildes und die Kommunikationsgrundlage für die breitere interne und ggf. externe Öffentlichkeit gelegt. Zum anderen liegt ein fassbares Resultat der Selbstvergewisserung vor. Es existiert eine stabile Trägerschaft für das Projekt. Die Leadership ist erkennbar.

Außerdem führen die Projektbegleiter/-Berater in der Zeit bis zum nächsten Workshop eine Analyse durch (vor dem Top-Workshop mit den Teilnehmerinterviews begonnen), indem sie über alle Ebenen und Berei-che hinweg die Unternehmensmitglieder interviewen.

Diese Gespräche verändern mit den anderen laufenden Aktionen zusammen das herrschende Klima ent-scheidend: Jetzt beginnt Aufmerksamkeit zu entstehen (die Grundlage für eine unternehmensinterne Öf-fentlichkeit); denn mit den Gesprächen wird über das Veränderungs-Vorhaben informiert und über die WaVe-Projekt-Logik (den Unterschied). Zudem führen sich die Begleiter ein, knüpfen Kontakte mit dem be-troffenen System und lernen die Sachlage/-Zusammenhänge kennen.

3 ZWEITER SCHRITT: PROJEKTPLANUNG

Die Projektplanung besteht aus zwei Teilen: aus der inhaltlichen und der prozessualen Planung. Das Resul-tat dieser Planung ergibt den doppelseitigen Projektauftrag zur a) Konzeptionserarbeitung und b) zur Selbstorganisation. Er wird schließlich in einem Papier zusammengefasst, das wir Leitplanken nennen (s.o. 5 Schritte). Diese liefern die Rahmenbedingungen bzw. das Framework für die Welt II des Projekts (s. Kap. A Einleitung).

„Das Wesentliche geschieht zuvor": ohne sorgfältigste Projektdefinition durch das Unterstützungsteam kann ein WaVe-Projekt nicht gestartet werden. Die Praxis hat gezeigt: diese Vorarbeit ist nur in zwei entsprechend intensiven und gut vorbereiteten Klausuren zu bewerkstelligen. Wir nennen sie Frameworkshop I (für den inhaltlichen Rahmen bzw. den Sachauftrag) und Frameworkshop II (für den prozessualen Rahmen bzw. den Selbst-Management-Auftrag). Der zeitliche Abstand dieser beiden Workshops sollte nicht länger als 2 bis 4 Wochen betragen.

3.1 FRAMEWORKSHOP I: DAS PROJEKT INHALTLICH PLANEN

3.1.1 UM WAS GEHT ES?

Der erste Frameworkshop konzentriert sich im Allgemeinen auf *inhaltliche Fragen*; im Vordergrund steht die Präzisierung der *Ergebnisziele*. Beispiel Prozessorientierung: Was verstehen wir genau darunter? Was sind unsere Geschäftsprozesse? Welche Prozesse wollen wir angehen? Mit welcher Priorität? Was ist unsere Vorstellung von „Optimierung"? Wo werden die Verantwortlichkeiten sein? Wie wird entschieden? ...

In dieser Klausur wird also geklärt, welche Strukturveränderung/Systemveränderung genau gewollt ist. Damit kommen auch die Betroffenheit zu Tage und die Folgen, die zu gewärtigen sind. Auch die Dimension des Vorhabens und die Risiken treten klar hervor. Das Vorhaben wird konkret, Entscheidungen mit Tragweite werden getroffen, die Gruppe wird ein Team – das U-Team (Unterstützungs-Team).

3.1.2 ZIELE

Die inhaltlichen Ziele des Frameworkshops I sind:

- Die Inhaltlichen Leitplanken sind erstellt (entsprechend dem inhaltlichen, noch nicht dem prozessualen Projektauftrag).
- Die angestrebte Veränderung der Strategie, der Prozesse oder der Strukturen sind klar.

Die prozessualen Ziele sind:

- Das U-Team (Unterstützungsteam) ist arbeitsfähig geworden.
- Dieses gibt ein Beispiel für fach- und hierarchieübergreifende Zusammenarbeit und
- macht einen Unterschied zwischen dem normalen Business-Alltag/Welt I und der vernetzten (Change-Projekt-) Welt II.

3.1.3 WIE GEHEN WIR VOR?

DAS PROGRAMM

Diese Ziele werden in einer intensiven Arbeitsklausur von ca. 2 ½ Tagen erreicht. Das entsprechende Programm gestaltet sich wie folgt:

- Auseinandersetzung mit der Vision und dem WaVe Konzept.
- Präzisierung der System-/Strukturveränderung: was soll damit erreicht werden – sachlich, unternehmens-kulturell? Was ist der Nutzen?
- Aus der Problemstellung, der Vision und Strategie diejenigen Elemente herauskristallisieren und umschreiben, die es im Projekt zu bearbeiten gilt, z.B. Bezeichnung der zu gestaltenden Prozesse mit Beginn und Ende (wir sprechen auch von inhaltlichen Grenzen).
- Die möglichen Konsequenzen des Umbaus abschätzen (Strukturen, Führung, usw.).
- Risiken analysieren und Machbarkeit überlegen.
- Mutmaßlichen personellen Aufwand abschätzen (wie viele Teams engagiert werden sollen).
- Die zu erwartenden Resultate bestimmen (Umfang, Detaillierungsgrad, Aussagen zu welchen Punkten, zu welchen explizit nicht).
- Betroffenheiten und Interessen thematisieren.
- Kommunikation mit der Auftraggebergruppe (Unternehmensleitung) und dem Gesamtunternehmen planen, z.B. Ideen für eine Broschüre zum geplanten Change-Vorhaben generieren.
- Weiteres Vorgehen planen, wöchentlichen „Jour fix" beschließen.

DER ABLAUF

Der Workshop gliedert sich in folgende Themenblöcke:

1. Information und Integration der neuen Teilnehmenden
2. Definition und Abgrenzung des zu bearbeitenden Themas entsprechend SPSS (Strategie, Prozesse, Struktur, System)
3. Projektorganisation und Vorgehen

1. Information, Integration: Wir haben es gegenüber der Startallianz nun mit einer neuen Personenkonstellation (s. Kap. 3.1.4) zu tun, der wir anfangs zur Integration verhelfen müssen: Die Teilnehmer setzen sich aus Start-Allianzmitgliedern und anderen Personen zusammen, so dass annäherungsweise ein Mikrokosmos bzw. ein Abbild des Unternehmens zusammengestellt ist.

Den Workshop-Teilnehmern vermitteln wir Informationen zu den bisher erreichten Ergebnissen (Top-Workshop, Stand der Broschüre, strategisch/strukturelle Eckwerte, Analyse/Interviews, „Flurfunk"/Stimmung) und lassen über ihre Reaktionen und Bewertungen diskutieren.

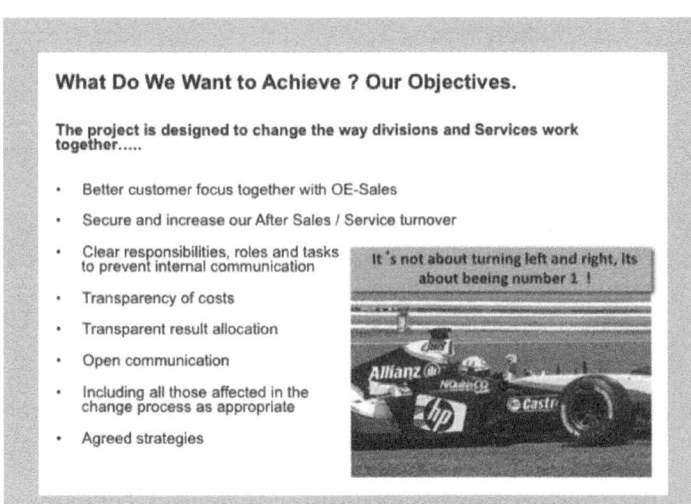

Abbildung C.6 *Leitplankenauszug 3: die Projekt-Zielsetzung*

2. Prozessorientierung: Auch zu diesem Kapitel geben wir einen einführenden Impuls in Form einer Kurzpräsentation zum Thema Prozessorientierung – oder im entsprechenden Fall zu einem der anderen Themen aus SPSS: Strategie, Struktur, Systeme (s. Kap. B.2.1). Wir halten die Einführung bewusst einfach im Sinne einer Kurzauffrischung. Es geht um die basalen Aspekte; denn der folgende Schritt muss mit Leichtigkeit daherkommen, sonst droht die damit verbundene inhaltliche Komplexität schnell überwältigend zu werden und den Arbeitsfluss zu hemmen.

Auf dieser Basis und aufgrund der übergeordneten Projektzielsetzung (s. **Abbildung C.6**) (wir bleiben beim Beispiel Prozessverbesserung, da dies das häufigste und auch breiteste der vier SPSS-Themen ist) wird dann in Kleingruppen die Frage beantwortet: „Welches sind unsere Kernprozesse". Dabei soll strikt nach dem Motto „Vom Groben zum Feinen" gearbeitet werden, um die Dinge einfach und überschaubar zu halten (s. **Abbildung C.7**).

Der folgende Vergleich im Plenum zeigt die noch vorhandene Unterschiedlichkeit bzw. die schon erreichte Übereinstimmung. Daraufhin wird in nun durchmischten Gruppen die Integration der zu Tage geförderten unterschiedlichen Aspekte in eine Prozesslandschaft geleistet. Die Zusammenführung in der Gesamtgruppe erlaubt eine weitere Korrekturschleife und schließlich die Konsolidierung bzw. Entscheidung: Führungs-, Geschäfts- und Unterstützungsprozesse.

Es folgt nun thementeilige Arbeit in homogenen Subgruppen an den einzelnen Prozessen: Definition von Anfang und Ende, konkretisiert durch Input- und Output, Kennzeichnung von wichtigen Nahtstellen und weitere Strukturierung/Gliederung bis auf die 3. Ebene (s. **Abbildung C.8**).

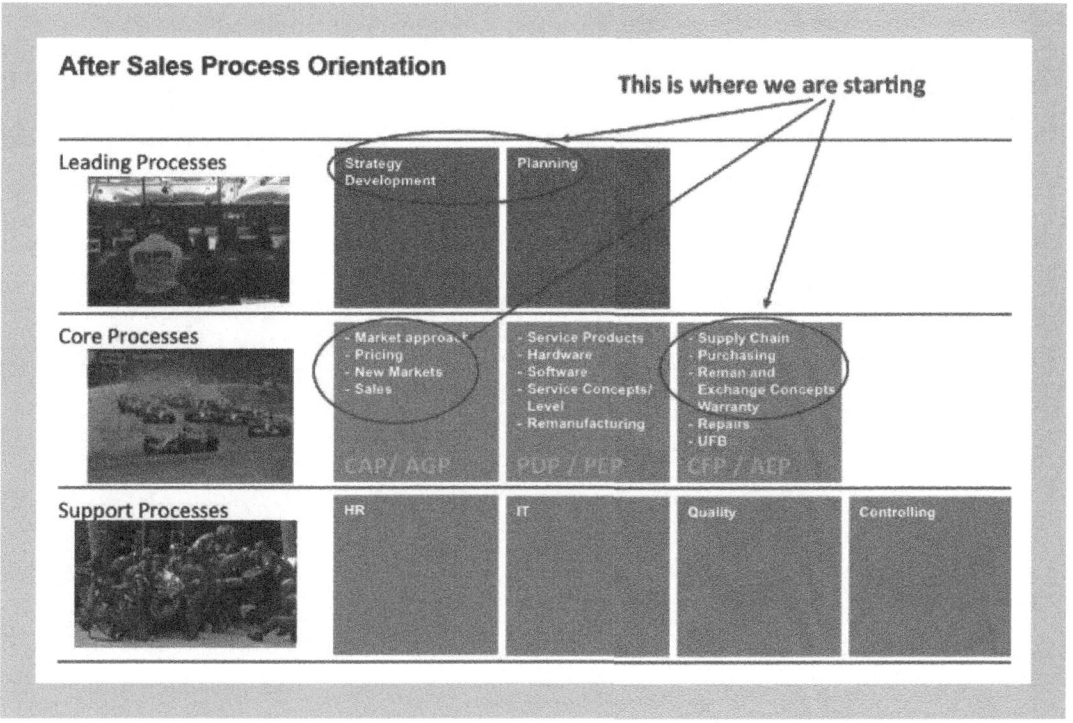

Abbildung C.7 *Leitplankenauszug 4: die Prozesslandschaft, hier schon mit den eingezeichneten „Baustellen"*

3. Projektorganisation und Vorgehen: Wieder wird für diesen nächsten Schritt bzw. Themenwechsel ein einführender Impuls in Form einer Kurzpräsentation gegeben: WaVe. Damit holen wir die Gruppe trotz des gewollten inhaltlichen Fokus´ dieses Workshops aus der reinen Fachdiskussion heraus und führen sie wieder in den Change-Kontext (soziale Dimension des Vorhabens) zurück. Das macht das Ausmaß der Veränderung und auch den Verantwortungsdruck erst richtig spürbar.

Mit dieser Perspektive (die Arbeit muss ja bald in bearbeitbare Projektaufträge für Teams münden) befassen sich die Teilnehmer in Kleingruppen mit dem Thema „Was sind unsere Baustellen?", „Was gilt es anzupacken?", „Was hat Priorität?", „Was können/wollen wir stemmen?".

Wichtig ist nun die Aktualisierung des Projektplanes: Welche Zeitperspektive gilt (zeitliche Grenzen)? Welche Meilensteine streben wir an? Wann kommen welche Veranstaltungen auf uns zu (Info-Workshops und Kick-off oder Startkonferenz?).

Schließlich geht es um die Verteilung der Aufgaben bis zum Frameworkshop II, und um die Kommunikation ins Umfeld. Es gibt jetzt im Allgemeinen eine Menge zu tun: Für jeden der anstehenden Prozesse sollte ein „Prozesssteckbrief" als Kern des POT (Prozessoptimierungsteam)-Auftrages und der Leitplanken formuliert werden.

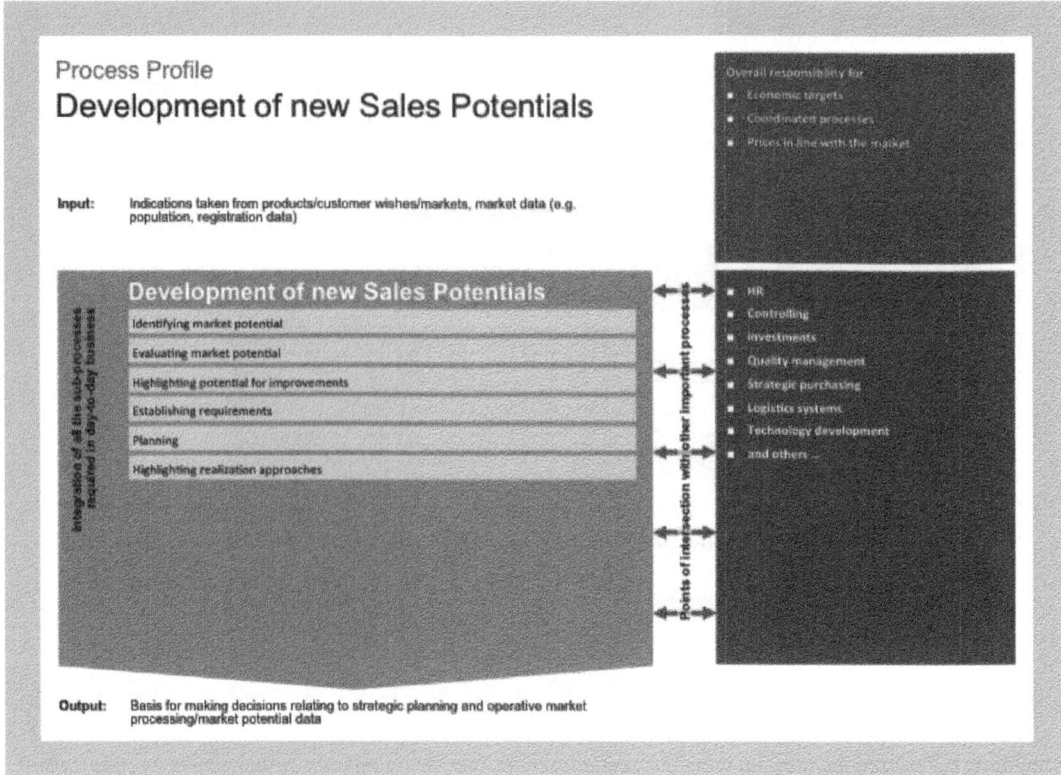

Abbildung C.8 *Leitplankenauszug 5: einer der zu bearbeitenden Prozesse, als Auftrag für eines der Teams*

3.1.4 WER IST DABEI?

Gegenüber dem Top-Workshop hat sich der Personenkreis geändert. Wohl wird ein Teil der Startallianz noch dabei sein, doch erweitert sich nun der Kreis:

- Vertreter wichtiger Gruppierungen, Disziplinen, Ebenen des Unternehmens .
- Vertreter des Topmanagement und operativer Ebenen.
- Betriebsrat/MA-Vertretung .

Mit dieser ersten Teamklausur wird das Unterstützungsteam praktisch ins Leben gerufen. Normalerweise wird es wichtige Gruppierungen bzw. Ebenen des Unternehmens abbilden: Auf jeden Fall wird das Topmanagement und die operativen Ebenen repräsentiert sein. Bewährt hat sich auch die Teilnahme des Betriebsrates. Die Auswahl der vertretenen Disziplinen hängt von den jeweiligen Umständen ab. Die Absicht ist, ein Beispiel für fach- und hierarchieübergreifende Zusammenarbeit zu geben (einen Unterschied zu machen zwischen dem normalen Business-Alltag/Welt I und der vernetzten Welt II) und die folgende Team-Arbeit im Netzwerk vorzuleben (soziale Grenzziehung).

3.1.5 WAS IST DANACH ANDERS?

Durch die Intervention dieses ersten Frameworkshops hat sich das Bewusstsein der Organisation bereits geändert:

- Der gemeinsame Wille für eine grundlegende Änderung ist bei wichtigen Exponenten gestärkt.
- Beim U-Team herrscht jetzt große Spannung: Typisch dafür ist ein nahezu schon „klassisch" gewordener Ausspruch, der von irgendjemandem im Team quasi mit Sicherheit geäußert wird: „Das ist aber ein großes Rad, das wir da drehen!".
- Verstärkt wird diese Anspannung durch die Aufmerksamkeit der Mitarbeiter, die sich auf das U-Team richtet: Wichtige Leute sind/waren wieder in einem Workshop ... Hoffentlich geht es tatsächlich nicht um Arbeitsplätze ... usw.
- Dies Empfinden ist gemischt mit der Erleichterung darüber, konkret geworden zu sein: Man ist sicher, an den Fragen zu arbeiten, um die es wirklich geht. Man kann erste fassbare (Planungs-)Resultate vorweisen.
- Die Gesamtorganisation hat gemerkt, dass sich etwas tut – und zwar anders als bisher.

3.2 FRAMEWORKSHOP II: DAS PROJEKTVERFAHREN PLANEN

3.2.1 UM WAS GEHT ES?

Der Schwerpunkt des zweiten Frameworkshops verlagert sich auf den *Projektprozess* und die *Projektsteuerung*: *Wie* wollen wir vorgehen? Wie steuern wir das Projekt? Die Entwicklung der Leitplanken für die Arbeitsteams steht damit im Mittelpunkt und damit die *Verfahrensziele* (soziale und zeitliche Grenzziehung). Die Erwartungen steigen allseits. Das U-Team sieht die Aufgabe, sich der Öffentlichkeit in Form von Informationsworkshops (oder der Startkonferenz) zu stellen, rasch heranrücken und will aussagefähig sein. In diesem Sinne gibt es konstruktiven operativen Druck.

3.2.2 ZIELE:

Die Ziele des Frameworkshop II sind nun reine Vorgehensziele:

- Das Prinzip der indirekten Steuerung ist bekannt und verstanden.
- Die Leitplanken sind erstellt, der inhaltliche und insbesondere auch der prozessuale Teil sind formuliert.
- Die Projektbroschüre für die allgemeine Information ist konzipiert.
- Insbesondere sind die Teamaufträge (zur Selbststeuerung und zur Erarbeitung von Konzepten) klar formuliert.
- Die Phasen, Schritte, Maßnahmen, Meilensteine sind festgelegt.
- Die Arbeit des Unterstützungs-Teams ist geregelt.

DAS PROGRAMM

Der Frameworkshop II ist analog zum Frameworkshop I eine Arbeitsklausur von ca. 2 ½ Tagen. Dabei gestaltet sich das Programm mit der entsprechenden Themenwahl wie folgt:

- Was sollen die Projektgruppen bis wann erreichen und was nicht, und was ist ihre Verantwortung und was nicht?
- Wie weitreichend soll die Ermächtigung („Empowerment") gehen: Wie weit sollen die Projektgruppen sich ihr „künftiges Haus selber einrichten" können? Welche Teams mit welchen Aufgaben brauchen wir dazu?
- Auch die Teamkonstruktion wird geklärt und damit die Frage der Repräsentativität und der „kritischen Masse": wie können sich diejenigen repräsentiert fühlen, die nicht direkt aktiv in den Projekten mitarbeiten können? Wie können wir alle diejenigen erreichen, die den Wandel mit tragen sollen?
- Wie sollen sich die Projektgruppen organisieren: Was lassen wir bewusst offen, damit Selbststeuerung möglich wird, aber keine unliebsamen Überraschungen entstehen?
- Wie sollen sich die POTs (Prozessoptimierungsteams) gegenseitig und mit dem U-Team (Unterstützungsteam) synchronisieren? (s. **Abbildung C.9**)
- Wie füllen wir unsere Unterstützungsrolle in der folgenden Projektarbeitsphase aus? Wie sieht die fachliche Unterstützung der Teams aus? Welche Instrumente werden ihnen an die Hand gegeben? Welche Spielregeln braucht es, damit hohe Ergebnisqualität durch die Teams sichergestellt ist? Wie gehen wir in Konfliktfällen vor? Wie regelt sich die Kommunikation?

How should the POT's work?

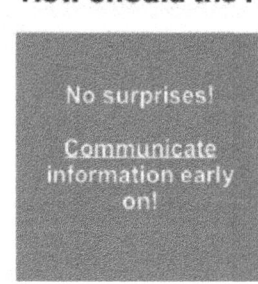

No surprises!

Communicate information early on!

Combination of the necessary skills

POTs work together and synchronize with each other

Standard project management
- Milestones
- Plan / Actual comparison
- Deadlines

Work from the basics up to the finer details
(address the customer's needs first, then consider the right part(s) for the customer).

Working together with the support team
- Regular feedback
- Coordination with the S team

Cooperation between the POTs
- Sharing of information and cross-coordination among the POTs
- Make use of the network forums
- Inclusion of (information from) colleagues in specialist areas/divisions that are not represented in the POTs

Abbildung C.9 *Leitplankenauszug 6 : Spielregeln für die POTs (Prozessoptimierungsteams)*

Der Workshop gliedert sich wiederum in drei Teile:

1. Check-In (Einstieg)
2. Die Projektorganisation (Team-Netzwerk)
3. Die Leitplanken (Projektauftrag)

1. Check-In: Wir steigen mit einer Reflexions-Runde ein: 1) Stand der Dinge, 2) Ideen/Neuigkeiten... 3) Dringende Fragen. Damit holen wir das Geschehen, das zunehmend Dynamik gewinnt, in den Raum und auch die operativen Bedürfnisse. Es entsteht Handlungsdrang, weil bewusst wird, wie viel ansteht und was noch alles offen ist.

Wir nutzen dies, um die „Hausaufgaben" präsentieren zu lassen, die immer zwischen Frameworkshop I und II anliegen: z.B. Fertigstellen von Prozesssteckbriefen, letzte Hand an die Broschüre anlegen, Aktualisierung des Leitplankenpapiers, Aktualisierung etwaiger strategischer Grundaussagen, Kommunikationsaktivitäten, möglicherweise erste Logistik-/operative Vorbereitungen für Info-Workshops (oder Startkonferenz).

2. Projektorganisation, Team-Netzwerk: Wir setzen auf den Vorarbeiten auf, indem wir z.B. unter dem Titel „Arbeit an der Teamlandschaft" fragen A) Was passt in Bezug auf den jetzigen Planungsstand/ist i.O. – Warum? B) Was muss korrigiert werden/anders gemacht/geklärt werden – Warum? Alternativen/Ergänzungen – Welche, wie, warum? Nach dieser Gruppenarbeit lassen sich in der Gesamtgruppe die Ergebnisse zur „Teamlandschaft" zusammenführen: Welche Teams arbeiten an welcher „Baustelle"?

Wir leiten danach die „Teamkonstruktion" ein: Welche Kriterien muss die Besetzung der jeweiligen Arbeitsgruppen/POTs erfüllen. Als Ergebnis ist jeweils eine Liste gefordert, die den Mitarbeitern nach den Info-Workshops bzw. auf der Startkonferenz als Entscheidungsgrundlage zur Entsendung der Kollegen dient. Diese Aufgabe bildet in Miniaturform Netzwerkarbeit im Workshop ab, insofern die Subgruppen/Repräsentanten der unterschiedlichen Organisationseinheiten auf Ressourcen der jeweils anderen zugreifen müssen. Anders gesagt: Welche Besetzung aus der jeweiligen Prozesssicht optimal erscheint, lässt sich nicht immer realisieren, ohne dass angrenzende künftige POTs bereit sind, ihre Aufgabenstellung oder Rollenauffassung entsprechend anzupassen.

Des Weiteren klären wir:

- Die Teamlandschaft: welche Teams zu welcher Baustelle?
- Die Teamzusammensetzung: Kriterien für die Teamkonstruktion (s. **Abbildung C.12**): aus welchen Bereichen, Querdenker usw.
- Die Art der Vernetzung zwischen Teams und U-Team.
- Das weitere Vorgehen.

3. Die Leitplanken: Wir leiten den Schritt der Leitplankenfertigstellung ein, indem wir ein Beispiel aus einem anderen Projekt kurz präsentieren. Wir verteilen darauf hin ein Template, in das die projektspezifischen Inhalte eingetragen werden müssen. Wir sorgen für Wechsel zwischen Kleingruppen und Plenum, um den Grad an Konsistenz der Ergebnisse zu prüfen und Korrekturen zu ermöglichen.

Das betrifft besonders die Formulierung der konkreten prozessualen Aufträge an die Teams in Ergänzung zu den Ergebnissen des Frameworkshops I wie Ziele/Nichtziele, Spielregeln/Nichtregeln (s. **Abbildung C.10**) der Zusammenarbeit und Kommunikation, usw.

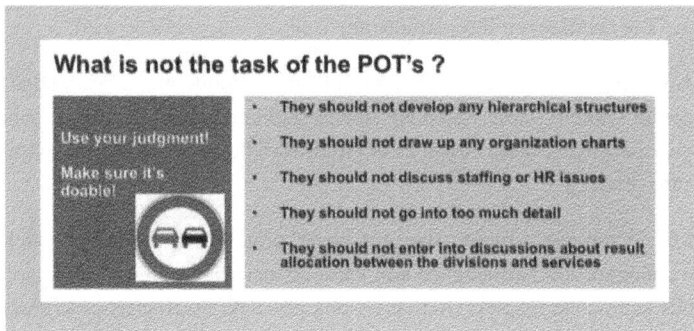

Abbildung C.10 *Leitplankenauszug 7: Nichtregeln*

Wir verabschieden schließlich das endgültige „Leitplanken"-Papier, das den zweidimensionalen Charakter und damit die Doppelaufgabe der Projektmitglieder klarmacht: den Sachauftrag sowie den Organisations- bzw. Selbstmanagement-Auftrag. Besonders dieser Punkt gibt uns immer wieder Gelegenheit durch Querfragen die Abklärung des Steuerungsverständnisses zu fördern. Obwohl das U-Team die zweite Klausur absolviert, ist ein wirklich tragfähiges Grundverständnis bezüglich Selbststeuerung, Empowerment vs. Top-Down-Ansagen und straffe Führung noch nicht hergestellt. Dazu braucht es die Erfahrung des Netzwerkerfolges.

Weiteres Vorgehen: Und dies sind die Aufgaben, die im letzten Teil des Frameworkshops zu erledigen sind:

- Erstellung eines Gesamtplanes: Terminliche Einplanung der nächsten Schritte, des Kick-off's, der Teamarbeiten und des Town-Meetings,
- Endbearbeitung und Verabschiedung des Projektbroschüren-Inhalts und der Illustrationen (die Projektbroschüre ist eine Information für das ganze Unternehmen zum bevorstehenden Projekt),
- Konzeption und Planung der Mobilisierung, d.h. der Nominierung der Teammitglieder,
- Vereinbarung von „Hausaufgaben" wie Konsolidierung der Leitplanken, Produktion der Broschüre
- Planung nächster Schritte.

3.2.4   WER IST DABEI? U-TEAM

Es ist dieselbe Zusammensetzung wie im Frameworkshop I, außer jemand wurde ergänzt oder hat sich ausgewechselt:

- Vertreter wichtiger Gruppierungen, Disziplinen, Ebenen des Unternehmens
- Vertreter des Topmanagement und operativer Ebenen
- Betriebsrat/MA-Vertretung

Diese Teilnehmenden werden ab nun das Unterstützungsteam (U-Team) bilden.

3.2.5 WAS IST DANACH ANDERS?

Es ist eine organisationale Dynamik entstanden, die kaum mehr aufzuhalten ist:

- Die Welt II, d.h. die Projektwelt, ist ins Bewusstsein des Unternehmens (Welt I) eingepflanzt, sie muss nun im nächsten Schritt offenbar werden.
- In der Führung herrscht jetzt große Erwartungsspannung. Man spürt sich das erste Mal vor eine Art Bewährungsprobe gestellt, in der man sich persönlich behaupten muss: Das Projekt muss jetzt vor der Öffentlichkeit vertreten werden.
- Dabei hat man ja selber noch keine Erfahrungen gesammelt. Es gilt also mit dieser Unsicherheit umzugehen. Ohne sie zu verleugnen, heißt es Zuversicht und Überzeugung auszustrahlen.
- Das erste Mal wird die systemische Führungsaufgabe im Projekt greifbar: Das U-Team setzt aktiv ein Geschehen in Gang, das es nicht beliebig kontrollieren kann.
- Es beginnt eine Dynamik, aus der man sich immer weniger leicht befreien können wird. Das ist allen bewusst.

4 DRITTER SCHRITT: MOBILISIERUNG

Die Mobilisierung kann grundsätzlich in zwei unterschiedlichen Formen durchgeführt werden:

Variante A: Im Divergenz-Modus erfolgt die Mobilisierung in drei aufeinander folgenden und über einige Wochen verteilten Schritten (die in sich wieder nach Konvergenz-Divergenz-Konvergenz gestaffelt sind):

- Informationsworkshops
- Selbstgesteuerte Diskussionsrunden (zur Auswahl der KollegInnen für die Teams)
- Projekt-Kick-off-Workshop (den wir schon dem Schritt „Durchbruch" zurechnen)

Variante B: Im Konvergenz-Modus werden diese Schritte in einer einzigen Großveranstaltung (Startkonferenz) durchlaufen: an diesem Kick-off-Meeting wird

- über das Projekt informiert
- die Nominierung durchgeführt
- das Projekt gestartet (s.u., Kap. C.4.3 Startkonferenz)

Die folgenden Beschreibungen beziehen sich auf Variante A, sofern nicht auf Variante B hingewiesen wird

4.1.1 UM WAS GEHT ES?

Dieser Schritt unterscheidet sich wesentlich von den vorausgegangenen. Mit der Mobilisierung rücken alle Menschen, die betroffen sind, ins Zentrum und werden direkt mit dem Projekt in Berührung gebracht. Jetzt wird die Veränderung der Organisation/Organisationseinheit, um die es geht, breit erlebbare Praxis. Auch wenn Start-Allianz und U-Team nach dem Mikrokosmosprinzip zusammengesetzt sind, hatte sich der Wandel bisher doch stärker auf die Führung konzentriert. Jetzt geht er in die angestrebte Breite.

Wandel ist nur nachhaltig, wenn er kulturell verankert ist, d.h. alle Betroffenen als Mitwirkende erreicht. Ökonomisch vertretbar und praktikabel wird das, wenn wir zwischen

- direkter Projektarbeit und
- unterstützender Projektarbeit

unterscheiden; analog dem die 12 Regeln begleitenden Eingangsbeispiel. Dort unterschieden wir zwischen

- „Protagonisten" und
- „Publikum"

als zwei Seiten einer notwendigen Einheit „Ganzheitlicher Wandel".

Wir laden daher alle vom Wandel Betroffenen ein, sich an der Auswahl und Entsendung der aktiven Projektmitglieder (Protagonisten/Aktiven) in die POTs (Prozessoptimierungs-Teams) zu beteiligen. Das ist möglich, wenn das Veränderungsvorhaben von jedem vollständig verstanden ist. Beides, die

- Verständnisvermittlung und die
- Einladung zur Nominierung,

ist Zweck der Informationsworkshops. Danach sind die Mitarbeitenden in der Lage, selbständig miteinander mit dem Ziel zu diskutieren, die aus ihrer Sicht geeigneten Personen auszuwählen. Auf diese Weise eignen sich alle das Projekt und damit den Wandel an, und es beginnt eine funktionsteilige Mitarbeit an der Weiterentwicklung der Unternehmung/Organisation.

Die Grundidee, die uns bei WaVe insgesamt leitet, ist ja, möglichst mit selbsttätig sich entwickelnden Kommunikationsprozessen zu arbeiten, um mit geringem Aufwand größtmögliche Breiten- und Tiefenwirkung zu erreichen. Dabei leitet uns die Erkenntnis, dass nachhaltige Transformation von innen kommen muss. Trotzdem ist es erforderlich, mit einem Minimum an Präsenzveranstaltungen zu arbeiten und die Menschen in direkten Kontakt miteinander zu bringen.

In kurzen interaktiven Informationsveranstaltungen vermitteln je ein Vertreter des Auftraggeber- und des U-Teams den Teilnehmern die bisherigen Arbeitsergebnisse (Projektbroschüre und Leitplanken):

1. Die Vision,
2. die Not-Wendigkeit und
3. das Verfahren; insbesondere die Anleitung zur Nominierung der Projektgruppenmitglieder

Dritter Schritt: Mobilisierung

4.1.2 ZIELE:

Dieser Informationsworkshop soll die folgenden Ziele bzw. Wirkungen erreichen:

- Transparenz und Öffentlichkeit ist hergestellt – Ernsthaftigkeit ist klar.
- Das Projekt ist von allen verstanden.
- Beteiligung aller ist in Gang gesetzt.
- Die Funktionsteilung/Rollenverteilung Aktive – Publikum ist verstanden.
- Basis für Nachhaltigkeit und kulturelle Verankerung ist gelegt.

4.1.3 WIE GEHEN WIR VOR?

DAS PROGRAMM

Bei größeren Organisationen bietet es sich an, Gruppen von ca. 80 Personen für etwa drei Stunden zusammen zu bringen. Dabei gliedert sich das Programm in die folgenden Punkte:

- Information aller Betroffenen zum Projekt und
- aktive Beteiligung aller durch Übernahme der Nominierungsaufgabe,
- Grundlegung der allgemeinen Rollenverteilung zwischen Unterstützungs- und direkten Projektfunktionen (Welt I und II),
- Praktische Ausübung unterstützender Führung durch die U-Team-Mitglieder,
- Einübung neuer Begegnungsformen im Unternehmen,
- Rückmeldung für die Führung aus dem System.

DER ABLAUF

Methodisch eignet sich für diesen Workshop sehr gut das **3-Step-Verfahren**:
1. Information (Großgruppe – zentrierte Kommunikation)
2. Auseinandersetzung (Kleingruppen – vernetzte Kommunikation)
3. Klärung (Großgruppe – zentrierte Kommunikation)

Beim **Step 1, Information**, platzieren sich die Teilnehmer an Rundtischen zu je 9 Personen und machen sich dort gegenseitig mit den Regeln des Treffens bekannt (entsprechende Instruktionsunterlagen sind an den Tischen verteilt).

Es folgt ein Informationsblock. Er besteht 1. aus dem Teil „Projekt … im Überblick", und wird mit den Inhalten der Broschüre bestritten. Der 2. Teil besteht aus dem Thema „Aufgabenstellung der POTs", für das die Leitplanken als Unterlagen dienen.

Mit dem **Step 2**, **Auseinandersetzungsphase,** beginnt der interaktive Teil. Die Teilnehmer an den Rundtischen diskutieren über das Gehörte. Sie tauschen sich dazu erst über ihre Eindrücke aus, sie unterhalten sich dann über mögliche Chancen und Risiken und sammeln schließlich Fragen. Die wichtigsten Punkte zu den drei Aufgabenkategorien werden zusammengefasst und visualisiert.

Es folgt **Step 3, Klärung**, wo die U-Teammitglieder zu den Tischgruppen hinzustoßen und mit den Teilnehmern zusammen die offenen Punkte klären. An diese klärende Diskussion schließt sich eine weitere Runde im Plenum an:

- Die Gruppen stellen die Fragen und bisher erhaltenen Antworten vor und präsentieren auch evtl. verbliebene offene Fragen oder Konfliktthemen.
- In einem offenen plenaren Dialog werden auch diese Punkte aufgenommen bzw. direkt beantwortet.
- Mit operativen Informationen zur Organisation und den Terminen der Nominierungsdiskussionen in den Abteilungen und einer Feedbackrunde schließt der Kurzworkshop ab.

4.1.4 WER IST DABEI?

Es sind alle Betroffenen dabei, d.h.:
- die gesamte Belegschaft oder ein repräsentativer Teil davon
- Das U-Team
- Die Gruppe der Auftraggeber (z.B. Unternehmensleitung, Vorstandsmitglieder usw.)

4.1.5 WAS IST DANACH ANDERS?

Durch dieses Vorgehen wird auch die Projektorganisation erkennbar: Auftraggeber und U-Team werden persönlich in Aktion erlebt und damit lebendig. Das entstehende Netzwerk von Projektteams wird bekannt und verstanden.

- In der ganzen Organisation sind Ernsthaftigkeit, Priorität und Tragweite des Unterfangens bekannt und verstanden.
- In der ganzen Organisation sind die Projektorganisation und
- die Rollen und Aufgaben bekannt und verstanden.
- Jeder ist gehört worden, – auch mit kritischen Beiträgen.
- Das entstehende Netzwerk von Projektteams ist bekannt und wird verstanden.
- Alle sind gespannt, weil jeder eine Rolle hat: eine direkte und eine unterstützende.

Die Workshops sind wirkungsvoll,

- weil die Teilnehmer erleben, welch sorgfältige Vorarbeit geleistet ist,
- weil der Auftritt der U-Team/Auftraggeber-Vertreter Führung spürbar werden lässt und Orientierung gibt,
- weil die entstehende Öffentlichkeit Ernsthaftigkeit beweist und
- die breite Beteiligung einen Unterschied macht und damit Aussicht auf Erfolg eröffnet.

Und: das Projekt ist jetzt der weiten Unternehmensöffentlichkeit bekannt und ist damit praktisch „durchgewinkt" (s. **Abbildung C.11**)

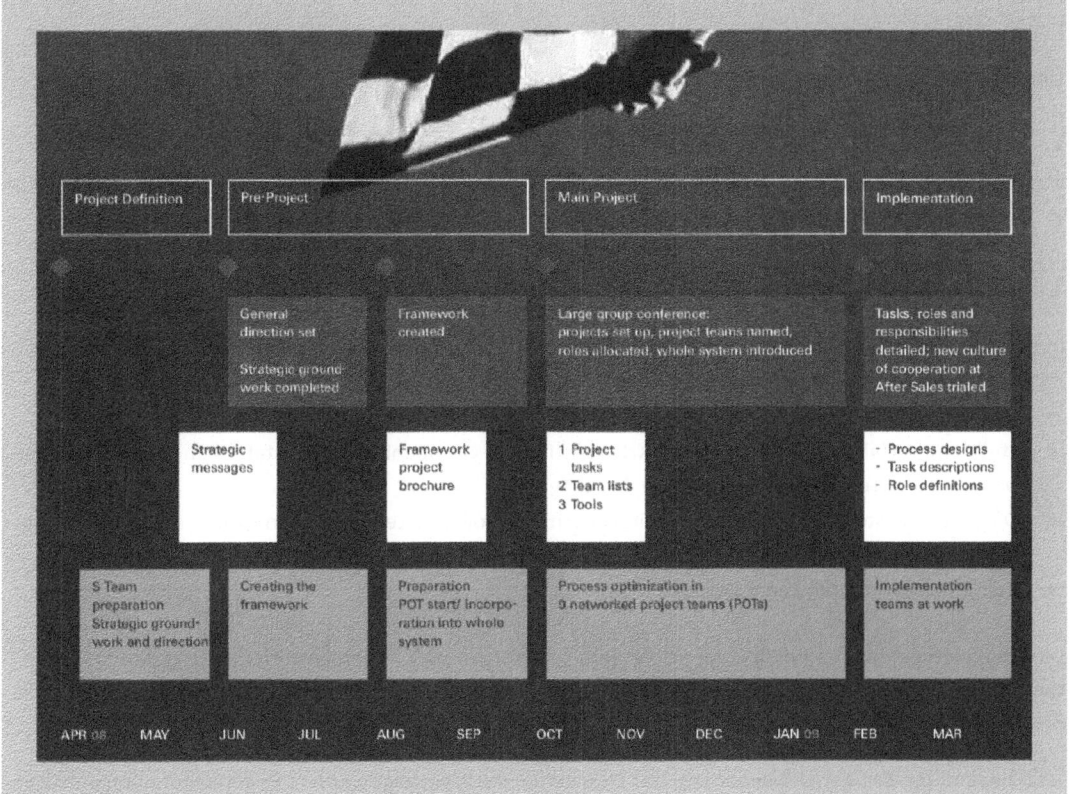

Abbildung C.11: *Leitplankenauszug 8: das Projekt wird durchgewinkt – Projektplan*

4.2 NOMINIERUNG: DAS PROJEKT AUF EINE BREITE BASIS STELLEN

4.2.1 UM WAS GEHT ES?

Die Nominierung der Teammitglieder durch die Belegschaft (nach vom U-Team vorgegebenen Kriterien) führt einerseits dazu, dass diese ihre Protagonistenrolle als Mandat auffassen, das sie von ihren Kolleginnen und Kollegen übertragen bekommen haben. Das verpflichtet. Indem die Entstehung kompetenter Teams weitgehend selbstgesteuert geschieht, wird andererseits auch jeder nichtgewählte Mitarbeitende zum Stakeholder des Veränderungsvorhabens. Damit ist die Anbindung des entstehenden Projekts (Welt II) an die Linienorganisation (Welt I) sichergestellt und das Wechselspiel zwischen diesen beiden Welten (Organisationsdynamik) in Gang gesetzt; die Grundlage einer Breitenwirkung und Nachhaltigkeit, wie sie durch direkte Interventionen nicht bewirkt werden können (und viel zu aufwändig wären).

Eine derartige Öffentlichkeit und Transparenz sichert die Aufmerksamkeit aller und verleiht damit dem Wandel den nötigen Schwung („Momentum"). Wir könnten auch sagen: Ab jetzt nimmt mit jedem Schritt die Selbstbindung der Organisation immer mehr zu und die Risiken immer mehr ab (z.B. das berühmte „Versanden").

4.2.2 ZIELE:

Und dies soll mit der Nominierung erreicht werden:

- Die Beschäftigung mit dem Wandel greift auf das (die) gesamte Unternehmen(seinheit) über.
- Die Projekt-Aktiven/Protagonisten sind gefunden.
- Das Projekt hat eine breite Basis.

4.2.3 WIE GEHEN WIR VOR?

In der Nominierungsphase beginnt die Steuerung durch Leitplanken wirksam zu werden: Statt die Teammitglieder persönlich zu bestimmen, geht das U-Team folgendermaßen vor:
- Das U-Team gibt das Anforderungsprofil für die Gruppen bekannt und
- stellt ein Verfahren zur Verfügung (Kriterien für die Gruppenbesetzung statt Namen; Kommunikationswege und Termine zur Meldung an das U-Team).
- Die Teams bestehen aus maximal 9 Mitgliedern. Die Rollenverteilung ist den Gruppen überlassen. Ausnahme: „Querdenker-Rolle".
- Keine vorbestimmten Team-Leader!

Die Nominierung der Teammitglieder erfolgt nun selbstorganisiert in den betroffenen Organisationseinheiten. Dadurch entsteht eine breite, dezentrale Auseinandersetzung mit dem Projekt, und die Teammitglieder werden als Protagonisten und als Delegierte ihrer Kolleginnen und Kollegen gewählt.

Jetzt beginnt die Zeit der U-Teamarbeit. Das Geschehen muss verfolgt werden. Es gilt Irritationen aufzuspüren, Fragen aufzunehmen, immer wieder die Leitplanken zu erklären und Konflikte zu lösen. Vor allem aber zu verfolgen, wie die Aufgabe angenommen und bearbeitet wird, wie die Mitarbeiter mit der Situation umgehen – vor allem natürlich: zu welchen Ergebnissen sie kommen. So werden oft Korrekturbedarfe an der Konstruktion der Teams (Logik der Zusammensetzung) geäußert (s. **Abbildung C.12**). Das muss untersucht und entschieden werden.

Operationale Fragen tauchen auf. Wie soll etwa verfahren werden, wenn Personen ausgewählt werden, die anderweitig schon gebunden sind? Man glaubt z.B. in gewissen Teams mehr Vertreter einer gewissen Disziplin zu brauchen. Was tun, ohne das Limit von 9 Teilnehmern zu überschreiten?

Die Regeleinhaltung ist ein Thema: Oft bietet eine Doppelmitgliedschaft die scheinbar pragmatischste Lösungsmöglichkeit; aber nicht bei WaVe, weil das die Gruppenidentität beschädigt (ein Beispiel für unsaubere soziale Grenzziehung).

Schon in dieser Phase des Wandlungsgeschehens sollte den Mitarbeitenden die Netzwerklogik des geplanten Projektes klar sein. So wird es z.B. nötig werden, mit anderen Teams eng zusammenzuarbeiten, in denen Know-how versammelt ist, das man auch selber benötigt.

Was ist zu tun, wenn der Eindruck entsteht, dass Mikropolitik betrieben wird und mit der Besetzung der Teams spezielle Interessen verfolgt werden, die nicht offengelegt sind?

Schließlich spiegeln sich im U-Team selber die Fragen und Stimmungen vom Umfeld: Hier sitzen ja Führungskräfte und Mitarbeiter zusammen, die in der gleichen Weise betroffen sind: Was tun, wenn befürchtet werden muss, dass die Teams mit „inkompetenten" Leuten besetzt werden? Wenn die Leistungsträger sich verweigern, weil sie überlastet sind?

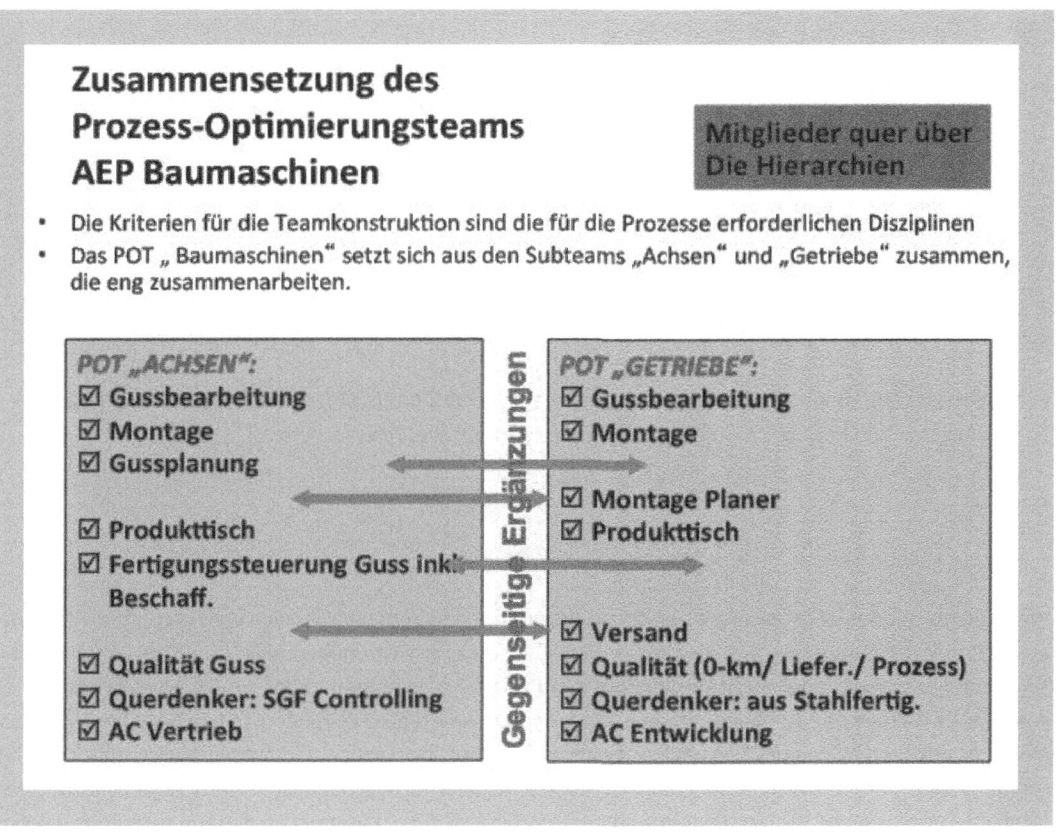

Abbildung C.12 *Leitplankenauszug 9: Die Teamkonstruktion*

4.2.4 WAS IST DANACH ANDERS?

Für viele Führungskräfte vollzieht sich mit der Nominierung ein äußerst ungewöhnlicher Schritt.

Anfangs fühlt man sich eines Privilegs beraubt, das der Personalentscheidungen. Was dafür auf der Habenseite verbucht werden kann, ist noch nicht bekannt. Außerdem kommt vor aller Augen ein Prozess in Gang, der schiefgehen kann. Schließlich verbrauchen auch selbstgesteuerte Diskussionsrunden Ressourcen. Das Projekt beginnt den eigenen Handlungsspielraum einzuschränken. So und ähnlich sehen die Wahrnehmungen der Führungskräfte zu Beginn der Nominierung aus, die nicht der Startallianz oder dem U-Team zugehören.

Nach der Nominierung erleben die Verantwortlichen Selbststeuerung als probates Mittel der Steuerung. Es entsteht Vertrauen auf allen Seiten bzw. nach oben und nach unten, die Teams sind aufgestellt, und der Wandel wandelt sich vom Workshop- zum Tagesthema. Die Organisation ist endgültig im Aufmerksamkeitsmodus. Mehr und mehr passiert das Wichtige zwischen und nicht nur in den speziellen Projektveranstaltungen („Organisations-Dynamik" entsteht). Die Veränderungsarbeit verlagert sich in die Organisation. Die Projektplanung ist weitgehend abgeschlossen, der Rahmen gegeben.

4.2.5   WER IST DABEI?

In dieser Phase der Nominierung sind praktisch alle für das Change-Projekt betroffenen Organisationseinheiten aktiv. Im Einzelnen:

- Alle betroffenen Mitarbeitenden und Kader der Linie
- Das U-Team
- Die Auftraggeber

4.3   DIE STARTKONFERENZ: INFORMATION UND NOMINIERUNG INTEGRIERT (VAR. B)

In diesem Einschub ist eine Startkonferenz beschrieben, bei der Projektinformation, Nominierung der Teammitglieder und Projekt Kick-off in ein Meeting integriert werden (Variante B)

4.3.1   UM WAS GEHT ES?

Wenn wir es mit der Veränderung einer Organisation zu tun haben, die räumlich weit verteilt ist (d.h. über einen Standort hinaus geht), ggf. international/global aufgestellt ist, müssen wir für ein Minimum an persönlichen Begegnungsmöglichkeiten zwischen den Protagonisten sorgen, damit im nächsten Schritt die eigenständige Vernetzung in Gang kommen kann und sich die entsprechenden Dynamiken entfalten. Das macht es erforderlich, Schritt 3 „Mobilisierung" (Informationsworkshops und Nominierung) und den Teilschritt „Kick-off" aus Schritt 4 „Durchbruch" (s.u.) in einer Großgruppenkonferenz zusammenzufassen (Mobilisierungsvariante B). Dasselbe Vorgehen empfiehlt sich bei Mergers. In diesem zweiten Fall sollen sich im folgenden Schritt ja Gruppierungen aus unterschiedlichen Unternehmungen miteinander vernetzen. Wenn vorher die Menschen in einer großen Veranstaltung schon Gelegenheit hatten, sich persönlich kennen zu lernen, gelingt dies natürlich viel leichter; gar nicht zu sprechen von der Erfahrung, den Merger direkt als persönliche Begegnung aller (oder eines großen Teils der Betroffenen) und fokussiert in einem Ereignis erleben zu können.

4.3.2   ZIELE

Am Ende der Startveranstaltung soll folgendes erreicht sein:
- Die Teilnehmer haben Gründe und Ziele des Projektes verstanden und sind vom Sinn des Unterfangens überzeugt.
- Alle kennen ihre Rolle und Aufträge im Projekt und die Besonderheiten des Change-Verfahrens.
- Die POTs und die anderen Arbeitsgruppen haben sich als gesamtes Netzwerk und als Einzelteams konstituiert und sind arbeitsfähig geworden.

Das Programm gestaltet sich im Überblick wie folgt (s. **Abbildung C.13**):

A)   Information zu NxVxV (s. **Kasten C.1**) und Verarbeitung

    1.   Information zum Projekt mit dem Schwerpunkt auf der Not-Wendigkeit und der Vision

    2.   Verarbeitung

    3.   Information zum Verfahren: WaVe und Leitplanken/Teamaufträge

    4.   Verarbeitung

B)   Nominierung der Teams

C)   Konstituierung der Teams und Auftragsklärung (s. Kap. C.5.1)

AGENDA Startkonferenz	
1. Begrüßung – Einführung	08.30 Präsentation
2. Kennenlernen und erster Ideenaustausch an den Tischen	Gruppenarbeiten Plenum
3. Orientierung: „Brücke" – WARUM?	Kurzpräsentation
Kaffeepause	ca. 10.30
4. Verarbeitung in den Tischgruppen	Gruppenarbeiten Plenum
5. Das Verfahren: „Brücke" – WIE? Vorgehen – Leitplanken – Teamaufgaben	Kurzpräsentation
Mittagspause	ca. 13.00 bis 14.00
6. Verarbeitung in den Tischgruppen: Verständnisfragen und erste Klärung	Gruppenarbeiten mit Betreuung
Kaffeepause	
7. Nominierung der POTs	Gruppenarbeiten mit Betreuung
8. Auftragsklärung für die POTs und Rollen- und Erwartungsklärung für alle	Gruppenarbeiten mit Betreuung
9. Abschluss	Plenum ca. 19.00
Gemeinsames Abendessen	ca. 20.00 bis 22.30

Abbildung C.13 Beispiel einer Startveranstaltungs-Agenda, in der Information, Nominierung und Projektstart in einer Großgruppenveranstaltung integriert sind

Die Methodik: Grundsätzlich läuft das Treffen gemäß den Regeln einer Großgruppenkonferenz ab, wie es dem „Stand der Kunst" entspricht (das Gleiche gilt für das Town-Meeting, s.u.): Teilnehmer sind an Rundtischen platziert, Tischmischungen richten sich nach den jeweiligen Erfordernissen (Durchmischung vs. Homogenität), der Ablauf ist durch den Rhythmus von kurzen Input- und Verarbeitungsphasen in den Kleingruppen geprägt, es werden unterschiedliche Diskussions-/Informationsmethoden eingesetzt (Präsentationen zentral und dezentral, Informationsmarkt, parallele und thementeilige Arbeit, usw.), für Instrumentierung (z.B. mit Arbeitsblättern) ist gesorgt, professionelle Ausstattung mit Beamern, Pinnwänden und Flipcharts einschl. Moderationsmaterial usw. ist sichergestellt.

Dritter Schritt: Mobilisierung

5.1   DER KICK-OFF: DIE NETZWERKARBEIT STARTEN

5.1.1   UM WAS GEHT ES?

Obwohl im „organisationalen Bewusstsein" der Wandel bereits begonnen hat, beginnt jetzt die eigentliche Bearbeitung der einzelnen Baustellen und damit das Herzstück von WaVe. Ein Kick-off-Workshop aller Teams/der gesamten Projektorganisation setzt die Projektarbeit in Gang: Mit ihm beginnt der Austausch zwischen den Projektteams und Auftraggebern und U-Team. Außerdem beginnt die Auseinandersetzung in den Teams (Gruppendynamik) und zwischen ihnen (Netzwerk-Dynamik). Hier wird der Grundstein für die Projektidentität gelegt. Alle, die aktive Rollen übernehmen, lernen das Projektsystem in diesem Präsenz-meeting durch direktes Erleben kennen.

5.1.2   ZIELE:

Wie in jedem Projekt ist der Kick-off ein entscheidendes Ereignis, um die Teams über das Projekt und die Erwartungen zu orientieren, und sie arbeitsfähig zu machen (s. **Abbildung C.14**):

- Ein gemeinsames Aufgabenverständnis ist erreicht.
- Die Vernetzung innerhalb der und zwischen den Teams wird erlebbar.
- Das Vertrauen zwischen Topmanagement und Projektbearbeitungs-Teams ist offensichtlich.
- Der Unterschied bzw. die Grenze zwischen der Projektwelt (Welt II) zur Linienwelt (Welt I) ist markiert.
- Die Basis für eine Projektidentität ist gelegt.
- Die Teams verfügen über die Sicherheit, ihre Arbeit zu beginnen.

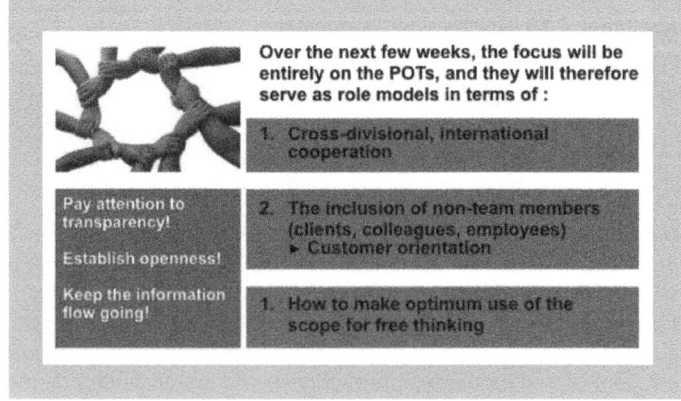

Abbildung C.14 *Leitplankenauszug 10: Erwartungen an die nun startende Teamarbeit*

Im allgemeinen reicht ein interaktiver Großgruppen-Workshop von einem halben Tag; denn jede Gruppe führt danach für sich selber das erste eigene selbständige Teamtreffen als Gründungs-/Startklausur durch.

DAS PROGRAMM

Die Kick-off-Veranstaltung orientiert sich an den folgenden Punkten:

- Gegenseitiges Kennenlernen innerhalb der Gruppen und zwischen den Gruppen; d.h. auch zwischen den POTs und dem U-Team und gegebenenfalls auch der Startallianz.
- Klärung der Aufträge, des Verfahrens und der Rollen.
- In Gang setzen der Teamarbeit und Treffen der erforderlichen operativen Entscheidungen.

DER ABLAUF

Der Ablauf entspricht wiederum dem 3-Step-Verfahren

1. Information
2. Auseinandersetzung
3. Klärung

1. **Information:** erfolgt in der Großgruppe als zentrierte Kommunikation:

- Wir organisieren zum Einstieg Vorstellungsrunden an den Tischen, an denen die Teams platziert sind.
- Es folgt in einem Informationsblock die Darlegung von Not-Wendigkeit und Vision durch das Management bzw. durch die Startallianz.
- Daraufhin werden die inhaltlichen und Verfahrensteile der Leitplanken (Projektaufträge und -Regeln) durch das U-Team präsentiert.

2. **Auseinandersetzung:** findet je in den Kleingruppen statt als vernetzte Kommunikation. Die Teams haben nun Zeit, sich nochmal zu dem Gehörten auseinander zu setzen. Das kann in drei Schritten geschehen:

- In einem ersten Durchgang diskutieren sie alleine die sachlich-inhaltlichen Aspekte der Aufträge.
- In einem zweiten Schritt stößt jeweils ein Vertreter des U-Teams dazu und klärt gesammelte Fragen.
- Schließlich befassen sich die Gruppen wieder selbständig mit dem Verfahren: Regeln, Termine, Vorgehen, organisatorische Klärungen, gegenseitige Erwartungen zwischen Bearbeitungsteams, Unterstützungsteam und Beratern. Sie leiten damit eine Diskussion ein, die sie vertieft erst in ihrer je eigenen Teamklausur, mit der sie ihre Arbeit beginnen werden, führen können. Hier geht es also eigentlich erst um eine Art Themensammlung für dieses Treffen:
  - Arbeitsweise: 2 Tage pro Woche – wenigstens ein ganzer Tag pro Sitzung)
  - Vereinbarung von Spielregeln (z.B. Moderation, Entscheidungsprozess, Reflektion der Zusammenarbeit usw.)
  - Vernetzung mit den andern Teams, dem Unterstützungsteam, den Heimathäfen
  - Einigung auf die Anwendung von Projektmanagement-Instrumenten (z.B. Aufwand- und Terminplanung)

— Anwendung von Darstellungstechniken

3. Klärung: wird wiederum in der Großgruppe als zentrierte Kommunikation durchgeführt. Dabei können die Informationen in verschiedensten Formen zusammengeführt werden. Die einfachste ist, dass jeder Tisch eine begrenzte (vorher festgelegte) Zahl an Ergebnissen vorstellt: Feststellungen/Kommentare – geklärte Fragen und Erkenntnisse und schließlich etwaige noch offene Punkte. Wichtige Punkte, die nicht im Plenum geklärt werden können, werden in einen Themenspeicher zuhanden des U-Teams aufgenommen. Und schließlich endet das Treffen mit einer Reflexionsrunde.

5.1.4 WER IST DABEI?

Teilnehmer sind

- die nominierten Projektgruppen,
- das Unterstützungsteam sowie
- die Auftraggeber.

5.1.5 WAS IST DANACH ANDERS?

Das Management hat losgelassen, das Projekt nimmt nun seinen eigengesetzlichen Lauf:

- Die Netzwerkarbeit beginnt selbstgesteuert zu laufen, Energie ist freigesetzt.
- Jetzt aber ist die Atmosphäre verglichen mit den Info-Workshops gemischt, da von einiger Spannung gekennzeichnet: Besonders die zu Verfügung stehende Zeitspanne von jetzt bis zum terminierten Town-Meeting wird als kurz und damit als fordernd wahrgenommen.
- Die Freude gestalten zu können hält sich mit der Last der Verantwortung die Waage: Jetzt wird kritisch hinterfragt und auch gefordert.
- Etwas Neues hat begonnen: Eine „Arbeitsaufführung" ist eröffnet, die Welt II steht der Welt I gegenüber.

5.2 PROJEKTARBEIT IM NETZWERK: DIE NEUERUNGEN GESTALTEN LASSEN

5.2.1 UM WAS GEHT ES?

Die Projektarbeit selber braucht im Allgemeinen nur die Hälfte der Vorbereitungszeit (Schritte 1 bis 3). Bei guter Planung reichen acht bis zwölf Wochen. Das ist für alle Aktiven eine große Herausforderung. Da der Zeitraum überschaubar ist, lässt sich aber auch die nötige Spannung halten und eine Überforderung der Organisation wird vermieden. In diesem Schritt wird das WaVe-Prinzip, das sich im Projektorganigramm unmissverständlich wiederspiegelt (s. **Abbildung C.15**), voll erlebbar:

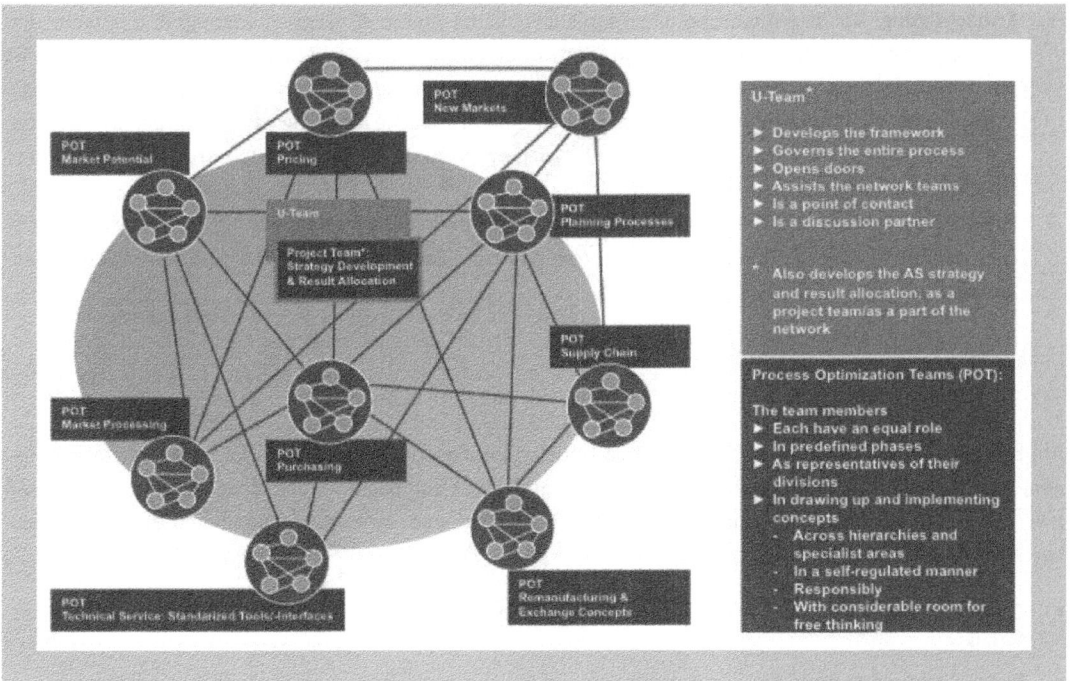

Abbildung C.15 *Leitplankenauszug 11: die Netzwerkarbeit*

1. **Selbst-Steuerung**: Die Projektakteure arbeiten in Teams zusammen, die sich selber steuern. Es werden keine Teamleiter vorweg und von außen (oben) bestimmt. D.h. die Aktiven müssen ihre Rollenverteilung selber aushandeln und ebenso erarbeiten, wie sie zu soliden Entscheidungen kommen wollen.
2. **„Mikrokosmos-Prinzip"**: Diese Teams sind funktions- und hierarchieübergreifend zusammengesetzt (unter Vermeidung direkter Unterstellungsverhältnisse). Sie umfassen alle Disziplinen, die zur Lösungserarbeitung erforderlich sind und alle Gruppierungen im Unternehmen, von denen die Akzeptanz abhängt. Sie bilden also im Idealfall die relevanten Unternehmensbereiche im Kleinen ab.
3. **Selbst-Organisation**: Auch die Gesamtheit der Teams organisiert sich selber. Es gibt keine zentrale Projektführung im herkömmlichen Sinne. Stattdessen steht ein Unterstützungsteam (U-Team) zur Verfügung. Es steht im Bedarfsfall mit Rat und Tat zur Seite und hat die Vorarbeiten geleistet, die erforderlich sind, um ein Netzwerk von Teams auf den Weg zu schicken. Dazu gehören Regeln für diese Art sich zu organisieren und ein Orientierungsrahmen für die Sacharbeit.
4. **Vernetzung**: Die Gruppen haben damit eigenständig für die Kompatibilität ihrer Ergebnisse untereinander zu sorgen. Keine übergeordnete Projektinstanz nimmt ihnen die Koordinationsaufgabe ab. Sie sind also gezwungen, mit dem projektinternen Umfeld jederzeit Kontakt zu halten. Das gilt auch für das Projektumfeld im Unternehmen. Als Folge der Projektanlage heißt es also, die Abstimmung mit der Linien-Organisation in Eigenregie sicher zu stellen.
5. **Repräsentativität**: Die Protagonisten (Team-Mitglieder) wurden durch die Belegschaft ausgesucht und in die Teams entsandt, statt vom Management bestimmt zu werden. Diese sind somit echte und engagierte Repräsentanten ihres „Heimathafens".

6. **Ermächtigung**: Vor allem werden alle Teams jeweils mit einem strategisch wichtigen, d.h. weit- und tiefgehenden Gestaltungsauftrag betraut, der mit einem Umsetzungsversprechen der Führung (sie ist damit zwangsläufig im Boot) glaubhaft gemacht ist. Die Aufträge sind also durch große Gestaltungsfreiheit einerseits, andererseits aber auch durch eine erhebliche Verantwortungslast gekennzeichnet. Auf diese Strategie der Entlastung der Spitze durch breite Aktivierung von Ressourcen in der Mitarbeiterschaft läuft letztlich alles hinaus.

7. **Leitplanken-Prinzip**: Das Ganze wird in Gang gebracht und zusammengehalten, indem diese Orientierungspunkte (1 bis 6) in den Leitplanken (Projektauftrag) explizit gemacht und dem jeweiligen Fall angepasst definiert werden.

5.2.2 ZIELE:

Am Ende der Optimierungsphase, also der Konzepterarbeitung, sollen nicht nur inhaltliche Resultate vorliegen, vielmehr soll auch der Nachweis erbracht sein, dass es zur bestehenden Arbeitskultur Alternativen gibt, die nicht nur effektiver, sondern auch zukunftsweisend sind. Demensprechend sind die Ziele formuliert:

- Qualitativ höchstwertige, abgestimmte und verzahnte Ergebnisse sind in kurzer Zeit umsetzungsreif erarbeitet.
- Bisher verborgene Problemlösungspotentiale (inhaltlich + sozial/zwischenmenschlich) sind genutzt.
- Ein Beispiel für einen organisatorisch-kulturellen Rahmen, der zu Höchstleistungen führt, ist gegeben.
- Ein Modell für Steuerung komplexer Vorhaben bzw. für grundlegenden und nachhaltigen Wandel ist etabliert.

5.2.3 WIE GEHEN WIR VOR?

Die Vorgehensweisen bestimmen nun die Teams selber. Was aber entscheidend ist: den Projektakteuren müssen die entsprechenden zeitlichen Ressourcen zugestanden werden, sie müssen auf die nötige Unterstützung zählen können und über Infrastruktur und Instrumente verfügen, und es muss auf allen Ebenen auf die Einhaltung der Spielregeln geachtet werden.

- Die Teams planen mindestens zwei Tage pro Woche für ihre Projektarbeit ein (wenigstens jeweils ein ganzer Tag pro Sitzung).
- Es erleichtert die Vernetzung, wenn das Projekt örtlich begrenzt ist, z.B. auf einen Standort. Dann bietet es sich an, den Teams feste Sitzungsräume zur Verfügung zu stellen, die idealerweise auch noch nahe beieinander liegen
- Sie brauchen den engen Austausch mit den nicht direkt Beteiligten, damit dort die Bereitschaft entsteht, die entstehenden Lücken zu füllen. Das gelingt nur bei höchster Transparenz der Projektarbeit.
- Es liegt im Interesse der Gruppen, mit den anderen Teams und dem U-Team Kontakt zu halten; denn es gilt die Regel: Keine Überraschungen! Außerdem haben die Gruppen für den inhaltlichen „Fit" zu sorgen.
- Hilfreich ist eine gemeinsame Intranet-Plattform, die für alle Projektbeteiligte zugänglich ist und wo die Gruppen ihre Dokumente ablegen können: Projektpläne, Zwischenergebnisse, Entscheide, Agendas für die kommenden Sitzungen, Stimmungsbarometer, Fragen, Nahtstellenthemen mit anderen Teams.

- Die Teams sollten wenigstens dreimal Beratungsunterstützung in Anspruch nehmen:
  1. Zur Startklausur,
  2. zu einem Reflexionsmeeting und
  3. zur Vorbereitung auf das Town-Meeting.
- Bei Problemen oder Konflikten können sie jederzeit auf Unterstützung zählen.
- Falls notwendig, können die Teams auch Fachberatung beanspruchen, sei es durch interne Spezialisten oder externe Fachberater.

DIE DYNAMIK

Im Allgemeinen ist der Beginn aus Sicht des U-Teams schwierig: Es ist die Phase, in der wenig zu spüren ist, in der kaum Informationen fließen, in der sich keinerlei Interventionsansatz bietet. Das kommt einfach daher, dass die Teams mit sich selber beschäftigt sind. Sie müssen sich als Gruppe finden, ihre Zusammenarbeit auf die Beine stellen und den methodisch angemessenen Weg finden. Jetzt heißt es für diejenigen, die in Welt I Führungsverantwortung haben, dieses Nicht-kontrollieren-können auszuhalten.

Nach ca. zwei Wochen aber gilt es für das U-Team und für die begleitenden Berater, nach Signalen Umschau zu halten und „die Nase in den Wind zu halten": Was tut sich auf der Intranet Plattform? Entsteht dort etwas? Wird das Instrument genutzt? Wenn ja, wie? In welche Richtung gehen die Überlegungen der Teams? Welchen Eindruck machen die Dokumente? Tiefgang? Sorgfalt? Engagement? ... Was sagt der Flurfunk? Welchen Eindruck machen die Teammitglieder, wenn sie aus den POT-Sitzungen zurück in die Linie kommen? Wird aktiv kommuniziert? Oder muss nachgehakt werden?

Meist bestätigt sich empirisch, was systemtheoretisch voraus zu sehen war: Wenn es irgendwo, bei irgendeinem Team nicht „richtig laufen" sollte, hat das nahezu immer etwas mit der Auffassung vom Wandel (Stichwort „SPSS" bzw. „Wichtigkeit" der Themen, Prinzip 1, und Stichwort „Ausfüllen von Gestaltungsspielräumen", Prinzip 2) zu tun. Wohlgemerkt: Wir sprechen von der Ausnahme und nicht von der Regel. Meistens geht es dann darum, dass die eigenen Möglichkeiten nicht verstanden wurden, dass nicht erkannt wird, wie ernst die eigene Arbeit zu sehen ist und welches Ausmaß an Verantwortung dem Team zugemutet und anvertraut wird. In solchen Fällen haben wir es mit einer Haltung der Sachbearbeitung und Abarbeitung eines Auftrages und nicht mit einer der Gestaltung zu tun. Die Gruppe ist nicht in der Lage, die Freiheit gegen die Abhängigkeit einzutauschen. Drei Gründe kann das haben: 1. Das Team hat Angst vor der Verantwortung. 2. Das Team hat Angst vor Normüberschreitung (Welt I) und Konflikten. 3. Das Team glaubt nicht an den Ernst (s. Prinzip 1 - 3) des Vorhabens. In kleineren Organisationen ist immer auch darauf zu achten, ob das benötigte Know-how tatsächlich verfügbar ist. Hier muss genauso bei den vorgenannten Einstellungsproblemen interveniert werden (s.u.).

Die Atmosphäre stellt den entscheidenden Kontext für die Beurteilung von Fragen aus den Teams dar, besonders aber für Kritiken und auch Forderungen, die geäußert werden. Klassisch ist z.B. die Aufforderung, klarere strategische Vorgaben zu liefern. Wird hier das U-Team tatsächlich „sportlich" gefordert oder handelt es sich eher um eine Defensivtaktik der Rückdelegation, eines Weges des geringsten Widerstandes u.ä.? Ein „gesundes" Miteinander zwischen U-Team und Arbeitsteams ist immer durch ein gegenseitiges Austesten gekennzeichnet. Das U-Team fragt sich: Sind die Investitionen erforderlich oder handelt es sich nur um einen Mangel an Ehrgeiz, kreativere Lösungen zu finden? Haben wir tatsächlich noch strategische Hausaufgaben zu erledigen oder will man sich einfach der Last der Verantwortung entledigen? Die Teams fragen sich: Meinen die es tatsächlich ernst mit unseren Gestaltungsmöglichkeiten? Können wir hier tatsächlich einen offenen Austausch miteinander pflegen? Können wir vertrauen? Unterstützt das Unterstützungsteam und stärken uns die Paten den Rücken?

Spätestens ab der zweiten Woche gewinnt das Geschehen zunehmend Profil: Die Kommunikationsaktivitäten zeigen sehr klar, wo die Reise hingeht. Da die Projektanlage zur gegenseitigen Beobachtung der Einzel- und Gruppenakteure zwingt, sind die Teams unterschiedlichsten Einflüssen ausgesetzt, die insgesamt als Steuerungsimpulse wirken.

- Auf der Interaktionsebene der Gruppendynamik geht es u.a. um folgende Fragen: Wer bringt was an Fähigkeiten mit – inhaltlich, menschlich-kommunikativ, methodisch? Wie hängen diese mit den Herkünften zusammen – ausbildungs-, hierarchie-, alters-, geschlechts-, senioritätsbezogen? Was kann jeder wie einbringen? Was kann sich jeder erlauben? Wie verwirklichen? Welche Chancen bieten sich persönlich? Wie viel will und muss man für die Gruppe leisten? Wer muss wo und wann Führung beanspruchen? Wie viel kann und muss jeder den anderen zugestehen? Wie viel Politik spielt mit? Usw. Noch viel mehr wird und muss ausgehandelt werden. Es geht um ein komplexes Geschehen und einen intensiven Lernprozess.
- Das bedeutet für das Zwischengruppengeschehen bzw. die Projektdynamik: Wo stehen die anderen? Wie gehen sie vor? Auf welchem Niveau arbeiten die? Welche Lösungen methodisch, kommunikativ und inhaltlich entstehen dort? Wie bleiben wir in Kontakt? Wie tauschen wir uns aus? Was brauchen wir von wem? Wer braucht was von uns?
- In die Organisation hinein spielen folgende Fragen eine Rolle: Wie können wir Resultate verstehbar machen? Wie können wir wichtige Stakeholder erreichen? Wie kommen wir an das nötige Wissen? Wie gehen wir mit unbequemen Wahrheiten um? Wie sehen unsere Gegenleistungen für die Unterstützung während unserer Abwesenheit aus?

Im letzten Drittel des Netzwerkens steigt das Energie-Niveau noch einmal spürbar. Jetzt werden Forderungen laut, den Town-Meeting-Ablauf genauer bekannt zu geben.

INTERVENTIONEN

Die Information zum Town-Meeting wirkt als mächtige Intervention. Sie löst Proteste und hohe Spannung aus. Anlass ist die Verteilung der Zeitbudgets auf dieser meist nur eintägigen Großveranstaltung:

- Außer einem 5-minütigen Plenarauftritt jedes Teams als „Teaser", um auf den eigenen Informationsstand aufmerksam zu machen, gibt es eben nur 45 Minuten auf dem Informations-Markt für jeden Teilnehmer, um sich mit den inhaltlichen Ergebnissen selbstverantwortlich bzw. selbstgesteuert vertraut zu machen. Am Nachmittag dagegen sind für jedes Team plenar jeweils ca. 15 bis 20 Minuten vorgesehen, um über die eigenen Lernerfahrungen zu berichten; und zwar in einer selbst zu wählenden Form.
- Die Begründung ist wichtig: Auf dem Großworkshop soll stattfinden, was nur auf einem derartigen Präsenz-Meeting geschehen kann – authentischer Erfahrungsaustausch bzgl. Selbstorganisation und Erleben des Projektgeistes („Spirit") als Kern einer Innovationskultur. Dagegen: Erschöpfender inhaltlicher Austausch kann in dieser Form sowieso nicht organisiert werden. Eine derartige Großgruppenkonferenz lässt nur eine finale Würdigung zu.

- Verstehen der Resultate, Akzeptieren der Konsequenzen, Kennen der Gründe – alles das kann nur dezentral durch Vernetzung im Vorfeld sichergestellt werden. Wer es von den Projektaktiven bisher nicht richtig ernst genommen haben sollte – spätestens jetzt wird jedem klar, dass Kommunikation und Vernetzung einen zentralen Erfolgsfaktor darstellen und gleichberechtigt neben fachlicher Brillanz stehen.

Im Allgemeinen reagiert das U-Team auf Anfragen der Teams. Im Jour fixe wird besprochen, wie vorzugehen ist. In vielen Projekten hat sich eine Patenlösung bewährt. Wenn die Teams wissen, wer im U-Team ihr Ansprechpartner ist, wird die Abstimmung leichter.

Daraufhin muss möglicherweise ein Gruppenbesuch durch die Paten erfolgen. Bewährt hat sich, im Zweierteam mit den Gruppen zu arbeiten. Der Impuls hierzu kann selbstverständlich auch vom U-Team ausgehen. Dann erfolgt der Besuch bei den Teams nach Anmeldung in deren Sitzungsraum.

Behandelt werden Fragen bzgl. des eingeschlagenen Kurses: Stimmt die Richtung? Methodik in Ordnung? Tiefgang angemessen? Zwischendurch geht es um Meilensteinentscheide: In diese oder die andere Richtung weiterarbeiten? Investitionsbedarf genehmigt? Mögliche Strukturauswirkungen akzeptabel? Fortschritt in Ordnung?

Bei diesen Gelegenheiten läuft eine Stimmungsdiagnose immer mit. Sie ist mindestens so wichtig wie die Sachfragen. Wenn das Paten-Duo zu den Teams kommt und vor Ort mit ihnen spricht, lässt sich die Stimmung für die Besucher ohne weiteres und sehr schnell einschätzen.

Krisen können dem Projekt immens helfen. Sollte beispielsweise in einem Team eine Blockade entstehen, stellt der Umgang mit ihr eine entscheidende Intervention dar. Wird die Situation als solche angenommen, d.h. hör- und sichtbar für das Projekt benannt und reagiert das U-Team auch beobachtbar darauf, dann markiert dies allein schon einen großen Unterschied. In Welt I herrscht im Allgemeinen eine Art „Erfolgskultur"; d.h. geredet wird über Erfolge, Schwierigkeiten werden im kleinen Kreis bearbeitet.

Bewährt hat sich daher z.B. die öffentliche U-Teamsitzung. Das U-Team kommt zusammen, um über den Sachverhalt zu beraten; d.h. primär sich über die eigenen Beobachtungen, Informationen, Fragen und auch Empfindungen auszutauschen. Dann bewertet es den Fall und bildet Hypothesen. Schließlich berät es über Schlussfolgerungen. Die Arbeitsteams (bzw. Vertreter) sind eingeladen, als stumme Zuhörer dabei zu sein. Wenn die U-Teamsitzung beendet ist, löst sich die Versammlung ohne Diskussion auf. Auf diese Weise macht sich das U-Team zum Teil des Gesamtsystems. Es stellt sich nicht darüber, sondern übernimmt und holt alle in die Verantwortung. Ein derart starkes Signal des Vertrauens in das gemeinsam gebildete Projektsystem, löst Erstarrungen und öffnet neue Wege.

Es stellt sich auch immer die Frage, ob fachlich-sachliche Unterstützung angebracht und hilfreich ist. Unproblematisch sind Methodik-Hilfen. Sie stellen sich schlimmstenfalls als überflüssig heraus, führen aber mindestens zu einer gewissen Standardisierung im Vorgehen der Teams. Fachliche Hilfe bei der Bewältigung der Aufgaben selber kann im einen oder anderen Fall zur Vermeidung von überflüssigen Umwegen und zu Beschleunigungseffekten führen. Damit heißt es aber vorsichtig und zwar im Sinne von Hilfe zur Selbsthilfe umzugehen, sonst machen schnell die Spezialisten die eigentliche Arbeit und das ganze Vorgehen wird in Frage gestellt.

Bei kleineren Unternehmen besteht eher die Möglichkeit, dass nicht alles erforderliche Fach-Know-how vorhanden ist. Natürlich ist es sinnvoll, in diesen Fällen nachzuhelfen. Wichtig ist aber: Nicht von vornherein und standardmäßig anbieten. Erst die Entwicklung abwarten: Wird Nachfrage geäußert? Oder: Sind

Lücken und irrige Ansätze tatsächlich erkennbar? Andernfalls werden Teams allzu leicht von ihrer Verantwortung entlastet und sie haben zu wenig Gelegenheit, mit der Aufgabe tatsächlich zu wachsen.

Grundsätzlich liegt der Interventionsschwerpunkt auf dem Entwicklungsprozess: Hauptziel ist die Stärkung der Selbststeuerung. Im Mittelpunkt steht daher die Ausbildung der Fähigkeit zur Selbstreflexion. Lernen die Teams, sich über ihr Zusammenspiel auszutauschen, sind sie in der Lage, die eigenen Potenziale zu nutzen? Damit landen wir bei der Kommunikation und bei der Fähigkeit zu Offenheit, Ehrlichkeit, Konfliktfähigkeit – und zwar ohne jeden moralischen Unterton. Es geht nüchtern darum, sich als Team/Interaktionssystem selber zum Gegenstand der Analyse und Weiterentwicklung zu machen, will man nicht wieder in alte Modelle der Fremdbestimmung zurückfallen.

Unterstützt wird dies durch entsprechende Instrumentierung: Ein Formular „Tagesrückblick" für jeden Einzelnen, ein weiteres Formular für die Gesamtgruppe und ein Bogen „Gruppenentwicklung", auf dem die Ergebnisse über die Zeit festgehalten werden. Es geht um drei Bewertungsdimensionen: Inhalt/Ergebnis, Vorgehen/Methodik, Klima/Zusammenarbeit.

5.2.4 WAS IST DANACH ANDERS?

Nach dieser Phase der Konzepterarbeitungen durch die Netzwerkteams ist Folgendes erreicht:
- Die Problemlösungen sind
  - erarbeitet,
  - kompatibel,
  - kommuniziert/bekannt,
  - akzeptiert und
  - präsentationsbereit.

- Eine Veränderungs-/Projektkultur (Meta-Kultur) ist entstanden,
- Eine Organisationsalternative ist erlebt und gelernt worden.

5.3 DAS VERNETZUNGSFORUM

5.3.1 UM WAS GEHT ES?

Das Vernetzungsforum stellt eine Intervention und einen Teilschritt von Schritt 4 „Durchbruch" zugleich dar. Wenn die Organisation, die verändert werden soll, räumlich weit verteilt ist – im Extremfall über Kontinente – müssen Räume (physische) für ein persönliches Zusammentreffen aller Projektbeteiligten geboten werden; denn es fehlt der „Resonanzboden" eines das Projekt umfassenden Stammhauses oder Standortes oder auch einer überschaubaren Region. In letzteren Fällen breitet sich das Kommunikationsgeschehen vollkommen selbsttätig in Form der drei Dynamiken aus. Bei länderübergreifenden Organisationen funktioniert das nicht mehr. Die elektronischen Medien können den persönlichen Kontakt zwischen Menschen nicht ganz ersetzen. Stehen für den Durchbruch z.B. drei Monate zur Verfügung, sind maximal drei derartige Treffen erforderlich (zwischen Kick-off/Startkonferenz und Town-Meeting). Dabei hat das Forum die folgenden zwei Funktionen:

- Das Forum als Teilschritt: Mit Vernetzungsforum bezeichnen wir ein Treffen, das einen Raum für gemeinsame Arbeit und direkten persönlichen Kontakt aller Aktiven bietet – mehr nicht.
- Das Forum als Intervention: Es ist von selbstgesteuerter Sach- und Kommunikationsarbeit der Teams geprägt und daher äußerst sparsam strukturiert. Geboten wird sozusagen eine Art Behälter, der aber leer ist, also nur Raum zur Entfaltung bietet. Insofern wirkt das Treffen selber als Intervention. Es macht einen Unterschied.

5.3.2 ZIELE

Bei diesem Event geht es wiederum um inhaltliche wie prozessuale bzw. kulturelle (Zwischen-)Ziele:

- Die Bearbeitung der Sachthemen ist um einen entscheidenden Schritt vorangekommen.
- Öffentlichkeit & Transparenz sind hergestellt: Es ist klar, wo jede Arbeitsgruppe steht, wie das vom U-Team und von Vertretern des firmeninternen Umfeldes gesehen wird.
- Fragen sind beantwortet, Schwierigkeiten geklärt.
- Die Projektidentität ist gestärkt: Der Geist der Welt II ist spürbar.

5.3.3 WIE GEHEN WIR VOR?

Auf der „Bühne" „Vernetzungsforum" wird entgegen herkömmlichen Erwartungen nichts geboten, sie wird vielmehr von den angereisten Projektteilnehmern selber „bespielt". Darauf zielt die ganze Anlage ab:

- Insgesamt stehen ca. zwei Tage zur Verfügung. Beginn der Arbeit in Eigenregie jeweils 08.30 Uhr, Ende ca. 19.00 Uhr, am zweiten Tag ca. 16.00 Uhr. Es sind eine Mittags- und jeweils eine Vormittags- und Nachmittagspause geplant.
- Arbeit in Eigenregie heißt: Auch die Abstimmung zwischen den Gruppen wird von diesen selbst geplant und durchgeführt (bei Bedarf kann, wie auch bei anderen Fragen Unterstützung vom Berater-Team angefordert werden).
- Die Organisation: Rundtische für jeweils ca. 9 Personen (einer also pro Team) stehen über den ganzen Raum verteilt und mit allen nötigen Arbeits- und Visualisierungsmöglichkeiten ausgestattet zur selbstgesteuerten Teamarbeit zur Verfügung. In Nachbarschaft zum Tagungssaal befinden sich weitere Arbeitsräume als Tagungsmöglichkeiten für Intergruppentreffen. Auf zwei Pinnwänden im Hauptsaal ist ein Raster visualisiert, in das sich die Gruppen für ihre übergreifenden Treffen eintragen können (Gruppen, Uhrzeiten, Örtlichkeiten). Überdies sind die Ziele des Treffens überall sichtbar. Es gibt auch Wandzeitungen mit der Möglichkeit, Fragen, Themen, Anmerkungen zu veröffentlichen.
- Am Mittag des zweiten Tages stoßen Gäste aus dem betroffenen firmeninternen Umfeld hinzu.
- Danach findet ein Informations-Markt statt: Die Teams stellen den Stand ihrer Arbeit an Pinnwänden, den Flipcharts und ggf. auch über Beamer dar (Info-Markt) und stehen den Besuchern ihrer Informationsstände – KollegInnen aus den anderen Teams, dem U-Team und Gästen – Rede und Antwort.
- Die Gäste, das U-Team und die Projektteams gegenseitig geben zum Abschluss Rückmeldung. Damit endet das Treffen.

5.3.4 WER IST DABEI?

An diesem Forum sind alle Projektakteure sowie Vertreter der relevanten Anspruchsgruppen aktiv dabei:
- Alle Projektteams
- U-Team
- Start-Allianz
- Belegschaftsvertreter
- Wichtige Stakeholder aus dem Umfeld (Vertreter Welt I)

5.3.5 WAS IST DANACH ANDERS?

- Das Projekt hat in einer Weise an Schwung aufgenommen, dass es unumkehrbar geworden ist: Die drei Dynamiken (Interaktionsdynamik, Netzwerkdynamik und Organisationsdynamik) sind im Gang/die Vernetzung ist etabliert.
- Das Projekt hat eine klare Identität als Welt II: Der Geist des Projektes ist spürbar, eine Projektkultur entfaltet sich (Regeln, Normen, Standards, Vision u. Ziele).
- Die bisherigen Arbeitsergebnisse zeigen, dass die Ziele bis zum Town-Meeting sicher erfüllt oder gar übererfüllt werden.

6 FÜNFTER SCHRITT: WÜRDIGUNG UND ÜBERFÜHRUNG

Der fünfte Schritt ist ein bedeutungsvoller Meilenstein. Dieser Meilenstein ist einerseits der Abschluss der Optimierungsphase, andererseits der Übergang zur Implementierung in die Organisation. Eigentlich sind die neuen Lösungen schon implementiert, denn deren Erarbeitung ist derart breit abgestützt und akzeptiert verlaufen, dass ein Zurück unsinnig wäre. Sie ist aber noch nicht physisch umgesetzt. An diesem Meilenstein, der ein großer Event sein soll, gilt es, die Lösungen der breiten Belegschaft zu zeigen und sie gleichzeitig zu reflektieren (s. **Abbildung C.16**).

Auch aus einem andern Grund ist dieser fünfte Schritt so bedeutungsvoll: schon vor dem eigentlichen Kick-off wurde dieser Termin eingeplant, und zwar als ganz besonderen Event, der dann derart auf die ganze Projektarbeit gewirkt hat, dass die volle Energie der Netzwerkteams mobilisiert wurde, und die Belegschaft auf die neue Projektkultur, die sie noch nie erlebt haben, gespannt war.

Als Form bietet sich die Form eines Town-Meetings an, wo die Bürger der Stadt zusammenkommen und über deren strategischen Geschäfte und Zukunft zu beraten. Und das soll auch hier möglich werden: die Lösungen werden nicht nur vorgestellt, sondern auch diskutiert und gewürdigt.

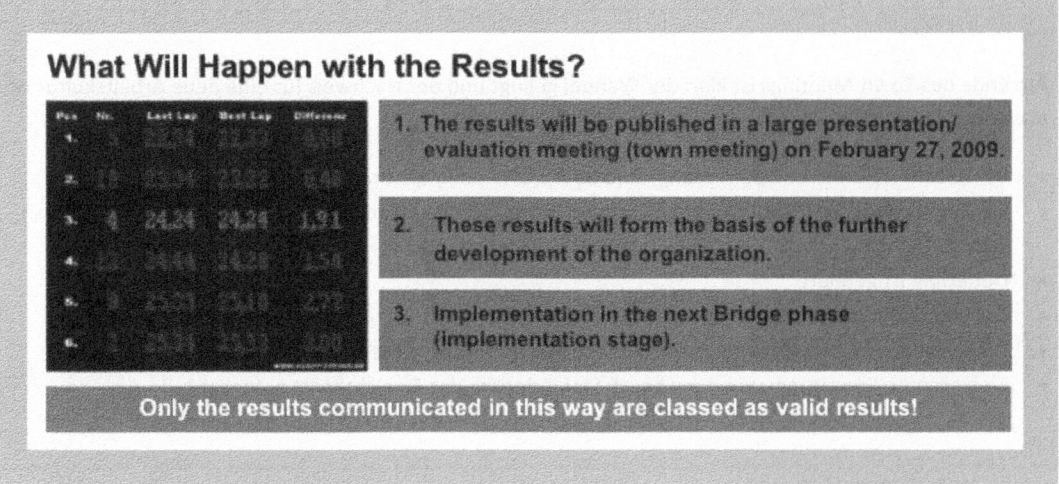

Abbildung C.16 *Leitplankenauszug 12: die Resultate als wichtiger Schritt für die darauffolgende Umsetzung*

6.1 TOWN-MEETING: VERSTÄNDNIS SICHERN UND DIE STABILISIERUNG EINLEITEN

6.1.1 UM WAS GEHT ES?

Auf dem Town-Meeting treffen für alle zeitgleich erlebbar Welt I und Welt II, Protagonisten und Publikum aufeinander. Hier realisiert sich in konkreter und ereignishafter Weise das Zusammenspiel aller, ohne das der Wandel nicht nachhaltig wirken kann. Erst mit diesem Ereignis vollenden die Protagonisten der Transformationsphase ihre Aufgabe. Die Form der Großgruppenkonferenz hat folgende Vorteile:

- Wenn alle, die es angeht, persönlich zusammenkommen, lassen sich die wichtigen Botschaften klar, überzeugend und authentisch übermitteln.
- Das Verfahren ist ökonomisch: Schon ein einziger Tag kann reichen, um mit Hunderten von Teilnehmern interaktiv zu arbeiten und sicherzustellen, dass das ganze betroffene System zur gleichen Zeit die gleiche Entwicklung durchläuft (kein Transferproblem).
- Auch und besonders die komplexen Inhalte, wie Akzeptanz- und Motivationsfragen im Unternehmen, werden für alle fassbar („Geist der Gruppe").
- Professionelle Gestaltung (z.B. mit 3-Step-Verfahren s. Kap. C.4.1.3 und NxVxV; s. **Kasten C.1,** aber auch mit andern, bekannten methodischen Verfahren für Großgruppenveranstaltungen) kann hier allen wichtigen Gruppierungen Stimmen verleihen.
- Der Erfolg einer solchen Veranstaltung ist programmiert, weil es hier nicht um Planungen und Ankündigungen geht, sondern weil erbrachte Leistungen im Mittelpunkt stehen.

6.1.2 ZIELE:

Am Ende des Town-Meetings ist klar: der Wandel gelingt und der Nachweis für eine neue Arbeitskultur ist erbracht:

- Die Arbeitsergebnisse (Optimierung) sind überprüft und in die Breite getragen
- Die Zusammenarbeit zwischen Publikum und Protagonisten ist gestärkt, das Rollenverständnis verankert
- Der Erfolg ist gefeiert
- Der Übergang zur Implementierung ist sichergestellt
- Die Konsequenz und Verlässlichkeit in der Leadership ist bewiesen
- Eine erneute Erwartungsspannung bezgl. Stabilisierung des Erreichten ist aufgebaut

6.1.3 WIE GEHEN WIR VOR?

Grundsätzlich läuft das Treffen gemäß den Regeln einer Großgruppenkonferenz in einem Saal ab, wie es dem „Stand der Kunst" entspricht: Teilnehmer sind an Rundtischen platziert, Tischmischungen richten sich nach den jeweiligen Erfordernissen (Durchmischung vs. Homogenität), der Ablauf ist durch den Rhythmus von kurzen Input- und Verarbeitungsphasen in den Kleingruppen geprägt, es werden unterschiedliche Diskussions-/Informationsmethoden eingesetzt (Präsentationen zentral und dezentral, Informationsmarkt, parallele und thementeilige Arbeit, usw.), für Instrumentierung (z.B. mit Arbeitsblättern) ist gesorgt, professionelle Ausstattung mit Beamern, Pinnwänden und Flipcharts einschl. Moderationsmaterial usw. ist sichergestellt.

PROGRAMM

1. Auseinandersetzung mit den Resultaten
2. Auswertung des Lernweges aller Beteiligten
3. Bekanntgabe von Entscheidungen (SPSS) und zum Vorgehen in der folgenden Stabilisierungsphase

ABLAUF

Die Agenda (s. **Abbildung C.17**) zeigt den Ablauf des Tages. Die einzelnen Schritte im Detail sind:

- Nach einer Eröffnungs- und Einführungsphase geben die Teams einen Kurzüberblick zu ihren Resultaten und zu ihrem jeweiligen Informations-Marktstand, der darauf folgend besucht werden kann.

- Der Hauptteil des Vormittages besteht aus dem Informationsmarkt: Die Teams haben Stände vorbereitet, die mit Teammitgliedern besetzt sind, die den Besuchern Fragen beantworten und Erläuterungen geben. Die Konferenzteilnehmer bewegen sich nach eigenem Gutdünken.

- Die erste Hälfte des Tages endet mit einer Verarbeitung in den Gruppen an den Tischen und mit einer Vergemeinschaftung der Resultate bzw. Bewertungen und Eindrücke des Publikums im Plenum.

- Der erste Teil des Nachmittags wird von den Teams bestritten: Sie stellen dar, wie sie den Ablauf erlebt und was sie gelernt haben. Je nach Zahl der Teams hat jede Gruppe bis zu 20 Minuten Zeit auf der Bühne. Dieser Rahmen inspiriert die Gruppen meist zu unterschiedlichsten Präsentationsformen und so wird der Geist des Projektes unmittelbar spürbar. Was sich im Laufe der letzten Wochen an Vernetzung und inhaltlicher Arbeit entwickelt hat, spiegelt sich, bewusst und unbewusst im Auftrittsstil der Protagonisten. Das Ergebnis ist eine dichte Aufbruchstimmung im Saal.

- Nach dem anschließenden Verarbeitungsschritt folgt die Bekanntmachung der Entscheidungen durch Startallianz/U-Team/Leitung bzgl. Strukturen, Verantwortlichkeiten, Investitionen, Strategie und bezgl. des weiteren Vorgehens in der Stabilisierungsphase.

- In die anschließende Klärungsrunde ist eine Evaluation des gesamten bisherigen Projektes (Transformationsphase) integriert; darauf folgt der Abschluss.

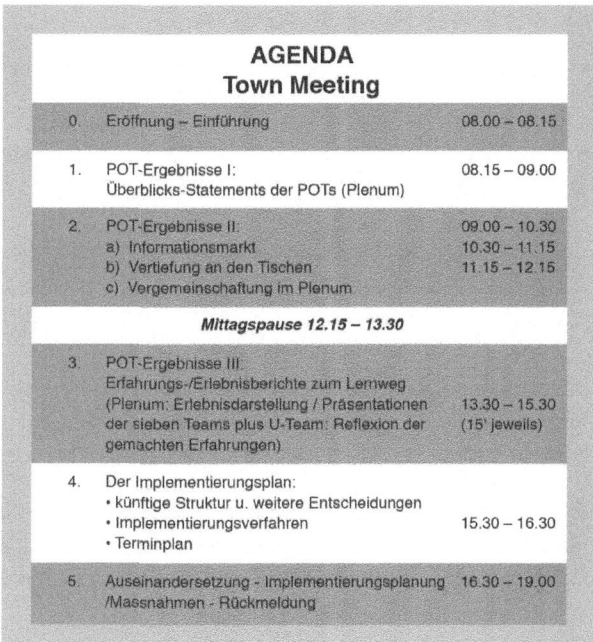

Abbildung C.17 *Beispiel einer Town-Meeting Agenda*

6.1.4 WER IST DABEI?

Der Kreis der Anwesenden ist hier nun wesentlich größer als bei der Informationsveranstaltung oder beim Projektstart. In größeren Firmen können es mehrere Hundert Personen sein:

- Alle Projektakteure: Bearbeitungsteams, U-Team, Auftraggeber

- Die Mitarbeiter der betroffenen Bereiche

- Arbeitnehmervertreter (Betriebsrat)

- Berater als Moderatoren

6.1.5 WAS IST DANACH ANDERS?

Das Town-Meeting ist ein für das Unternehmen ganz besonderes Erlebnis, das seine Spuren nachhaltig hinterlässt:

- Sicherheit und Orientierung bzgl. der Implementierung

- Einheitlicher Kenntnisstand aller über die neue Organisation/die Ergebnisse

- Eine neue Kultur der Zusammenarbeit ist „bewiesen"

- Vertrauen ins Management gestärkt

- Zusammenhang zwischen Rahmenbedingungen (Projekt-Steuerung, Projekt-Organisation, Projekt-Kultur) und Ergebnissen ist von allen verstanden

- Die Projekt-„Welt"/Projektorganisation ist verabschiedet und aufgelöst

7 DIE STABILISIERUNGSPHASE

Das Hauptmerkmal dieser Phase ist die Übereinstimmung im Vorgehen mit der vorausgegangenen Transformationsphase. Bestimmend bleiben die 5 Schritte auf der Basis der 12 Prinzipien, d.h. dem 2-Welten-Konzept, wobei allerdings einige Besonderheiten zu berücksichtigen sind (s. Kap. C.7.3)

Es geht einmal darum, die Konzepte umzusetzen und die Potenziale zu heben, wegen derer der Wandel vorangetrieben wird. Zum anderen heißt es – und das ist die Besonderheit der Stabilisierungsphase – auf den Erfahrungen aus der Optimierungsphase aufzusetzen und die Lerneffekte bezüglich des Managements von Veränderungsvorhaben (WaVe) zu sichern.

Trotz der Symmetrie der Phasen – oder gerade wegen ihr – gilt es typische Besonderheiten zu berücksichtigen.

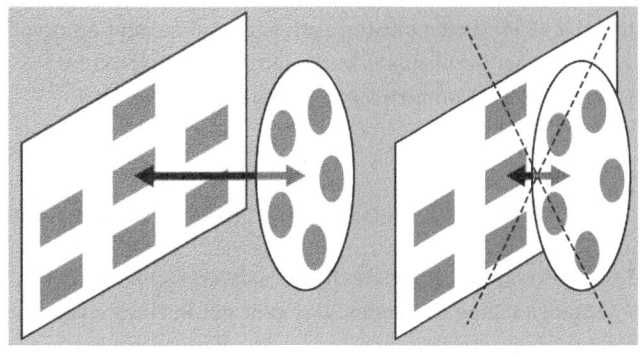

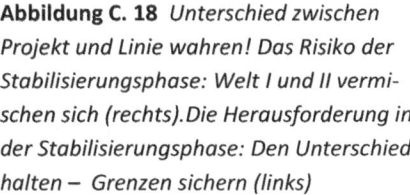

Abbildung C. 18 *Unterschied zwischen Projekt und Linie wahren! Das Risiko der Stabilisierungsphase: Welt I und II vermischen sich (rechts).Die Herausforderung in der Stabilisierungsphase: Den Unterschied halten – Grenzen sichern (links)*

Das ganze Vorhaben rückt näher ans tägliche Geschäft heran (s. **Abbildung C.18**) und bekommt eine wesentlich praktischere Färbung. Die Workshops antworten in ihren Abläufen auf die jeweilige Sachlage. Die Anfangsunsicherheiten des Projekts gehören der Vergangenheit an. WAS jetzt anliegt und getan werden muss ist allen klar (so scheint es)! Darin liegt ja gerade der Erfolg der Transformation. Auch das WIE scheint keine großen Rätsel aufzugeben. Man hat ja erlebt, wie es geht. Endlich ist wieder die Zeit der Macher angebrochen!

Damit drückt sich das wichtigste Risiko aus, von dem die Stabilisierung bedroht ist. Weil die Grundsatzfragen beantwortet sind – wie erreichen wir eine gemeinsam getragene Transformation?, wie sind wir in Zukunft aufgestellt?, was geschieht mit mir persönlich? – scheint ein außerordentliches Verfahren nicht mehr dringend erforderlich. Jetzt hat man wieder mit wohldefinierten Problemen zu tun. Die Prozesse sind beschrieben. Die Organisationsstrukturen entschieden. Damit sind die verbleibenden Aufgaben klar gestellt. Man sollte sie schnell lösen, um den Fokus wieder von sich selbst als Organisation auf den Kunden zurück zu verlagern.

Unstrittig ist, dass Teams für einen zweiten Durchgang nötig sind. Aber man stellt sich vor, das Ganze in Form des herkömmlichen Projektmanagements bewältigen zu können, denn es ist jetzt ja näher bei der Linie, d.h. die Projektorganisation ist jetzt „Linien- näher" zu gestalten:

- Die Zusammensetzung der PITs (Projekt-Implementierungs-Teams) soll sich nach der Zusammenarbeit in der neuen Organisation richten.
- Die Chefs dieser Einheiten wären dann auch die Leiter der PITs (!!!).
- Die PITs hätten für eine gewisse Zeit pro Woche den Hut der Implementierung auf, für den Rest, wenn sie ihre Linienfunktion erfüllen, den Hut eben dieser Funktion.

So könnte das tägliche Geschäft und die Implementierungsarbeit Hand in Hand besorgt werden und alles würde sich verzahnen und einschwingen (s. Abb. oben, rechte Seite). Das führt aber „auf's Glatteis"!

Denn diese Sicht drückt aus, wie sehr die Herausforderungen „Nachhaltigkeit" und „Kultur" unterschätzt werden. Der Veränderungsprozess hat zwar eine Art „Projekt-Geist" geweckt. Das ist die Keimzelle einer innovativen Unternehmenskultur, sicher aber noch nicht die Kultur der Zukunft selber. Jetzt braucht es

Die Stabilisierungsphase

Nachsorge. Die Haltung und die Einstellungen, von denen die Neuerungen getragen sind, müssen nicht nur erhalten, sondern noch mehr in die Organisation getragen werden. Die Sachlogik darf nicht die alleinige Regie übernehmen. Es geht um weit mehr als nur darum, die „Kuh vom Eis" zu bekommen. Mit anderen Worten: die 12 Prinzipien müssen auch in der Implementierungsphase voll eingehalten werden, sonst wird die Wirkung einer nachhaltigen Veränderung verwässert. Und vor allem ist das Projekt klar von der Linie abzugrenzen – keine Vermischung zwischen den zwei Welten!

7.2 DER UNTERSCHIED IM VORGEHEN – PITS UND ADRESSATEN

Es ist wichtig, den pragmatisch verkleideten technokratischen Tendenzen etwas entgegenhalten und eine Alternative bieten zu können. Das geht nur in Form eines klaren und gut begründeten Verfahrens. WaVe fordert für die Stabilisierungsphase eine klare Aufgabentrennung.

- Es braucht diejenigen, die in den neuen Prozessen und Strukturen ihre Funktion erfüllen.
- Es braucht andere, die von der Change- und der Konzept-Warte aus die Dinge verfolgen und weitertreiben.

Erstere sind die künftigen Anwender und sorgen dafür, dass die Funktionen und Aufgaben im neuen Rahmen erfüllt, die Leistungen auf Basis der neuen Prozesse erbracht und die Kunden bedient werden. Und sie fungieren als Multiplikatoren des Neuen im Geist des Neuen.

Letztere agieren als Garanten der Transformation, der zugrundeliegenden Ideen, des neuen Modus der Zusammenarbeit. Das sind die Prozess-Implementierungs-Teams, PITs.

Werden die beiden Perspektiven vermischt, versucht man also, dieselben Gruppierungen mit beidem zu betrauen, mit der Arbeit im (neuen) System wie mit der Arbeit am System (s.o. 12 Prinzipien) , überfordert man die Betroffenen und stiftet Verwirrung. Das ist so, als wolle man sich selber beim Denken zuschauen. Man fängt an, sich im Kreis zu drehen.

In der Stabilisierungsphase sorgen daher zwei unterschiedliche Gruppierungen für die Verankerung: Wir sprechen von PITs (Prozessimplementierungsteams, Nachfolger der POTs) als den Protagonisten im Projektnetzwerk und den Adressatengruppen als den Umsetzern im Publikum (s. **Abbildung C.19**).

Die Adressaten als Umsetzer und Anwender sind diejenigen,

- die künftig die Prozesse leben,
- die ihre bisherige Arbeit umstellen und an die neue Prozesslogik anpassen,
- die die eigentliche Verankerung der Veränderung betreiben und für die Nachhaltigkeit entscheidend sind und
- als solche die eigentlichen Adressaten der Ergebnisse aus der Transformationsarbeit sind.

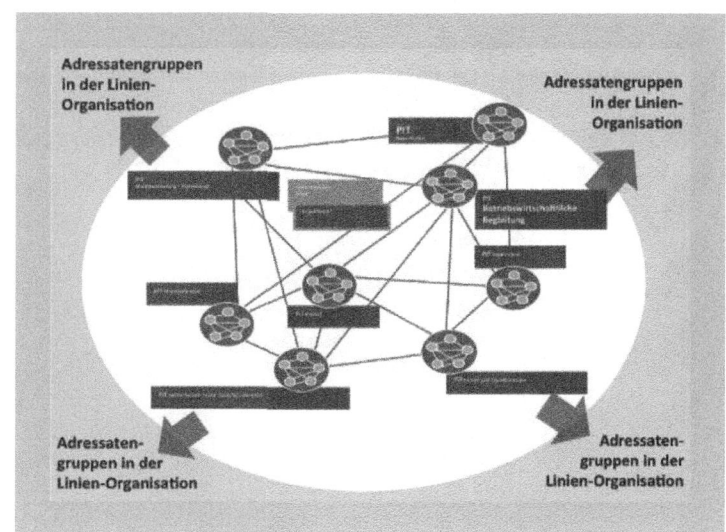

Abbildung C.19 *Auszug aus einer Originalpräsentation: Die Projekt-(2-Welten-)Logik in der Stabilisierungsphase. Das Vorgehen in der Stabilisierungsphase stimmt mit dem in der Transformationsphase überein. Das Neue: Die Adressatengruppen.*

Sie haben folgende drei Aufgaben zu erfüllen:

1. Erlernen der neuen Prozesse (POT-Ergebnisse) mit Unterstützung der PITs.
2. Vertiefen der Prozesse zusammen mit den PITs.
3. Umstellen der eigenen Routinen und Abläufe.

Die PITs als Treiber der Umsetzung sind diejenigen,

- die die POT-Ergebnisse kennen, verstanden oder entwickelt haben und
- die die erforderliche Informationsarbeit und
- Qualifikationsarbeit für die Adressaten leisten und/oder
- in Zusammenarbeit mit den Adressaten die Prozesse weiter ausarbeiten/vertiefen.

Sie haben also drei Aufgaben zu erfüllen:

1. Information und
2. Qualifikation der Adressaten und
3. Vertiefung der Prozesse mit den Adressaten

Mit dieser Aufgabenteilung lassen sich klare Grenzen ziehen und der Wandel bleibt in Form des Projekt-/Netzwerks sicht- und greifbar (s. **Abbildung C.20**). Das Netzwerk hat vor allem die Funktion, die PITs zu stützen und zu ihrer Aufgabe zu befähigen. Es dient ihnen daher in Form

- eines gemeinsamen Forums (Netzwerktreffen)
    - zum Austausch,
    - zur Fortschrittsverfolgung,
    - zur Evaluation,
    - zur Erleichterung von Koordination und Zusammenarbeit;
- einer Stelle (U-Team),
    - die im Bedarfsfall Orientierung gibt,

- die unterstützt, wenn die PITs in die „Hoheitsgebiete" der Linieneinheiten eingreifen,
- die im Konfliktfall als Eskalationsstufe dient;
- eines gemeinsamen Daches (Projekt, nach außen und innen sichtbar und benannt),
  - das genügend starke Legitimation zum Handeln schafft,
  - das den strategischen Rahmen darstellt und
  - damit die Sinnhaftigkeit der Einzelprojekte sichert.

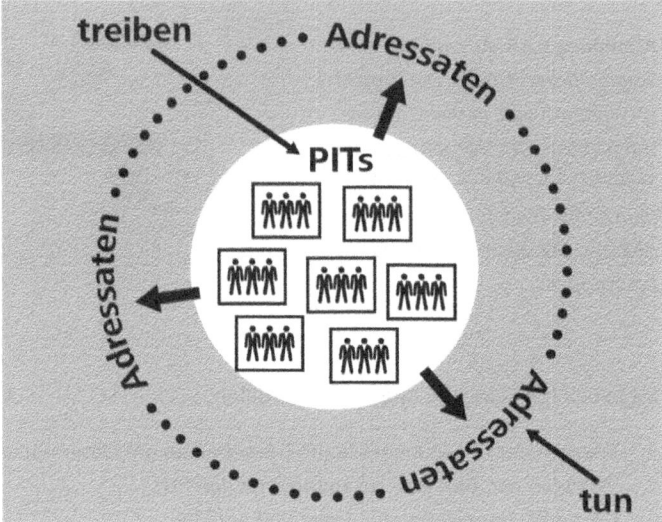

Abbildung C.20 *Aufgabenteilung in der Stabilisierungsphase: Die PITs (innen, als Teil des Netzwerks-) treiben die Entwicklung und die Adressaten (außen in der Linienorganisation) setzen um („tun").*

7.3 BESONDERHEITEN

Das Change-Vorhaben in der Stabilisierungsphase ist insgesamt viel voraussetzungsvoller als zu Beginn. Die Besonderheiten des jeweiligen Unternehmens, der Situation, der Branche, des Veränderungsgegenstandes – all das schlägt jetzt viel mehr durch. Das ist der Grund, warum wir von einer ähnlich detaillierten Schrittbeschreibung wie für die erste Phase absehen müssen. Jetzt geht es ja darum, das tägliche Geschäft nach dem neuen Muster tatsächlich praktisch auszurichten, es in neuen Kooperationszusammenhängen abzuwickeln, bis es sich eingeschwungen hat. Wir haben es mit einem sehr unternehmens-, branchen- und situationsabhängigen Geschehen zu tun. Die Themen-Felder sind dabei vor allem:

- Organisationsstrukturen, d.h. Funktionen, Stellen, Positionen, Zuschnitt der Verantwortungsbereiche,
- Personalumstellungen und HR-Fragen generell,
- IT-Fragen und
- Kennzahlen/Erfolgsüberprüfung.

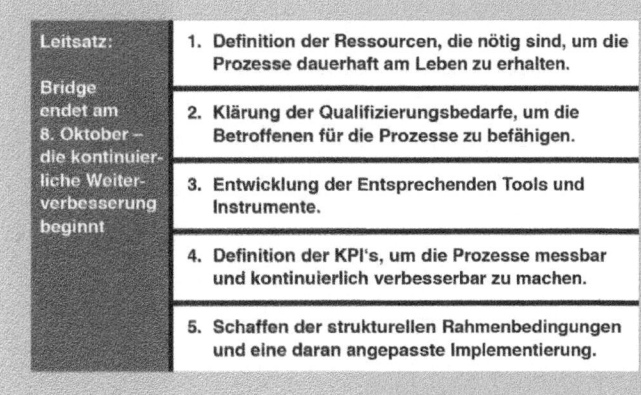

Abbildung C.21 Auszug aus einer Originalpräsentation zur Planung des Vorgehens in der Stabilisierungsphase: Hier findet kein Top-Workshop statt, dann folgt die Planung (1.), die Mobilisierung (2.), die Netzwerkarbeit (3.-6.) und die Würdigung und Überführung (7.)

Die Abbildung C.21 enthält folgende Inhalte:

1. Leitplanken erstellen
   a) FrameWorkshop durchführen
   b) Auftragsentwürfe durch Teams erstellen lassen
2. Teamkonstruktion durchführen:
   a) Kriterienliste erstellen
   b) PMI – Bridge – Zusammenführung einbauen
   c) Die PITs nominieren lassen
3. Implementierungs-Start-Treffen (Kick-Off) durchführen
   a) Das Projektsystem konsolidieren
   b) Auftrags- und Rollenklärung durchführen
   c) PMI-Bridge integrieren
4. Team-Start-Klausuren durchführen:
   a) Teamentwicklung in Gang setzen
   b) Projektplanung auf die Beine stellen
5. Implementierungs-Status-Meetings durchführen
6. Adressaten einbeziehen durch
   a) Status-Meetings
   b) U-Team-TelKos
   c) PIT-Adressaten-Treffen
7. Town – Meeting II durchführen

Es kann sein, dass sich an Stelle des Top-Workshops als erstem Schritt eine Reihe von Meetings und Besprechungen anbieten, um die entsprechenden operativen Entscheidungen zu treffen. Zwei Frame Workshops analog dem zweiten Schritt der Transformationsphase sind aber auf jeden Fall erforderlich, um das Netzwerk für die Stabilisierungsarbeit zum Laufen zu bringen (s. **Abbildung C.21**).

Eine weitere Besonderheit stellt die Zusammenstellung der PITs dar. Es ist einmal darauf zu achten, dass in diesen Teams genügend Erfahrungsträger, d.h. ehemalige POT-Mitglieder vertreten sind. Zum anderen darf nicht vergessen werden, dass mit der Teambesetzung auch Fragen bzgl. der kritischen Masse und erforderlicher Multiplikatoren beantwortet werden. Wenn neue Mitglieder dabei sind, sind auch neue Protagonisten gewonnen, die natürlich für verstärkte Breitenwirkung des Vorhabens stehen. Meistens fällt die Entscheidung aufgrund praktischer Gegebenheiten leicht: Es gibt immer einige ehemalige POT-Mitglieder, die aus Belastungsgründen froh sind, im PIT nicht mehr mitarbeiten zu müssen. Andererseits sind die POTs so mit ihren Konzepten identifiziert, dass die meisten „Ehemaligen" an der direkten Mitarbeit in der Stabilisierungsphase interessiert sind.

In vieler Hinsicht werden die Dinge in der zweiten Phase daher auch einfacher. Wir können nun eben auf eine Art „eingeschworene" Projekt-Gemeinschaft vertrauen und zurückgreifen. Sinnvollerweise wurde das schon in den Leitplanken für die vorausgegangene Transformationsphase vorbereitet: Die Teams sollten auf dem ersten Town-Meeting auch Vorschläge formulieren, auf was in der Stabilisierungsphase zu achten sei, wie die PITs besetzt sein sollten u.ä.

Leitsatz: Bridge endet am 8. Oktober – die kontinuierliche Weiterverbesserung beginnt	
	1. Definition der Ressourcen, die nötig sind, um die Prozesse dauerhaft am Leben zu erhalten.
	2. Klärung der Qualifizierungsbedarfe, um die Betroffenen für die Prozesse zu befähigen.
	3. Entwicklung der Entsprechenden Tools und Instrumente.
	4. Definition der KPI's, um die Prozesse messbar und kontinuierlich verbesserbar zu machen.
	5. Schaffen der strukturellen Rahmenbedingungen und eine daran angepasste Implementierung.

Abbildung C.22 Leitplankenauszug 13: erwartete Resultate am geplanten Ende der Stabilisierungsphase

D) ANWENDUNGSFÄLLE

1.1 FÜR WELCHE PROJEKTE IST DER WAVE ANSATZ ZIELFÜHREND?

Der systemische Ansatz ist für diejenigen Projekte geeignet, die einen hohen Komplexitätsgrad aufweisen. Die folgende Matrix zeigt die vier Projekttypen Akzeptanz-, Standard-, Entwicklungs- und Change-Projekte entsprechend der inhaltlichen und sozialen Komplexität (s. **Abbildung D.1**).

Projekte im komplexen Bereich sind charakterisiert durch einen hohen Grad an inhaltlicher und sozialer Vernetzung, an Zieloffenheit und beträchtlicher Unsicherheit. In diesem Bereich ist der klassische Projektmanagement-Ansatz, wie er für Standardprojekte durchaus funktional ist, völlig ungeeignet und muss durch ein Verfahren ersetzt werden, das weniger auf rationale, dafür mehr auf soziale Systeme ausgerichtet ist.

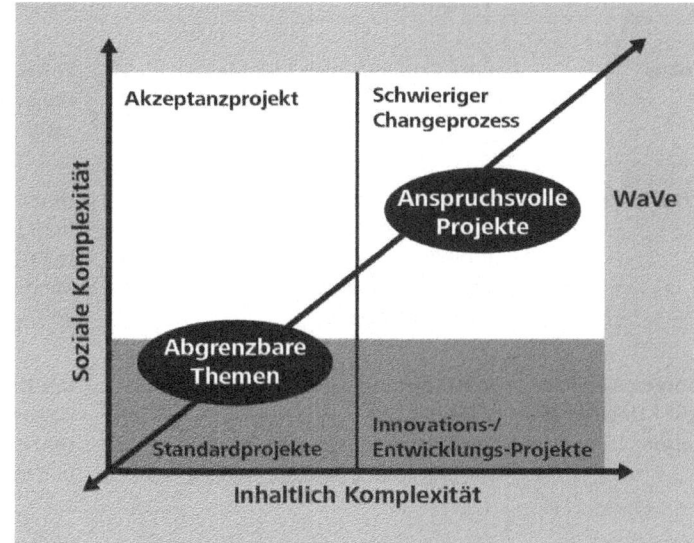

Abbildung D.1 *WaVe ist für Projekte geeignet, deren Komplexität im inhaltlichen und vor allem im sozialen Bereich sehr ausgeprägt ist*

Um WaVe mit seiner vollen Wirkung anwenden zu können, müssen die Änderungsvorhaben bestimmte Voraussetzungen erfüllen:

- Das Projekt muss eine gewisse Größe aufweisen und Gesamtunternehmen oder größere Organisationseinheiten betreffen.
- Es sollte eine größere Anzahl an Mitarbeitenden betroffen sein, damit die Stärken der Methode zum Tragen kommen.
- Das Projekt soll sich in mindestens zwei bis drei Teilprojekte gliedern können, damit eine Vernetzung von Teams zustande kommt.
- Genügend Ressourcen sind Voraussetzung dafür, dass die Teams einerseits repräsentativ besetzt werden, und gleichzeitig sich zu mindestens 30 bis 40 % ihrer Arbeitszeit am Projekt beteiligen können.
- Das Topmanagement muss unmissverständlich hinter dem Projekt stehen.
- Das Projekt soll noch relativ zieloffen sein, so dass ein großer Gestaltungsspielraum gewährleistet ist.

Bei kleineren oder weniger bedeutenden Change-Projekten kann hingegen nicht mit der ganzen WaVe-Klaviatur gespielt werden – die „kritische Masse" wird nicht erreicht, und die Wirkung ist zu klein. Doch es ist durchaus möglich, mit einzelnen WaVe Prinzipien das Projekt zu designen, z.B. nur ein Team selbstorganisiert arbeiten zu lassen, Transparenz und Öffentlichkeit zu gewährleisten, auf das Nominierungsverfahren zu achten, usw.

Die folgende Tabelle zeigt zusammenfassend, wie sich WaVe vom „traditionellen" Projektmanagement unterscheidet. Wir setzen traditionell in Anführungszeichen, denn in vielen Projekten sind Ansätze beobachtbar, die in die Richtung von WaVe weisen, z.B. im agilen Projektmanagement. Die Konsequenz und Radikalität von WaVe ist indessen neu und besonders gut erkennbar, wenn wir sie bisherigen üblichen Verfahren gegenüberstellen (s. **Kasten D.1**):

	Charakteristik des traditionellen Vorgehens	**Charakteristik des systemischen Vorgehens**
Fokus	Fokus auf Personen (der Mensch im Mittelpunkt)	Fokus auf soziale Systeme, d.h. auf Interaktionen zwischen Personen und auf Organisationen
Projektorganisation	Hierarchische Projektorganisation: Auftraggeber, Steuergruppe, Projektleitung, Projektteam(s). Die Berichtswege und Entscheidungsbefugnisse sind entsprechend festgelegt	Heterarchische, vernetzte Projektorganisation: Unterstützungsteam, selbstorganisierte Projektteams (für den Vernetzungseffekt mindestens 2 Teams!), keine Unterstellungen, gegenseitig vernetzt
Unterschied Projekt - Linienorganisation	Die Projektanlage und -kultur unterscheidet sich in zufälliger Art und Weise von der permanenten Organisation; wenig organisationale Aufmerksamkeit	Der Unterschied zwischen Projekt und Linie ist gewollt und gestaltet. Durch diese Differenz erzeugt das Projekt Aufmerksamkeit und stimuliert besondere Lösungen
Steuerung	Direkte Steuerung durch Zielvorgaben und Kontrolle	Indirekte Steuerung durch Rahmenbedingungen und Richtungsangaben, innerhalb der sich die Teams selbst steuern
Projektauftrag	Der Projektauftrag definiert den Projektgegenstand, der möglichst genaue Zielvorgaben und Resultaterwartungen enthält	Der Projektauftrag enthält Leitplanken, der den Bearbeitungsgegenstand, die Zielrichtung, den Gestaltungsspielraum und die Spielregeln definiert
Art der Beteiligung	Die Betroffenen werden am Projekt beteiligt und erarbeiten Lösungsvarianten mit Empfehlungen, welche das Management entscheidet (Ausarbeitung von Entscheidungsgrundlagen)	Die Betroffenen „bauen ihre Häuser" selber, d.h. innerhalb des strategischen Rahmens und der Leitlinien haben sie volle Gestaltungs- und Entscheidungsfreiheit und sind auch dafür voll verantwortlich

	Charakteristik des traditionellen Vorgehens	Charakteristik des systemischen Vorgehens
Transparenz	Das Projekt wird soweit wie notwendig der Unternehmensöffentlichkeit kommuniziert. Wichtig ist, dass das Projekt optimale Arbeitsbedingungen zur Lösungserarbeitung hat	Transparenz und Öffentlichkeit ist ein Erfolgsfaktor; das Projekt als öffentliche Arbeitsaufführung stimuliert Erwartungen, Beobachtungen und Dynamiken zwischen Linie und Projekt
Kultur	Die Projektkultur ist normalerweise kein Thema; wichtig ist die Zielerreichung bzw. eine möglichst breit akzeptierte Lösung	Durch das Projekt soll auch eine neue zukünftige Arbeitskultur erlebbar gemacht werden
Widerstand	Oft langwierige Prozesse im Umgang mit Widerstand und Akzeptanz	Ausführliche Vorbereitungs- und Planungsaktivitäten, rel. kurze Konzeptions- und Implementierungszeit mit hoher Dynamik; Partikularinteressen bleiben auf der Strecke und Widerstand ist kaum ein Thema
Veränderungslogik	Sequentiell: Erst wird konzipiert, dann wird durch die Einführung verändert	Rückgekoppelt/Selbstbezüglich: Schon mit dem ersten Konzeptionsschritt verändert sich das soziale System

Kasten D.1 *Vergleich zwischen traditionellem Vorgehen und systemischem WaVe-Vorgehen in Organisationsprojekten*

1.2 DIE FRAGE DER STANDARDISIERUNG

Wir sprechen davon, das Unplanbare planbar zu machen. Was wollen wir mit diesem Paradox zum Ausdruck bringen? Indem wir dem Geschehen zur eigenständigen Entfaltung Raum geben, können wir Einzelheiten nicht vorbestimmen. Das ist das Unplanbare. Wir kennen und verstehen aber die zugrundeliegenden Dynamiken. Und diese Kenntnis gibt uns die Gewissheit, dass wir ein Gesamtoptimum erreichen werden. Das entspricht dem planbaren Anteil. Diesem Allgemeinheits- oder, wenn man so will, Detaillierungsgrad entsprechend, können wir relativ fallunabhängige Phasen und Schritte angeben, die ein Veränderungsprojekt durchlaufen muss, um zu guten Lösungen zu kommen. Sicher gibt es auch andere Wege, auch erfolgreiche. Meist sind sie aber mit höheren Kosten verbunden; sei es, dass man das Rad bei jeder Herausforderung neu erfinden muss, sei es, dass einfach die Risiken höher sind, weil das Konzept sehr allgemein (z.B. die acht Schritte nach Kotter, s. Kap. A.1.2 und Kasten A.1) oder rein operativ-handwerklich (z.B. Methodik „Großgruppenkonferenz") gefasst ist.

Das bedeutet, dass WaVe zwar als Standardvorgehen verstanden werden muss, aber deswegen natürlich keinerlei mechanische Anwendbarkeit erlaubt oder auch nur anstrebt. Das WaVe-Verfahren hat sich bisher in vier Anwendungsfeldern bewährt, mit denen wir die zentralen Fragekomplexe zum Thema Wandel abdecken, denen sich Unternehmen im Laufe ihrer Entwicklung gegenüber sehen:

1. Strategieentwicklung/-umsetzung,
2. Prozessorientierung,
3. Reorganisation/Strukturanpassung,
4. Merger-Integration.

Alle diese vier Felder abdecken zu können, bedeutet nicht, die berühmte Eier legende Wollmilchsau erfunden zu haben. Es ist einfacher: WaVe setzt tiefer an und erreicht damit eine größere und breitere Wirkung. Alles läuft ja darauf hinaus, innerhalb des Unternehmens die kommunikativen Rahmenbedingungen zu ändern (vorerst nur für ein gewisses Vorhaben und zeitlich begrenzt). Innerhalb dieser können sich dann die Fachkräfte, zu welcher Fragestellung auch immer, entfalten. Das funktioniert nicht nur praktisch. Wir folgen damit auch dem heutigen Stand der Erkenntnis über soziale Systeme, also Organisationen und Unternehmen. In einfachen Worten und zur Erinnerung ist die sich daraus ergebende und WaVe tragende Logik folgende:

- Verhältnisse formen Verhalten.
- Verhalten wird in Organisationen nur als Kommunikation wirksam, so dass es die Veränderung von Kommunikationsregeln ist, die andere Verhältnisse herbeiführt.
- Dieser Unterschied ermöglicht eine andere Art des Austauschs und eine neue Art der Kooperation zwischen den Mitarbeitenden.
- Nachdem aber gilt: Kein Auto, kein chemischer Stoff, keine Versicherung, keine Maschine ... ohne Kooperation, d.h. ohne Kommunikation,
- gilt ebenso: Neue Kommunikationsbeziehungen machen neue Lösungen möglich. „Wie man sich bettet, so liegt man. Wie man sich organisiert, so löst man Probleme!", so das Kernkonzept in Analogie zur alten Spruchweisheit.

Trotz des gleichbleibenden Grundmusters gilt es je nach Herausforderung, Besonderheiten zu berücksichtigen und/oder Varianten ins Auge zu fassen. Nachdem wir bei der Darstellung der 5 Schritte von der Prozessthematik als Hintergrund ausgegangen waren, können wir uns hier Beispielen aus den verbleibenden Bereichen zuwenden: Strategie, Struktur und PMI.

1.3 ZU DEN FOLGENDEN BEISPIELEN

Die nachfolgenden Fälle sind Beispiele aus unserer Beratungspraxis der letzten 10 Jahre. Dabei handelt es sich um Change-Projekte sowohl der Fertigungsindustrie wie auch von Verwaltungen. Damit bei jedem Fall gewisse für uns interessante Aspekte besser beleuchtet werden können, verzichten wir auf eine vollumfängliche Beschreibung der entsprechenden Projekte – wir würden uns im Detail verlieren. Und aus Datenschutzgründen neutralisieren wir sie.

Wir teilen sie entsprechend den oben genannten 4 Feldern ein, wobei die Basis der Projektarbeit praktisch immer – außer bei der Strategieentwicklung – Prozessgestaltung bzw. -optimierung ist. Darauf aufbauend leiten sich dann entsprechende Strukturen (der Organisation, der Kommunikation, der Führung usw.) ab. Von da her ist die Trennschärfe zwischen den verschiedenen Anwendungsfelder oft fließend, z.B. dass es zu

Beginn um ein Prozessoptimierungs-Projekt geht, und im zweiten Teil die Struktur bzw. die Organisation ein Thema wird. Die folgende Kategorisierung muss deshalb als schwerpunktmäßige Einteilung aufgefasst werden:

1. Prozessorientierung: wir verweisen hier auf den Teil C (5 Schritte), da er sich an einem realen Prozessoptimierungsfall orientiert (und verzichten hier auf ein zusätzliches Beispiel).
2. Strategieentwicklung und -Umsetzung: Fall „Strategiearbeit der Zukunft".
3. Reorganisation: Umbau einer öffentlichen Verwaltung – Wunsch und Wirklichkeit.
4. Reorganisation: Neuorganisation im Non-Profit-Bereich.
5. Merger-Integration: Merger Management als Kulturbegegnung.

2 BEISPIEL STRATEGIEARBEIT DER ZUKUNFT

2.1 DER FALL

Für eine schon länger geplante Managementkonferenz eines Teilkonzerns (Division) eines internationalen Unternehmens der Maschinen- und Apparateindustrie werden Themen gesucht (!) – und auf den Tisch kommen die strategischen Schwachstellen des Unternehmens. Man muss schneller werden, die Kosten besser in den Griff bekommen, mehr auf die regionalen Märkte eingehen, noch nicht erschlossene Märkte erobern und wieder zum Innovationsführer werden (sog. Key Topics) ... Auf die Frage, wie vorzugehen wäre, wenn die Konferenz die Wichtigkeit dieser Aufgabenstellungen bestätigen sollte, einigt man sich, die fünf Topics als strategische Initiativen in die Planung einzustellen und dann abzuarbeiten ... Unabhängig davon und zu einem anderen Zeitpunkt kommt im Leitungsteam ein Konflikt auf: Es gibt Stimmen, die Veränderungen fordern und andere, die auf Bewahrung setzen (s. **Kasten D.2**). Es droht zur Blockade zu kommen.

schnell	oder	behäbig?
kostengünstig	oder	„Fett angesetzt"?
schlank	oder	überbestimmt?
pragmatisch	oder	theoretisch?
anpassungsfähig	oder	selbstzufrieden?
veränderungsoffen	oder	beharrend?

Kasten D.2 *Unterschiedliche Einschätzung auf der Top-Ebene*

Bei der Lösungssuche zeigt sich der Berater skeptisch, ob im engen Kreis der acht leitenden Personen ein Ausweg möglich sei (der Chef selber scheint unentschlossen). Möglicherweise könne ein anderer Kontext helfen (in einer Skizze auf Flipchart als größerer schwarzer Kreis um einen kleineren roten Kreis herum dargestellt; letzterer als Symbol für das Leitungsteam, s. **Abbildung D.2**). Wenn sich ein größerer Kreis von Führungskräften mit dem Thema befasse, würden sich die Einschätzungen von Personen bzw. Positionierungen lösen können, mehr Expertise käme ins Spiel, die Diskussion würde versachlicht, der Chef würde über eine neue Allianz verfügen, es würde ein Multiplikatorenkreis entstehen ...

Abbildung D.2 *Die Flipchart-Skizze: Neuer Kontext (äußerer „schwarzer Kreis") für das Leitungsteam (innerer Kreis) mit der Konsequenz neuer Dynamiken (bzw. Beziehungskonstellationen; Pfeile). Wenn der schwarze Kreis netzwerkartig organisiert wird, entsteht eine „Welt II". In der Organisation hatte es schon Aktivitäten gegeben (Quadrate), mit denen sich beispielhaft Charakter und Wirkung einer netzwerkartigen Parallelorganisation erläutern ließ. Diese Erfahrungen können nun genutzt werden.*

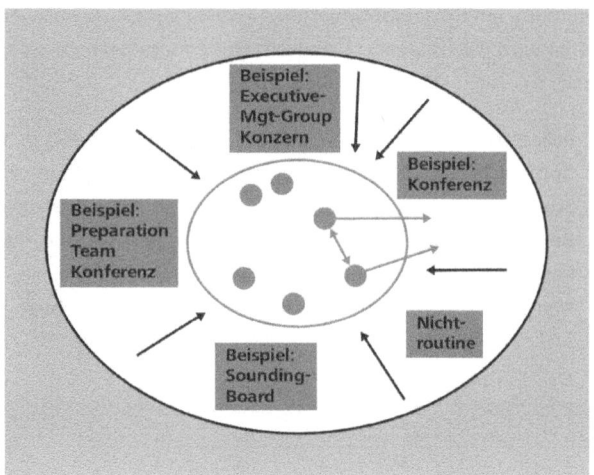

Zwei Dinge passieren: Zum einen setzt sich die Idee der Führungskreis-Erweiterung schließlich durch. Zum anderen werden die o.g. strategischen Schwachstellen als relevante Themen durch die Managementkonferenz bestätigt (und ergänzt; s. **Abbildung D.4** „Key Topics"). Die beiden Entwicklungsstränge „Key-Topics" und „Leitungsteam-Konflikt" – ursprünglich unabhängig voneinander entstanden – treffen sich jetzt in der Erkenntnis der Leitung: Der erweiterte „Schwarze" Kreis muss die Schlüssel-Themen weiter verfolgen und „Strategie-Gruppe/Kreis" heißen. Die Frage nach mehr Bewahrung oder Innovation hat sich aufgelöst. Die Gefahr, dass die Key-Topics in den Routine-Mühlen des strategischen Planungsprozesses in Wandel-I-Manier zermalmt werden, ist gebannt. Stattdessen hat sich ein Weg geöffnet, die Dinge in angemessener Art und Weise entsprechend ihrer strategischen Tragweite anzugehen.

2.2   EIN ZWEITES „OPERATIVES SYSTEM"

Nach intensiven Vorbereitungen wird der „Strategie-Kreis" durch eine Auftaktveranstaltung ins Leben gerufen (ein Hybrid sozusagen aus Startkonferenz und Kick-off; s. Teil C, Schritt 4.3 und 5.1). Dort werden auf Basis einer Art Charta Ziele, Aufgaben, Rolle und Arbeitsweise geklärt (um einen möglichst authentischen Praxiseinblick zu gewähren, gibt der folgende Text unter 2.2.1 und 2.2.2 diese Charta nahezu wörtlich wieder – daher der etwas schlagwortartige Stil in den folgenden zwei Unterabschnitten).

2.2.1   ZIELE UND AUFGABEN

Der Strategiekreis ist ein ausgewählter Kreis von Führungskräften, der Mitverantwortung für die Weiterentwicklung der gesamten Division im Kontext des Konzerns übernimmt (s. **Abbildung D.3**);

1. durch horizontale Vernetzung bzw. Überbrückung funktionaler Ressort- und BU-Grenzen und
2. durch vertikale Vernetzung zwischen Leitungsteam und der(n) nachfolgenden Berichtsebene(n),
3. durch angemessene Internationalität und durch Repräsentation der Regionalorganisationen und der verschiedenen Funktionen.

Abbildung D.3 *Arbeitsweise des Strate-gie-Kreises (Auszug Originalpräsentation; LT bedeutet Leitungsteam). Es entsteht eine „Welt II": Wegen der Größe der Organisation ist das Vernetzungsgeschehen gestuft. Der schwarze Kreis stellt im engeren Sinne ein Netzwerk dar. Dieses bildet Subgruppen („Fokusgruppen" genannt), die analog dem U-Team arbeiten und weitere vernetzte Arbeit in der Breite der Organisation sicherstellen.*

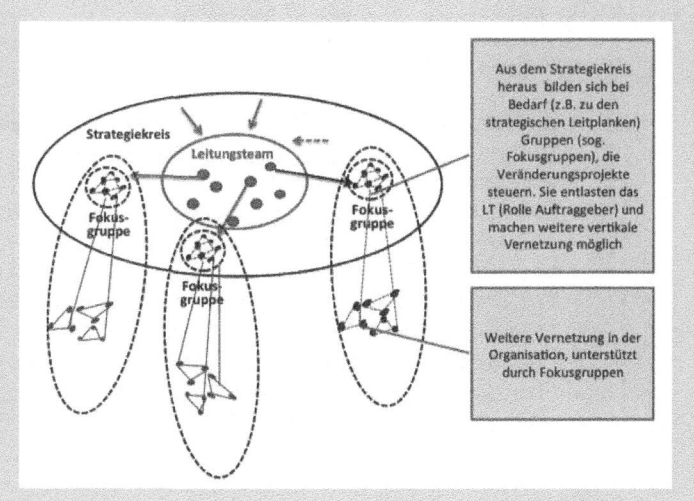

Welche Ziele werden mit dieser Institution verfolgt?

- Mehr Unterschiedlichkeit (Gender, Internationalität ...) für neue Ideen,
- höhere Durchsichtigkeit in der/für die Organisation,
- bessere unternehmensweite Kommunikation,
- Sicherstellen einer Gesamtsicht divisionsweit (Überwindung von Partialinteressen) und
- Entlastung der Spitze (Allianz-Gedanke).

Die Aufgaben des Strategiekreises:

- Er ist Diskussionspartner für die Divisions-Leitung bei übergreifenden Themen aus den Bereichen
  - Unternehmens-Selbstverständnis,
  - strategische Grundsätze,
  - Chancen und Risiken.
- Er unterstützt das Leitungsteam bei der Festlegung der strategischen Ausrichtung des Unternehmens.
- Er stellt ein gemeinsames Verständnis zu den ganzheitlichen unternehmerischen Anforderungen an die Division her.
- Er prägt die Kultur und Werte.
- Er fungiert als Impulsgeber für das Leitungsteam zu übergeordneten Strategiefragen und gibt Feedback an das Leitungsteam zu seiner Arbeitsweise.
- Er sorgt für kollegiale Beratung untereinander (Peer-Review-Gedanke) und für Best-Practice-Sicherung zwischen den unterschiedlichen Einheiten.
- Er leistet einen maßgeblichen Beitrag zur Entscheidungsfindung der Divisions-Leitung.
- Er unterstützt weltweite Projekte der Division.

Der Strategie-Kreis repräsentiert die gesamte Organisation:

A. Er wird als überdauernde Institution in der Organisation verankert.
B. Wichtiger Gegenstand seiner Arbeit ist die Betreuung von unternehmensweiten Projekten.
C. Seine Zusammensetzung kann sich ändern, um
   - den jeweils anstehenden Projekten/Themen gerecht zu werden und
   - anderen geeigneten Führungskräften die Möglichkeit zur Mitarbeit zu bieten.
D. Maßgebend für die Mitgliedschaft ist seine aufgabengerechte Zusammensetzung.
   - Dazu muss der Kreis das strategisch relevante Funktions-/Kompetenz-Profil der Division über alle Organisationseinheiten hinweg widerspiegeln.
   - Der Strategiekreis ist auf max. 35 Mitglieder begrenzt.
   - Die Zugehörigkeit zur Strategiegruppe ist nicht abhängig von Positionen und wirkt sich nicht auf das formale Funktions-Evaluations-System aus (zur Ermittlung der Bezüge).

Arbeitsweise

Der Strategiekreis als eine *überdauernde* Institution

A. achtet auf ganzheitliche Bearbeitung der Themen (s. **Abbildung D.4):**
   - interdisziplinär,
   - international,
   - Ebenen übergreifend,
   - abgestimmt zw. Ressorts, Strategischen Business Units u. Regionen,
B. kommt zu regelmäßigen Klausurtagungen mit Anwesenheitspflicht min. zweimal im Jahr zusammen,
C. bildet bei Bedarf Arbeitsgruppen,
D. richtet sich nach dem Prinzip der Selbstorganisation. Diese Prinzipien der Selbstorganisation werden auf der Gründungsveranstaltung gemeinsam ausgearbeitet und festgelegt.

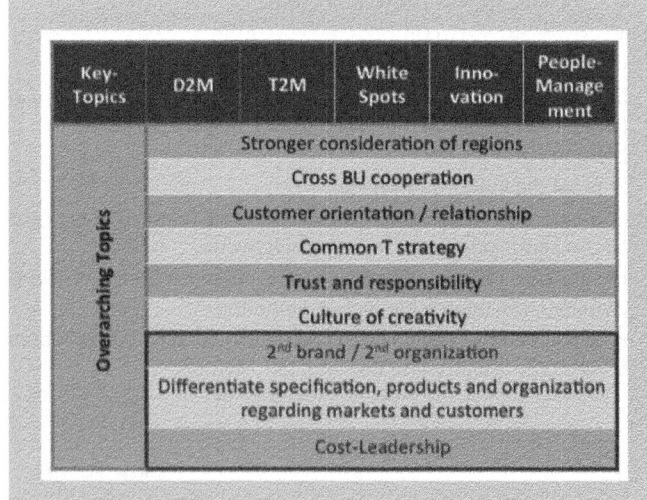

Abbildung D.4 *Die Key-Topics (D2M: Design to Market, T2M: Time to Market; White Spots: noch nicht erschlossene Märkte) Querlaufend: Themen, die in der Managementkonferenz ergänzt wurden („weiche Themen" oben, „harte Themen" unten eingerahmt)*

Beispiel Strategiearbeit der Zukunft

2.3.1 EINE ZWEITE ORGANISATIONS-DIMENSION

Wir haben einen sehr avantgardistischen Fall vorliegen: Die Entstehung einer zweiten – vernetzten – Organisationsdimension in einem großen Unternehmen (von über fünfzehntausend Mitarbeitern); m.a.W. handelt es sich um eine dauerhafte WaVe-Variante. Die Vernetzung wird hier in der Form eines zeitlich unbegrenzten „second operating system" umgesetzt (s. Kap. A.1.2, und „eine neue Organisationsdimension", Petersen, 2000).

The network is like a solar system, with a guiding coalition as the sun, strategic initiatives as planets, and subinitiatives as moons (or even satellites). This structure is dynamic: initiatives and subinitiatives coalesce and disband as needed. Although a typical hierarchy tends not to change from year to year, the network can morph with ease in the absence of bureaucratic layers, command-and-control prohibitions and Six Sigma processes, this type of network permits a level of individualism, creativity, and innovation that not even the least bureaucratic hierarchy can provide. Populated with employees from all across the organization and up and down its ranks, the network liberates information from silos and hierarchical layers and enables it to flow with far greater freedom and accelerated speed (Kotter, 2012, aaO).

Diese Beschreibung klingt, als wäre sie auf unseren Fall gemünzt. Sie fasst – teilweise bildlich – zusammen, was im Beispielfall in der „Charta" konkretisiert wurde.

2.3.2 DIE ANLAGE DER WELT II

Sehen wir uns kurz an, wie zentrale Herausforderungen gelöst wurden:

Vernetzung und Durchdringung: Die horizontale, vertikale und regionale Vernetzung kann in einem Teilkonzern nicht allein durch 35 Mitglieder eines Strategiekreises geleistet werden. Daher bilden sie Fokusgruppen (s. **Abbildung D.5**) für die „Key-Topics" und agieren damit analog einem Unterstützungsteam als Initiatoren und Sponsoren von entsprechenden WaVe-Vorhaben auf der Basis der 12 Prinzipien und 5 Schritte („volunteer army"). Auf dem Hintergrund der eigenen vernetzten Zusammensetzung als Strategiegruppe, haben die Projekte gute Erfolgsaussichten, hierarchische und Fachgrenzen zu überwinden.

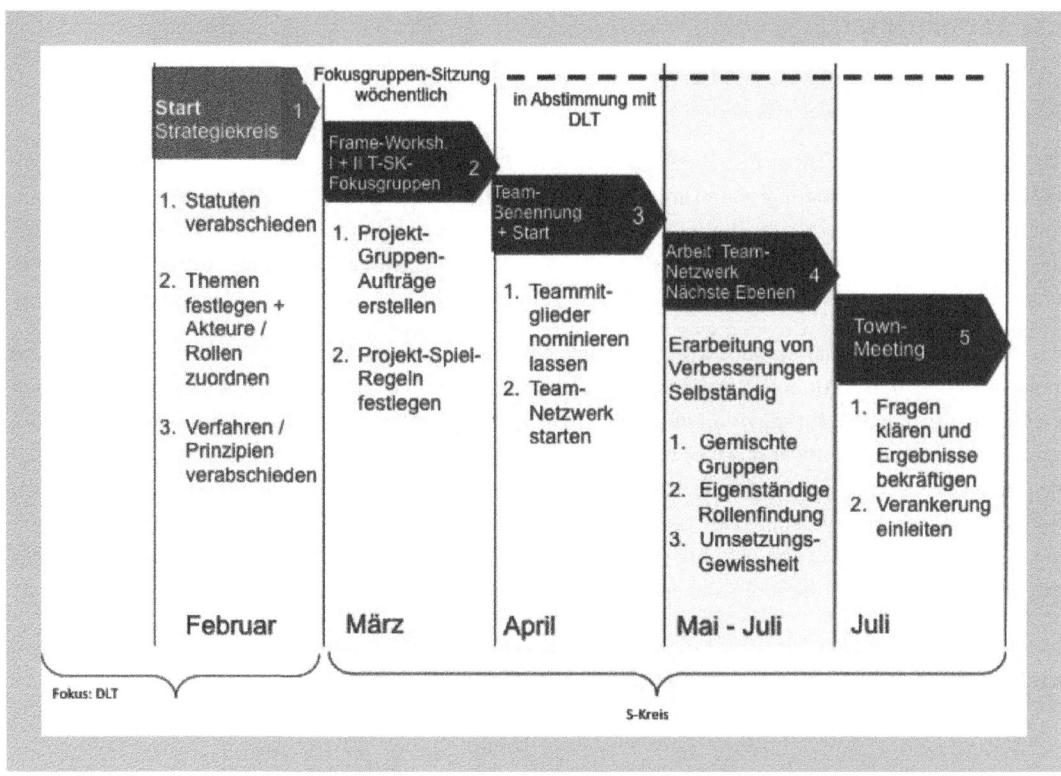

Abbildung D.5 *Strategiekreis: Der Vorgehensplan (DLT=Divisions-Leitungs-Team, SK=Strategiekreis; Fokusgruppen sind Subgruppierungen des SK, die sich um jeweils eines der Key-Topics kümmern)*

Stabilität und Flexibilität: Der Strategiekreis wird offiziell als dauerhafte Einrichtung deklariert, was in einem derartigen Unternehmen an sich schon eine recht spektakuläre Neuerung bedeutet. Die Strategieumsetzungsarbeit soll aber durch WaVe-Projekte durchgeführt werden. Das macht es möglich, zwei scheinbar widersprüchliche Anliegen zu vereinbaren: Den überdauernden Charakter einer zweiten Organisationsdimension mit der geforderten Flexibilität und Wandelbarkeit eines Netzwerks.

Energie und Nachhaltigkeit: Bei der klassischen WaVe-Anwendung dient das Time-box-Verfahren als wichtiger Energiespender. Ein kurzer Zeithorizont macht hohen Einsatz möglich und sichert allgemeine Aufmerksamkeit. Wie kann ein Spannungsbogen hergestellt und gehalten werden, wenn es um eine Dauereinrichtung geht? Regelmässiges Strategiekreis-Treffen unterjährig und die grosse Managementkonferenz als Biennale sind zentrale Elemente, die den Aufführungscharakter, den wir WaVe-Projekten verleihen, sichern. Hinzu kommt nun der förderliche Aspekt der Dauerhaftigkeit: Die Mitgliedschaft im Strategiekreis macht stolz, man trägt sie wie (nichtstoffliche) „Epauletten" auf der Schulter. Die Interaktionsdynamik (Dynamik I) ist damit intensiver als in den POTs eines WaVe-Projektes. Sie ist auch positiv spannungsgeladener, weil die Mitgliedschaft bewusst nicht dauerhaft „verliehen" wird, sondern sich funktional nach den sich verändernden Erfordernissen entscheidet. Aufgrund der Aktualität liegen noch nicht genügend Erfahrungen vor. (Es bleibt daher noch abzuwarten, ob sich die Erwartungen speziell bezüglich des Zusammenspiels zwischen Strategie- bzw. Vernetzungsarbeit einerseits und täglichem Geschäft andererseits erfüllen. Die Hypothese jedenfalls lautet: Jeder Betroffene sieht Sinn und Notwendigkeit des zweiten Fokus. Die Arbeit in diesem Bereich fördert die Arbeit im Bereich des täglichen Geschäfts. Außerdem setzt die eigenverantwortliche netzwerkartige Organisation der Welt II Energien frei, wie entsprechende Change-Projekte zeigen. Die Vorteile dürften die möglichen Nachteile wie Ressourcen- und Belastungsfragen jedenfalls aufwiegen).

Unterschied: Abgesehen von diesen Charakteristiken verbergen sich hinter scheinbar unauffälligen Aussagen zu „Rolle und Zusammensetzung" weitreichende Entscheidungen, die einen gewaltigen Unterschied machen. Die Zusammensetzung kann wechseln, ist also projektabhängig. Damit löst man sich vom Stellen- und Positions-Denken der klassischen Linienorganisation. Maßgebend weiterhin ist gerade das Mikrokosmosprinzip: Hier wird keine Hierarchieebene gebildet. Die Besetzung soll sich einem diagonalen Schnitt durch die Organisation annähern. Das Ganze wird außerdem vom geltenden Gratifikationsprinzip der Linie abgekoppelt. Es gibt keine Verknüpfung mit der Einstufung in das geltende Entgelt- und Incentivesystem des Unternehmens.

Wenn wir alle Punkte zusammengenommen betrachten, wird evident, dass es sich hier um eine tiefgehende kulturwirksame Intervention handelt. Gegenstand ist die Bearbeitung strategischer Key-Topics („Pack´ wichtige Themen an!" bzw. SPSS). Unfokussiert, aber umso wirksamer, wird die Unternehmens-Kultur weiterentwickelt.

2.3.3 MIT KONTEXTEN UND INNEREN WECHSELWIRKUNGEN ARBEITEN

Wechseln wir kurz die Betrachtungsebene: Es ist bemerkenswert, wie entstanden ist, was wir hier bewusst „Strategie-Arbeit" nennen. Es ist wohl dem scheinbar unverfänglichen Kontext (!) zu verdanken, dass relativ zügig, wichtige strategische Stoßrichtungen definiert wurden: Es wurden ja nur „Themen" gesucht, um eine Konferenz zum Leben zu bringen. Die Dynamik (!) auf der Konferenz jedoch gab den Themen dann den angemessenen strategischen Stellenwert, was wiederum das LT unter Druck setzte. Es war klar, dass es nun mit dem Einspeisen in den strategischen Planungsprozess (Wandel I; Arbeit im System) nicht mehr getan sein würde (denken wir an die zwei systemischen Praxisprinzipien: Denken in Kontexten und arbeiten mit inneren Wechselwirkungen, s. Kap. A.3.1). Jetzt war Strategiearbeit auf die angemessene Ebene von „Wandel II" gehoben worden (Arbeit am System).

Eine interaktive Großgruppenkonferenz nach modernem Stand stellt in sich wiederum eine Art Welt II im Kleinen (und sozusagen Kurzen) dar. Auch hier können wir keine Punktvoraussagen zu den Ergebnissen machen, dass es aber zu einem Gesamtoptimum kommen muss, wenn handwerkliche Fehler ausbleiben, wissen wir (und haben wir schon einige Male erklärt); so auch im Beispielfall. Die Key-Topics wurden bestätigt und das Management gestützt. Aber sie wurden in charakteristischer Form ergänzt. Die Zusammenhänge kamen nämlich auf den Tisch, wie die querlaufenden Themen zeigen (s. **Abb. D.4**), und zwar angereichert durch die kulturelle (!) Dimension. Die Stichworte „Culture", „Trust", „Cooperation", „Customer Orientation", „Common Strategy" drücken dies aus. Hier wird eindeutig Wandel II gefordert. Ein weiteres Mal bestätigt sich: Die vernetzten Verhältnisse – hier des Großgruppen-Events – erzeugen eine andere Qualität von Kommunikation und machen „klare Ansagen" möglich, ohne die Strategie nicht denkbar ist (s. z.B. Roger L. Martin: „The Big Lie of Strategic Planning", HBR, 2014).

Wir wählen diesen Begriff, weil im Beispielfall gar kein sauberer Strategieentwicklungsprozess stattgefunden hat. Wir kennen z.B. gar kein Strategiepapier, das die innere Logik zwischen den Initiativen und dem Business-Modell darstellt. Wir sind aber sehr schnell bei Initiativen gelandet, die aufgrund der Bedeutung und Reichweite strategisch genannt werden müssen.

Wo stehen wir also? Es gibt natürlich formal gesehen eine Strategie. Der Vorstand kann sie auf den Tisch legen. Aber: Wie stimmt sie mit den Key-Topics überein? Ist sie überhaupt verinnerlicht und dient sie praktisch als Orientierungsrahmen? Da dürfen wir Zweifel haben. Daher ja die Forderung nach einer „gemeinsamen" Strategie auf der Konferenz.

Nach Entstehen des Strategiekreises sieht die Welt anders aus: Jetzt existiert ein Kontext, der die eigentliche wichtige Arbeit ermöglicht. Aufgrund der Aktualität des Beispielfalls fehlen noch genügend Erfahrungen, um Endgültiges zu sagen. Wir wissen aber, dass das Netzwerk, wenn die 12 Prinzipien beherzigt werden, die erwünschten Ziele erreichen kann. Wir wissen auch, dass in diesem Fall aus den Teilprojekten Druck auf den Strategiekreis zukommen wird, die entsprechenden Nachbesserungen und Präzisierungen – vielleicht auch Korrekturen nachzuliefern (Effekt innerer Wechselwirkungen). Dann passiert dies aber auf Nachfrage und auf der Basis von „Servant Leadership" („pull modus"). Behalten wir aber das Wichtige im Blick: Das Unternehmen hat sich mit einer zweiten Organisationsdimension einen Kontext geschaffen, der Potenziale zur Selbst-Erneuerung freilegt, die sonst brachliegen würden. Das ist entscheidend und ein Führungserfolg zumal. Der Rest ist Management.

3   BEISPIEL UMBAU EINER ÖFFENTLICHEN VERWALTUNG – WUNSCH UND WIRKLICHKEIT

Nach den Schwerpunkten „Prozesse" (Teil C) und „Strategiearbeit der Zukunft" (im vorigen Abschnitt) und vor dem letzten Punkt „Merger-Management" wollen wir hier die relativ unspezifische Bezeichnung „Umorganisation" als Gelegenheit ergreifen, Einblick in eine ganz andere Sphäre zu gewinnen: Die öffentliche Verwaltung.

Im Folgenden wird ein Projekt gezeigt, das mit guter Absicht „systemisch" aufgegleist wurde, das aber doch nicht zu einem Erfolg führte, wie wir ihn mit WaVe gewohnt sind. Es folgen eine kurze Analyse der Überlegungsfehler aus WaVe-Sicht und eine Skizze, wie man ein derartiges Vorhaben mit WaVe anders angehen könnte.

3.1   AUSGANGSSITUATION: DIE HERAUSFORDERUNG DER NÄCHSTEN JAHRE MEISTERN

Bei diesem Beispiel handelt es sich um ein großes öffentliches Amt mit ca. 1800 MitarbeiterInnen und 20 Abteilungen. Die strategisch-politische Leitung nimmt ein Exekutivmitglied bzw. Departementsleiter, die operative Amtsleitung nehmen 3 Bereichsleiter wahr.

Durch den altersbedingten Personalabgang und die – durch Einsparvorgaben – gesetzte Personalreduktion steht dieses Amt vor zentralen strategischen Herausforderungen: Die altersbedingte Personalfluktuation ist naturgemäß nicht inhaltlich gesteuert, sondern erzeugt zufällige Lücken und Disparitäten.

Auf diese zufällige Entwicklung der Personalkapazitäten ist mit einer strategischen Personal- und Arbeits-aufgabensteuerung zu reagieren, um dem drohenden Wissensabfluss durch rechtzeitigen Wissenstransfer zu begegnen

Um für diese Herkulesaufgabe eine Perspektive zu entwickeln, ist das Amt „neu zu erfinden": Wie ändert sich die Kernaufgabe, der Grundauftrag? Welche – auch gesellschaftlich sinnvollen und notwendigen – Auf-gaben sollen und müssen ggf. verabschiedet werden? Welche Aufgaben sind – durch Gesetzesauftrag – un-verzichtbar? Es gilt eine „neue Passung" vom Kerngeschäft, den Kernaufgaben und damit den Kernprozes-sen dieser öffentlichen Einrichtung und den Kernkompetenzen der verbleibenden Beschäftigten zu erzielen. Das wird heißen, die Kernprozesse neu zu definieren und/oder die Kernkompetenzen des Personals durch Lernprozesse entsprechend zu entwickeln (s. **Abbildung D.6).**

Abbildung D.6: *Funktion in Abhän-gigkeit von Kernprozess und Perso-nal-Kompetenz, die es neu zu ge-stalten bzw. zu entwickeln gilt (Schmid,B./Messmer,A.: Systemi-sche Personal-, Organisations- und Kulturentwicklung – Konzepte und Perspektiven, Bergisch Gladbach 2005, EHP, S. 28)*

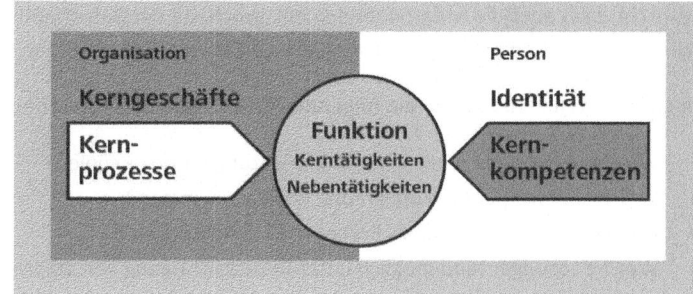

3.2   PROJEKTANLAGE UND ABLAUF

Die Amtsleitung hat sich einem systemischen Vorgehen verschrieben. Das hieß für sie: Die externen Bera-ter/innen und die externe Gesamtleitung sollten explizit systemische Berater/innen sein.

Die Projektorganisation wurde folgendermaßen strukturiert:

- **Das Projektleitungsteam**: Ein Mitglied der Bereichsleiter (Vorsitzender), ein freigestellter Vertreter der Beschäftigtenvertretung, und weitere 6 Führungskräfte aus den Abteilungen.
  Die Aufgabe ist es, den Gesamt-Projektprozess zu leiten, strittige Fragen zu klären, Standards zu defi-nieren, und die jeweils nächsten Schritte festzulegen.
- **Geschäftsstelle:** Projektsteuerung; Ansprechpartnerin für die interne und externe Projektleitung; Ver-tretung der internen Projektleitung, Sicherstellung der Rechtmäßigkeit der Veränderungsprozesse und der Umsetzungsmaßnahmen. Im Gesamtprojekt: Operationalisierung der Aufträge; Projektcontrolling, Unterstützung.
- **Zukunfts-Verantwortliche:** Jede Abteilung bestimmt eine Führungskraft, die Ansprechpartner/in, Koor-dinator/in für den Veränderungsprozess in der ersten Phase ist.
- **Externe Beratung:** Es wird ein externer Projektleiter engagiert, der dem Projektleitungsteam sowie der Geschäftsstelle beratend zur Seite steht. Des Weiteren stehen 6 Beraterinnen und Berater den Abtei-lungen zur Verfügung. Diese werden jedoch sehr unterschiedlich in Anspruch genommen. Die 6 Berater werden über den externen Projektleiter koordiniert.

- **Zukunfts-Tag**: Etwa alle 4 Wochen treffen sich die Zukunfts-Verantwortlichen und besprechen den Prozess, offene Fragen, den Fortgang des Veränderungsprozesses und welche neuen Erkenntnisse es gibt – unter Moderation der externen Projektleitung
- **Sounding Board:** Alle Abteilungen entsenden Mitarbeiter/innen hier hinein. In definierten Abständen geben die Mitarbeiter/innen im Sounding Board unter Moderation der externen Projektleitung Rückmeldung, wie der Prozess von den Abteilungen aufgenommen wird, welche Fragen offen sind und ob es Probleme gibt.
- **Abteilungs-/Leitungskonferenzen:** Alle Abteilungsleiter und der Vorsitzende des Projektleitungsteams, ggf. auch der oberste Chef nehmen daran teil. Diese Konferenzen sind spezielle Arbeitstreffen außerhalb der normalen Routine, die sich ausschließlich mit dem Fortgang des Veränderungsprojekts befassen.

Wichtig war, dass die Abteilungen in ihren Vorschlägen sehr großen Freiraum hatten. Zudem war erwünscht, dass auch die Mitarbeitenden entsprechend der Betroffenheiten an den Lösungsfindungen beteiligt wurden. Das entsprechende Prozedere gestalten die Abteilungen selber mit ihren Beratern.

In einer ersten Phase sollen die folgenden Fragen bearbeitet werden:

- Welche Wirkungen wollen wir als Einrichtung künftig erzielen?
- Welche Schwerpunkte können und wollen wir setzen?
- Auf welche Leistungen bzw. Ergebnisse verzichten wir?
- Welche Lösungen sind möglich unter Berücksichtigung von 10 bis 15 Prozent Kosten-Einsparungen sowie der demografischen Personal-Entwicklung?

Der Ablauf der ersten Phase gestaltete sich wie folgt:

- Im Vorfeld der ersten Phase waren alle Abteilungen aufgerufen, nach bestimmten Vorgaben ihr Abteilungsprofil zu erstellen sowie die Notwendigkeit ihrer Aufgaben einzuschätzen.
- Im Projekt selbst wurden 2 Schritte durchlaufen:
  1. Das Projektleitungsteam hat ein für alle verbindliches Schema entwickelt, nach dem die Abteilungen die bereits erstellten – aber doch sehr unterschiedlich ausgefallenen – Abteilungsprofile im Hinblick auf das Projektziel nochmals nach bestimmten Vorgaben beschreiben. Diese Darstellung sollte ergebnis- d.h. prozessorientiert erfolgen, also es sollte dargestellt werden, welche Resultate im IST-Zustand erzielt werden. Diese – über alle Abteilungen hinweg vergleichbare – Darstellung sollte dann als Ausgangspunkt für die gewünschten Veränderungen dienen.
  2. Im zweiten Schritt sollten dann über das sogenannte Unterschiedsportfolio (also ein Ist-Soll-Vergleich) die Veränderungen dargestellt werden: Welche Aufgaben können mit welchen Konsequenzen und welchem Risiko bzw. welcher Sicherheit entfallen oder anders bearbeitet werden.
- Parallel wurden in verschiedenen Arbeitsgruppen die übergreifenden Aufträge bearbeitet.
- Einige Aufträge wurden von der Departementsleitung direkt ausgelöst: es handelte sich um Themen, die alle, einige oder nur eine Abteilung betrafen.
- Die Vorschläge aller 20 Abteilungen wurden der Hausleitung vorgelegt, welche in einer Mammutsitzung entschieden und einen Gesamtentscheid zusammengestellt hat.

Aufgrund der Entscheide der Amtsleitung verlief die zweite Phase wie folgt:

- Die beschlossenen Lösungen wurden in den Abteilungen umgesetzt
- Im Hinblick auf die „lernende Organisation" wurde ein Aus- und Weiterbildungskonzept entwickelt

Kritische Beurteilung:

Die Lösungen wurden soweit akzeptiert. Die Einsparungen von 10 bis 15 Prozent sind erreicht, insofern ist das Projektziel erreicht. Was aber nicht erreicht wurde:

- Eine zukunftsgerichtete Priorisierung und Ausrichtung der Prozesse hat nicht stattgefunden. Die Prozesse sind einzig auf die Einsparungen bzw. Personalentlastung hin optimiert worden.
- Das Abteilungsdenken ist erhalten geblieben: jede Abteilung hat sich selber optimiert, mit Ausnahme der abteilungsübergreifenden Prozesse. Die bisherige Amtskultur bleibt also bestehen, das Amt ist nicht „neu erfunden", wie es eigentlich gefordert wurde.
- Ein umfassendes Personalentwicklungskonzept im Hinblick auf die geforderten Kompetenzen ist nicht erarbeitet worden; außer einem Kursangebot gibt es kein Personalgewinnungs- und -Förderungsprogramm.

3.3 EIN MÖGLICHER ANSATZ MIT WAVE

Mit dem WaVe-Ansatz liegen in öffentlichen Verwaltungen bis jetzt erst wenige Erfahrungen vor. Das liegt einerseits daran, dass sich diese in der Regel viel vorsichtiger verhalten bzw. sich weniger „über die Linie hinaus" wagen als private Unternehmen, andererseits sind die Entscheidungskompetenzen oft bis weit nach oben kaskadiert, was den Freiraum für die Projektteams wesentlich einschränkt. Dass es trotzdem geht, zeigt das folgende Projekt „Unternehmensentwicklung im Non-Profit-Bereich".

In unserem Beispiel wären die Voraussetzungen für den WaVe-Ansatz an sich ideal. Erstens beabsichtigte die Amtsleitung einen grundlegenden Wandel (das Amt neu erfinden) und wollte daher auch sorgfältig vorgehen – sie hat sich ja auch für systemisch orientierte Berater entschieden. Zweitens hatte das Amt die nötigen Entscheidungskompetenzen, ohne dass die Lösung ein übergeordnetes politisches Gremium abnehmen musste. Die Leitung hat sich aber für ein Vorgehen entschieden, das der bisherigen Organisationslogik und dem bisherigen Projektmanagement-Verständnis entsprach, und verpasste so den Sprung nach vorne.

Mit WaVe hingegen würde eine Projektanlage in die Welt gesetzt, die nicht aus einzelnen Abteilungs- (plus einzelnen übergreifenden) Projekten, sondern aus einer vernetzten Gesamtanlage bestehen würde. Denn erst in einer vernetzten Situation kann es möglich werden, Abteilungsgrenzen zu relativieren und das Ganze zu sehen, Prioritäten anders zu setzen und zu völlig neuen Lösungen zu gelangen. Dazu würde sich der folgende konkrete Ansatz anbieten:

Die 20 Abteilungen würden nach übergeordneten Leistungsbereichen gruppiert (z.B. alle Ämter, die mit Bau und Planung zu tun haben, bilden eine Gruppe, diejenigen im Umweltbereich eine, usw.). Schätzungsweise würden aus 20 Abteilungen etwa 6 bis 8, maximal aber 10 Cluster von öffentlichen Leistungen entstehen. Denn es ist ganz entscheidend, dass die Abteilungsgrenzen im Projekt aufgebrochen werden! Aus diesen würden interdisziplinäre Projektteams (in der WaVe Sprache Prozess-Optimierungsteams) gebildet, die vernetzt arbeiten würden. Zudem würde es möglich, eine zum bisherigen Geschehen ganz neue Kultur der Zusammenarbeit und Kommunikation zu erleben.

Ein derartiges Projektnetzwerk müsste natürlich sehr bewusst und sorgfältig geplant und inszeniert werden. Wie könnte da eine mögliche Startallianz, ein möglicher Top-Workshop aussehen?

Es würden sich idealerweise der Departementsleiter, die drei Bereichsleiter sowie je ein Vertreter (je ein Abteilungsleiter) der sechs bis acht Leistungsgruppen plus der HR-Verantwortliche ein Team bilden, welches das Projekt „Zukunft" gemeinsam auf strategischer Ebene anrollt. Insbesondere würde herausgearbeitet:

- Standortbestimmung der heutigen Situation, Notwendigkeit der Veränderung
- Entwurf eines Zukunftsbildes, einer Vision
- Klarheit über das Änderungs-Verfahren

Als inhaltliche Themen würden im Zentrum stehen:

- Leistungsangebot in Zukunft, neue Prioritäten
- Arbeitsorganisation und Mitarbeiterentwicklung

Als Verfahrensthema würde durch die externe Beratung WaVe vorgestellt und gemeinsam besprochen.

Für diesen Top-Workshop würden idealerweise zwei Berater engagiert. Aber auch für den weiteren Verlauf braucht es nicht sechs Berater plus einen Gesamtberater, sondern zwei genügen, bei Großgruppenveranstaltungen evtl. ein dritter.

Wichtig wäre nun, dass diese Allianz unmissverständlich hinter dem Projekt und dem gewählten Verfahren steht, und so auch die Amtsöffentlichkeit klar informiert.

Gemäß den 5 WaVe-Schritten würde nun ein Unterstützungsteam gebildet, das voraussichtlich aus einer mit relevanten kompetenten Abteilungsvertretern erweiterten Startallianz (außer dem Departementsleiter) bestehen würde. Das so gebildete Unterstützungsteam würde nun in zwei Workshops die Leitplanken für die zukünftigen Netzwerkteams zur Überarbeitung der Prozesse und zur Konzeption der Personalentwicklung erarbeiten.

Die erarbeiteten Leitplanken (entspricht dem Projektauftrag) würden jedenfalls weit präziser ausfallen als im realen Projekt. Aus ihnen wäre ersichtlich

- Inhaltlich: Welche Resultate werden erwartet? Welche Prozesse haben welche Prioritäten, welche Leistungen müssen neu eingebaut werden, welche reduziert oder fallengelassen werden? Welche Personalkompetenzen sind für diese Prozesse gefragt? Wie sieht die entsprechende Personalentwicklung aus?
- Prozessual: Wie arbeiten die Teams, wie vernetzen sie sich, wie ist ihre Beziehung zum Unterstützungsteam? Welche Verantwortung übernehmen sie, was entscheiden sie?

Ganz im Unterschied zum konventionellen Verfahren würden der Projektstart mit den Netzwerkteams und die Präsentation der Resultate in Großgruppenveranstaltungen durchgeführt. Dies unterstreicht die ganzheitliche bzw. abteilungsübergreifende Sicht, wirkt der Einzeloptimierung entgegen und gibt dem Projekt diejenige Power, die es zur Umsetzung unorthodoxer Lösungen braucht.

Wichtig ist auch, dass den Teams großes Vertrauen entgegengebracht würde und sie ihre Prozesse selber gestalten und entscheiden könnten. Im realen Projekt durften sie nur Vorschläge ausarbeiten und der Amtsleitung zum Entscheid unterbreiten.

Anstatt der Kommunikationsplattformen „Zukunftstag", „Soundingboard" und der speziellen Arbeitstreffen würde man mit WaVe eine abwechselnde Folge von dezentralen Meetings (im U-Team und den Projektteams) und zusammenführenden Großgruppenveranstaltungen (Projektstart, Town-Meeting, evtl. Vernetzungsforen) vorsehen.

4 BEISPIEL UNTERNEHMENSENTWICKLUNG IM NON-PROFIT-BEREICH

In diesem Fallbeispiel geht es in einem soeben gegründeten Unternehmen um die Bündelung und Harmonisierung von etablierten Dienstleistungen für zivilgesellschaftliche Akteure und Organisationen in der internationalen Zusammenarbeit. Speziell interessant ist dieses Beispiel, da es um die Entstehung einer neuen Organisation geht. Zwar besteht bereits zum Projektbeginn eine „Startorganisation", aber die ist ausdrücklich „vorläufig" und Gegenstand des Wandels zur „Zielorganisation" im Rahmen der hier skizzierten Unternehmensentwicklung. Im Unterschied zum idealtypischen WaVe-Ablauf folgt daraus, dass in der Phase der Stabilisierung die Projektwelt (Welt II) nicht konsequent von der Linienwelt (Welt I) abgegrenzt sein muss, wie das im WaVe-Ansatz vorgesehen ist (s. Kap. C.7), sondern im Gegenteil: die Projektwelt hat eine größere Wirkung, wenn sie näher an die Linie rückt und sich mit ihr austauscht.

Das Fallbeispiel steuern unsere Kollegen Jörg Bahlow und Wolfgang Schichterich bei, die das Projekt erfolgreich mit dem WaVe-Ansatz begleitet haben.

4.1 DER FALL

Bereits mit dem Gründungstag des gemeinnützigen Unternehmens richten sich hohe Erwartungen bei Stakeholdern innerhalb und außerhalb des neuen Hauses auf die ersten Wochen und Monate: Vielfältige, zuvor in vier ganz unterschiedlichen Vorgängerorganisationen angesiedelte Informations-, Beratungs-, Förderungs- und Qualifizierungsaktivitäten zu harmonisieren, Synergiepotenziale zu erschließen, administrative Prozesse zu bündeln und vereinfachen – all das steht auf der Zielagenda für das „Jahr eins" der Unternehmensentwicklung. Und auch die etwa 150 Mitarbeitenden an mehreren Standorten hoffen auf zügige Erarbeitung einer identitätsstiftenden Strategie, umfassende Möglichkeiten zur Mitsprache und klare Orientierung über den künftigen Weg der Entwicklung des jungen Unternehmens.

So gilt es, innerhalb weniger Monate nicht nur ein Mission Statement zu formulieren und das neue Unternehmensleitbild zu entwickeln, sondern auch die strategischen Grundlagen für die nächsten Jahre zu erarbeiten, Leistungsprozesse zu optimieren und die Aufbauorganisation entsprechend anzupassen. Um dies neben den Herausforderungen des „Tagesgeschäfts" in Abteilungen, Programmen und Stabsstellen bewältigen zu können, ist eine eng verzahnte und gut abgestimmte Vorgehensweise gefragt, die auf klare Leitplanken zur Orientierung und parallele, vernetzte Arbeit in Teams mit umfassender Selbststeuerung setzt.

Der Gesamtprozess der Unternehmensentwicklung setzt sich zusammen aus mehreren vernetzten Teilprozessen und dient zugleich der weiteren Vernetzung von zuvor nebeneinander arbeitenden Kulturen, Handlungsmustern und Prozessen aus den „Herkunftsorganisationen". Auf Grundlage des WaVe-Verfahrens erweist sich für diese Aufgabenstellung ein zweiphasiges Vorgehen als besonders geeignet: Transformation und Stabilisierung. Die Transformation im ersten Jahr unterteilt sich in zwei Abschnitte (s. **Abbildung D.7**):

- Im ersten Abschnitt mit den Führungsklausuren I-III erfolgt eine Definition der Ziele, der konkreten Projektaufträge und der daraus abgeleiteten Teilaufgaben, z.B. zur Leitbildentwicklung, Prozessharmonisierung und Prozessoptimierung. Außerdem wird durch das Führungsteam der Handlungsrahmen für die Aufgabenbearbeitung und Prozessoptimierung erstellt („Leitplanken").

- Im zweiten Abschnitt wird für jede der Teilaufgaben ein gemischtes Team als eine Art „Mikrokosmos" der Gesamtorganisation nominiert, in dem einerseits die zur erfolgreichen Aufgabenbearbeitung benötigten Sach- und Fachkompetenzen, andererseits aber auch die spezifischen Sichtweisen und Erfahrungshintergründe aus den unterschiedlichen „Subsystemen'" (Standorte, Abteilungen bzw. Programme, Fachfunktionen) persönlich vertreten sind. Die beiden Abschnitte greifen ineinander, so dass Leitbild- und Strategieteam bereits parallel zu den Führungsklausuren ihre Arbeit aufnehmen können.

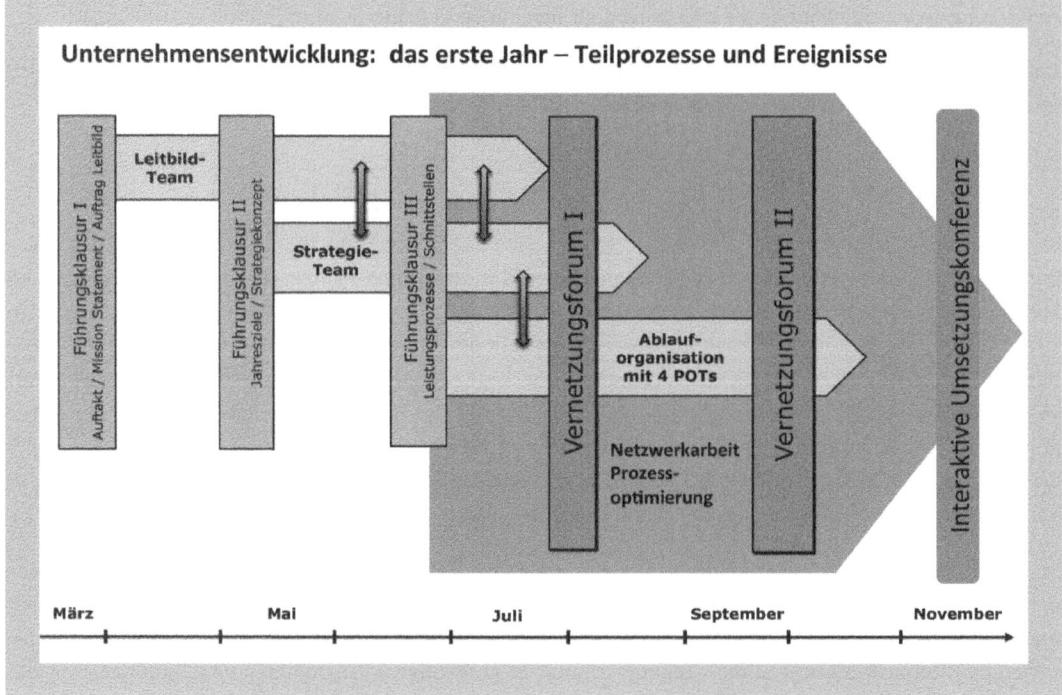

Abbildung D.7: *Unternehmensentwicklung: das erste Jahr bzw. die erste Phase mit den Abschnitten Planung (3 Führungsklausuren und 2 Arbeitsteams für das Leitbild und die Strategie) und Netzwerkarbeit mit zusätzlich 4 Prozessoptimierungsteams (POTs)*

Die vier Prozessoptimierungs-Teams (POTs), die bereits im ersten Abschnitt gestarteten Teams „Leitbild" und „Strategie" sowie die beiden Vernetzungsforen bilden die „Bühne des Geschehens" einer Welt II. Wie schon Leitbild- und Strategieteam setzen sich auch die POTs funktions-, fachbereichs-, ebenen- und standortübergreifend zusammen. Sie erarbeiten eine umsetzbare Soll-Vorstellung für je einen der in der vorhergehenden Projektphase identifizierten Prozesse und achten auf Vereinbarkeit mit den bei Beginn der POT-Arbeit bereits vorliegenden Ergebnissen aus Leitbild- und Strategieprozess. Dazu gehören auch konkrete Vorschläge zur Ausgestaltung der Prozessschnittstellen. Alle POTs haben die gemeinsame Verantwortung, für horizontale Vernetzung und Kompatibilität ihrer Einzelergebnisse zu sorgen. In den als interaktive Großgruppenkonferenz angelegten Vernetzungsforen arbeiten jeweils alle zu diesem Zeitpunkt im Projekt aktiven Teams parallel an ihrer jeweiligen Aufgabenstellung und sorgen dabei gleichzeitig im direkten Kontakt mit den übrigen Teams für die sachlich notwendige Vernetzung. Im Rahmen des Vernetzungsforums wird diese Vernetzung untereinander durch einen „Markt der Ergebnisse" zusätzlich gefordert und gefördert. Bei dieser Gelegenheit besteht auch die Möglichkeit zu kurzen Zwischenpräsentationen an Steuerkreis, Projektauftraggeber und weitere Stakeholder.

4.2.1 FÜHRUNGSKLAUSUREN, LEITBILD- UND STRATEGIEPROZESS

Eine Besonderheit des hier geschilderten Falles ergibt sich bereits zu Beginn aus der Notwendigkeit zur zeitlichen und inhaltlichen Staffelung von Leitbildprozess, Strategiearbeit und Prozessoptimierung. Im typischen WaVe-Vorgehen werden aus den Frameworkshops heraus und vor der Nominierung von Teams mit den Leitplanken bereits alle wesentlichen Eckpunkte des Projektauftrags formuliert. Davon abweichend werden hier im Top-Workshop bereits die Eckpunkte zur Nominierung und Beauftragung des Leitbildteams erarbeitet. So kann in der weiteren Folge das in der dritten Führungsklausur beauftragte Strategieteam sich bereits unmittelbar nach seinem Start mit dem Leitbildteam vernetzen und auf einen fortgeschrittenen Arbeitsstand mit Kernelementen des künftigen Unternehmensleitbilds aufsetzen.

Der „Werkstatttag Leitbild und Strategie" (zeitlich zwischen Führungsklausur II und III) entfaltet als erstes Vernetzungsereignis mit Publikum eine ganz besondere Dynamik. Neben den Mitgliedern der beiden Teams folgen über 30 Mitarbeitende aus allen Abteilungen und Stabsstellen der Einladung, um kritische Rückmeldungen, Diskussionsbeiträge und eigene Impulse zum Entwurf des Leitbilds sowie zu einer ersten Version der Strategischen Richtungsaussagen zu formulieren.

4.2.2 ORGANISATIONSENTWICKLUNG MIT 6 NETZWERKTEAMS

Nach Erarbeitung der Leitplanken (Projektaufträge) für vier Prozessoptimierungsteams in der letzten Führungsklausur und der anschließenden Nominierung der POTs richten sich schon bald gespannte und fragende Blicke auf das erste Vernetzungsforum. Gut sechs Wochen nach dem Start in die Prozessoptimierung steht die Begegnung an einem Ort in einem Raum bevor – nicht nur zwischen den sechs Teams als Repräsentanten der Projektwelt bzw. Welt II, sondern ebenso mit Führungskräften aus allen Linieneinheiten sowie Mitgliedern der Interessenvertretungsgremien, also Vertretern der Linie bzw. Welt I (s. **Abbildung D.8**). Aller Skepsis im Vorfeld zum Trotz: großer Applaus für sein Arbeitsergebnis wird dem Strategieteam zuteil, das sich allerdings auf diesen Lorbeeren keineswegs ausruht. Kurzentschlossen greift es die Anregungen aus dem Strategie-Rundgang auf und gönnt sich eine zusätzliche Überarbeitungsschleife zur Einarbeitung.

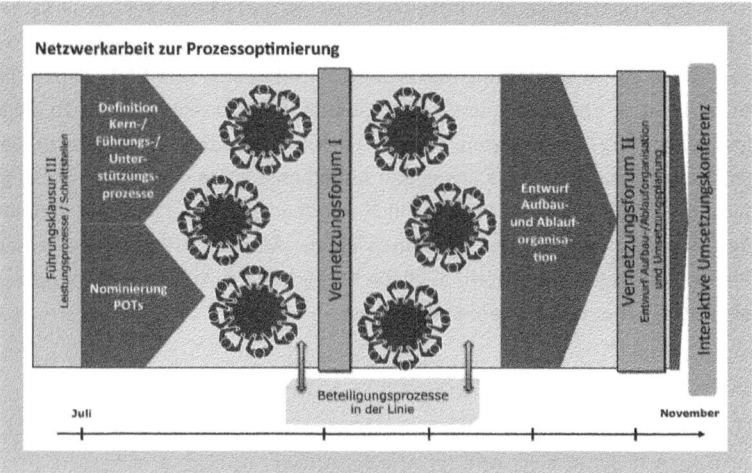

Abbildung D.8: *Die Netz-werkarbeit in der Phase „Transformation". Die 6 Teams symbolisieren die 4 POTs sowie das Leitbild- und Strategieteam (letztere zwei bis zum Vernetzungsforum I).*

Das zweite Vernetzungsforum schließlich steht ganz im Zeichen eines von vielen Akteuren angesichts der hohen zeitlichen Belastungen herbeigesehnten Abschlusses der POT-Arbeitsphase. Wandfüllende Swim-Lane-Diagramme zur Beschreibung der künftigen Kernprozesse laden zur Diskussion und Kommentierung ein, aber auch erste konkrete Überlegungen zur künftigen Ablauforganisation werden vorgestellt.

Obwohl von manchen Beteiligten und Beobachtern kaum für möglich gehalten: Alle POTs erhalten große Anerkennung und formale Entlastung für ihre schlüssigen Konzepte, Prozessbeschreibungen und Empfeh-lungen. Gleichwohl ist klar, dass vieles davon in der anschließenden Implementierungsphase noch weiter auszuarbeiten sein würde.

4.2.3   REFLEXION DER ERGEBNISSE AUS DER ERSTEN PHASE: DIE UMSETZUNGSKONFERENZ

Mit der Umsetzungskonferenz – in der WaVe-Logik das „Town-Meeting" – endet planmäßig die Transfor-mationsphase. Neben einem Rückblick auf den Prozess der Unternehmensentwicklung in den vergangenen neun Monaten und einer Würdigung der erzielten Ergebnisse ist nun auch der Übergang in die Stabilisie-rungsphase zu bewerkstelligen.

REFLEXION DER ERGEBNISSE

Die Bühne ist eröffnet für alle Teams, die in der Welt II daran gearbeitet haben, die Bedingungen für eine funktionstüchtige und effiziente Aufbau- und Ablauforganisation zu schaffen. Zu besichtigen sind:

- Ein Mission Statement und Unternehmensleitbild, das inzwischen schon als Teil des nach außen und in-nen kommunizierten gemeinsamen Wertehintergrunds kommuniziert wird;

- eine Festlegung auf strategische Richtungsaussagen, die bereits Handlungswirksamkeit gegenüber der Gesellschafterin, den externen Kunden und bei der Vorbereitung eines kaskadierten Zielvereinbarungsprozesses innerhalb des Unternehmens entfalten;
- ein Modell für die zukünftige Aufbauorganisation, die den Anforderungen nach Effizienz und Effektivität aus der vorausgehenden Organisationsanalyse Rechnung trägt (Auftrag: Erzielung einer „Effizienzrendite");
- und schließlich die IT-gestützten Designs für die wichtigsten Schlüsselprozesse der Fachbereiche.

Der Stolz der Akteure auf das Erreichte ist ebenso spürbar wie die Erleichterung, einen anstrengenden Weg erfolgreich hinter sich gebracht zu haben. An dieser Stelle zeigt sich die Wichtigkeit von Öffentlichkeit und Transparenz. Ständige Rückmeldungen und Vernetzungen in und zwischen Welt I und Welt II im Vorfeld stellten sicher, dass durch die Konferenz eine zentrale Nicht-Regel eingehalten wird: „Keine Überraschungen".

Nachdem die Rückschau und Ergebniswürdigung im Wortsinne „über die Bühne gebracht" ist, steht die Frage im Raum: was heißt dies alles konkret auf der Handlungsebene? Die Akteure in Welt I sind aufgefordert, die Impulse aus Welt II aufzugreifen und das „Spiel" in Welt I zu verändern. Dieser Übergang wird im Rahmen der Umsetzungskonferenz bewusst gestaltet. Die Teilnehmenden sitzen an Arbeitstischen mit je sieben Personen aus unterschiedlichen Bereichen des Unternehmens und bilden jeweils einen Mikrokosmos der Organisation. Sie sind eingeladen, ihre Resonanz auf die Ergebnispräsentationen aus Welt II zu veröffentlichen. Das Bild ist eindeutig: die vorgelegten Lösungs- und Veränderungsvorschläge werden durchgängig begrüßt. Relevanz und Praktikabilität werden hoch eingeschätzt. Die Arbeitsweise der Prozessoptimierungsteams und insbesondere die Bereitschaft der Geschäftsführung, nicht in die Selbstorganisation der Arbeitsgruppen einzugreifen, Anregungen und Empfehlungen aus den Arbeitsgruppen aufzunehmen, wird als besonders wertschätzend und prozessförderlich herausgehoben. Alles in allem ist die Resonanz also ausgesprochen positiv.

EINLEITUNG DER UMSETZUNG

Der Blick auf die nächste Etappe ist von Realitätssinn geprägt. Das Erreichte wird mit dem Prädikat „gute Grundlage" versehen. Daran schließen sich konkrete Umsetzungsfragen an: nach den Aufgabenzuschnitten der Mitarbeitenden, nach eindeutiger Zuordnung der Aufgaben in den Aufbaustrukturen, nach Detailklärung im Hinblick auf die Personalstruktur, Kommunikationsstrukturen und Schnittstellen zwischen den Organisationseinheiten. Dabei werden die Folgen einer straffen Zeitplanung im ersten Jahr der Unternehmensentwicklung sichtbar: Die Rhythmisierung der Transformationsphase durch fest terminierte Ereignisse hat in der Wahrnehmung aller Akteure zur Verbindlichkeit bei der „Lieferfähigkeit" von Welt II-Teams beigetragen. Gleichzeitig erfüllt sich eine weitere Nicht-Regel quasi von selbst: „Keine 100-Prozent-Lösung!", freilich auch aufgrund von Kapazitätsengpässen, die diesen Unternehmensentwicklungsprozess begleiten.

Eine der zu schaffenden Voraussetzungen für einen gelingenden WaVe-Prozess ist die Freistellung der Akteure für das Welt II Geschehen mit 1-2 Tagen pro Woche. Die Praxis sieht zuweilen anders aus – wie auch in diesem Fall, und die Rückmeldungen von Seiten des Personals zur kapazitiven Auslastung sind einhellig: hohe Arbeitsbelastung, verschärfter Zeitdruck, verbunden mit dem Hinweis, dass die Kollegen im operativen Geschäft mindestens soviel Würdigung verdienen wie die Mitglieder der POTs und anderer Teams, denen sie durch Übernahme von Aufgaben im „Kerngeschäft" den Rücken freigehalten haben.

Hier spricht ein Publikum, das nicht das Geschehen in Welt II konsumiert, sondern in den zurückliegenden neun Monaten durch aktive Zu-Rufe von den Rängen (Welt I) dafür gesorgt hat, dass die Aufführung auf der Welt II Bühne weitergeht, eine Inszenierung, die von und durch die Interaktion mit dem Publikum lebt.

Die Geschäftsführung reagiert auf Signale der Erschöpfung und ordnet eine zweimonatige „Verschnaufpause" für das Projektgeschehen (Welt II) an.

4.3   DAS ZWEITE JAHR: STABILISIERUNG

Eine mehrmonatige Unterbrechung in der Dynamik des Wandels ist nicht unkritisch: werden die entwickelten Lösungen und Antworten Wirkung in Welt I entfalten? Sind die getroffenen Beschlüsse und Verabredungen belastbar?

Die Transformationsphase im ersten Jahr der Unternehmensentwicklung ist geprägt von vier erfolgskritischen Faktoren:

- Vertrauen (dass alle ihre Aufgabe ernst nehmen und verantwortlich umsetzen);
- Vernetzung (zu den richtigen Themen mit den richtigen Leuten zum richtigen Zeitpunkt);
- Transparenz (über die Aktivitäten, Inhalte und Arbeitsstände im Entwicklungsprozess);
- Selbstorganisation (von zielführender Kommunikation, Prioritätensetzung und Strukturierung des Arbeitsprozesses).

Diese Faktoren haben die Interaktionen in Welt II nachhaltig geprägt und den entscheidenden Unterschied zwischen Welt I und Welt II erzeugt.

Die faktische und mentale Wanderung der Akteure zwischen den Welten hat für eine produktive „Irritation" der Mutterorganisation (Welt I) gesorgt. Dabei haben nicht nur die „Sach"-Ergebnisse (das „Was") sondern auch die Erfahrungen, die die Akteure in der Kommunikation und im sozialen Prozess in beiden Welten mit den genannten vier Faktoren machen (das „Wie") zum weiteren Entwicklungsprozess im Unternehmen beigetragen.

4.3.1   VORBEREITUNG DER STABILISIERUNGSPHASE

Die verordnete Pause kann für Aktivitäten in der Linie genutzt werden:

- Herstellen von Umsetzungsgewissheit zu den Sach-Ergebnissen, die Umsetzungsreife erlangt haben.
- Einsatz von Formaten der Kommunikation und Kooperation im Alltagsbetrieb (Welt I), die eine Vertrauenskultur und Vernetzung befördern, dem Gebot der Transparenz verpflichtet sind sowie Prozesse der Selbstorganisation begünstigen.

Nach der zweimonatigen Unterbrechung werden dann auch Aktivitäten in Welt II wieder aufgenommen, wenngleich in reduziertem Umfang und entsprechend der noch zu erledigenden sachthematischen Fragestellungen. Hier heißt die zentrale Anforderung:

- Sicherstellen einer Projektstruktur und -dramaturgie, die sich an der zweiphasigen Schrittfolge im ersten Jahr des Unternehmensentwicklungsprozesses orientiert – bei Einhaltung der vier erfolgskritischen Faktoren Vertrauen, Vernetzung, Transparenz, Selbstorganisation.

Zur „Aufführung" kommen folgende Aufgabenstellungen (s. **Abbildung D.9**):

- Fertigstellen der Schlüsselprozesse und Stabilisierung der Umsetzung in Welt I durch ein Prozessimplementierungsteam,
- Erstellen und beschlussfähige Ausarbeitung fachinhaltlicher Konzepte durch zwei Kompetenzteams.

Für die praktische Umsetzung bedeutet dies in Welt I unter dem Titel „Aufbauorganisation/Jahresziele":

- die Implementierung eines Zielvereinbarungsprozesses, der eine jährliche Fortschreibung der Strategieziele einschließt,
- die Implementierung der Aufbauorganisation als Ergebnis aus dem ersten Jahr des Unternehmensentwicklungsprozesses.

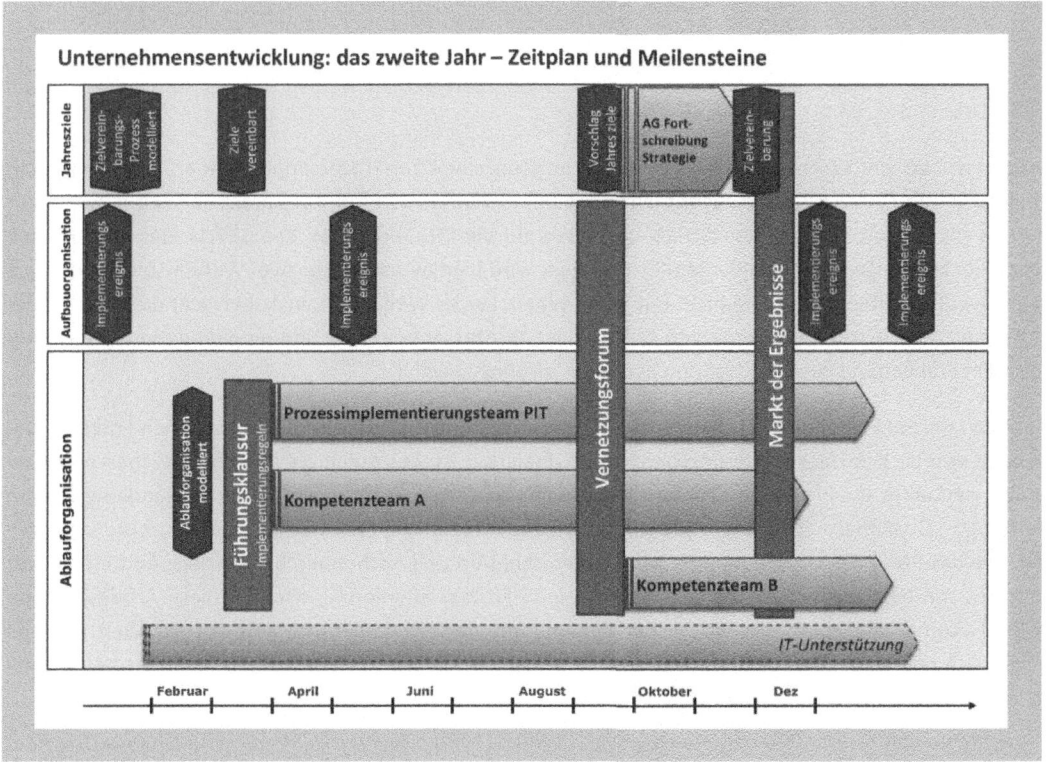

Abbildung D.9: *Unternehmensentwicklung – das zweite Jahr: Die „Schienen" „Jahresziele" und „Aufbauorganisation" sind Aktivitäten der Linie, diejenigen der Ablauforganisation mit dem Prozessoptimierungsteam und den beiden Kompetenzteams der Stabilisierungsphase des Projektes. Mitlaufend die IT-Unterstützung.*

Eine zweitägige Führungsklausur („Frame-Workshop") eröffnet die im WaVe-Verständnis als zweiter Zyklus verstandene Stabilisierungsphase und ist von der Zielstellung her angelehnt an die WaVe-Startkonferenz. An ihr nehmen alle Führungskräfte des Unternehmens teil.

Der Blick richtet sich nach vorne, begonnen wird mit einem Nachdenken über die „Lessons learned" aus dem zurückliegenden Prozess. Schon an dieser Stelle zeigen die Rückmeldungen, dass die Veränderungs-energie nicht versickert ist. Drei „Kern(an)Forderungen" stechen hervor:

- bewusster Umgang mit den begrenzten Ressourcen; Belastungsspitzen sind vorausschauender zu pla-nen und besser abzufedern;
- Erfolgskriterien und bereitzustellende (Personal)Kapazitäten bei Beauftragung von Teams in Welt II präzisieren; dabei Vernetzungsaufgabe noch stärker akzentuieren;
- Wissen („Expertise") im System noch gezielter für die anstehenden Entwicklungsaufgaben in Wert bringen;
- stärkere Gewichtung der Arbeit zu programmatisch/inhaltlichen Themen.

4.3.3 DIE NEUE TEAMKONSTRUKTION

Zunächst ist aber der Wechsel von der Prozessoptimierungslogik zur Prozessimplementierungslogik zu voll-ziehen. Es geht in diesem Projekt nicht mehr um eine abgrenzbare Aufführungspraxis in Welt II, wie es für die POTs gilt und wie wir es grundsätzlich besonders für die PITs fordern (s. Kap. C.7.1). Das nun auf eine Gruppe konzentrierte Prozessimplementierungsteam wird hier zwischen den zwei Welten spielen, da es ja um einen völligen Neuaufbau und nicht um einen Wandel einer Welt I geht. In Anbetracht dieser besonde-ren Ausgangslage wird für die gemischte Auftragslage (Prozessentwicklung und -implementierung) in einer noch nicht etablierten Linienorganisation eine Hybridlösung gewählt.

Im ersten Jahr des Bestehens der Organisation wird deutlich, dass es zu zentralen inhaltlichen Fragestellun-gen noch erheblichen Harmonisierungsbedarf gibt. Erklärbar ist dies durch die unterschiedlichen organisa-tionalen Herkünfte von Programmabteilungen (s. auch Kap. D.4.2). Es geht darum, zu den Handlungsfeldern „Beratung", „Qualifizierung" und „Programmvernetzung", inhaltliche und methodische Konzepte zu entwi-ckeln, die das Profil des Unternehmens nach außen schärfen und nach innen die Effizienz und Effektivität von Prozessen begünstigen. In Abgrenzung zur reinen Prozessoptimierung wird für diese Arbeitsgruppen der Titel „Kompetenzteam" gewählt. In der Inszenierung dieser Kompetenzteams auf der Welt II-Bühne spiegelt sich bereits ein Umsetzungs- und Stabilisierungsziel für Welt I: Wirkung erzielen über Vernetzung von Wissen und Expertise im System.

4.3.4 DER FLOW ZWISCHEN WELT I UND WELT II

Die Erstellung der Leitplanken, das Design der Projektorganisation und des Nominierungsverfahrens für die Stabilisierungsphase erfolgt in einer Führungsklausur. Nun sind alle Voraussetzungen für eine Beauftragung und Nominierung des Prozessimplementierungsteams und der Kompetenzteams geschaffen. Dies erfolgt einen Monat später in einem halbtägigen Auftakt-Workshop. Die Dauer des Auftakts signalisiert, dass gute Vorarbeit geleistet wurde, aber vor allem, dass die Spielregeln und Prinzipien für die Unternehmensentwicklung das ganze System begonnen haben zu durchdringen. Symptomatisch dafür steht die Erweiterung der Nicht-Regeln um die Aussage: „Wir (PIT und Kompetenzteam) arbeiten nicht für den Steuerkreis, sondern für die Organisation!". Gleichwohl hat die regelmäßige Berichterstattung im Steuerkreis eine wichtige Funktion. Sie gewährleistet Transparenz und Stabilisierung der Teamarbeiten. Das Prozessimplementierungsteam greift den Arbeitsstand der POTs aus dem Vorjahr auf und vollendet im weiteren Verlauf der Stabilisierungsphase die Prozessoptimierung, jetzt in enger Kooperation mit der Serviceabteilung IT. Außerdem leitet es die Implementierung der ausgearbeiteten Prozesse in der nun schon stehenden Aufbauorganisation ein.

Das Vernetzungsforum wird als Open-Space-Konferenz organisiert. In dieser Phase der Unternehmensentwicklung ist es nicht mehr allein Aufgabe der Teams in Welt II, sich analog zu der Anforderung an die POTs eigenverantwortlich die erforderliche Vernetzung zu organisieren. Mit der Wahl des Formats Open Space ist das ganze System zur Selbststeuerung eingeladen. Die Ergebnisse dieser Selbstorganisation fließen in die weitere Arbeit von Prozessimplementierungs- und Kompetenzteam ein. Den Abschluss des zweiten Jahres in der Unternehmensentwicklung bildet ein Markt der Ergebnisse. Er unterscheidet sich von seinem Pendant im ersten Jahr vor allem in der Charakteristik der Ergebnisse: von den „Landkarten" der Veränderung im ersten Jahr aus ist es gelungen, an vielen Stellen ins „Gelände" zu kommen. Nicht alles konnte schon in der betrieblichen Praxis verankert werden. Aber die Voraussetzungen dafür sind geschaffen. Dort wo es gelungen ist, Prozesse und/oder Strukturen zu implementieren, löst sich die Differenz, zwischen Welt I und Welt II auf. Es wird nicht mehr als Team aus Welt II ein „Arbeitsstand" präsentiert, sondern Organisationseinheiten stellen ihre Arbeit und Instrumente vor. Aus den konkreten („Sach-")Ergebnissen des Entwicklungsprozesses beginnen sich neue Routinen zu etablieren. Sie füllen das „Gefäß" der Aufbauorganisation mit Leben und gewährleisten so die Koppelung mit der bereits in die Linienverantwortung übertragenen Entwicklungsaufgabe.

4.3.5 VERANKERUNG VON ENTWICKLUNGSVERANTWORTUNG IN DER LINIE

Die Anpassung und Stabilisierung der Aufbauorganisation wird nicht über ein Prozessimplementierungsteam eingeleitet, sondern durch die Unternehmensführung. Mit dieser Entscheidung wird gleich zu Beginn dieses Abschnitts der Unternehmensentwicklung ein gut sichtbares Signal gesetzt, dass die Gestaltung von Wandel eine Kernaufgabe von Führung ist. Hierfür wird ein Ziele-Workshop genutzt, mit dem das zweite Jahr der Unternehmensentwicklung eingeleitet wird. Über ein kaskadiertes Zielvereinbarungssystem werden nun neben den inhaltlichen auch die Entwicklungs- bzw. Implementierungsthemen verbindlich und bis auf Teamebene adressiert. Mit der Festlegung von Meilensteinen zur Bilanzierung der Zielerreichung, Fortschreibung der strategischen Richtungsaussagen und zur Zielvereinbarung mit der Gesellschafterin wird ein Orientierung stiftendes Instrument der Unternehmenssteuerung eingeführt. Damit sind die Sachthemen gut untergebracht und ein Umsetzungsversprechen ist gegeben.

4.3.6 AUSBILDUNG VON ROLLEN UND FÜHRUNGSVERSTÄNDNIS

Für den weiteren Verlauf des Entwicklungsprozesses ist hier an einige Besonderheiten des Unternehmens zu erinnern:

- Die Organisation ist eine Neugründung, es gibt also noch keine entwickelten Routinen als Ausdruck einer Unternehmensgeschichte.
- Ein erheblicher Teil der Führungspositionen wird erst im Lauf des Unternehmensentwicklungsprozesses besetzt.
- Das Gleiche gilt für die Zahl der Mitarbeitenden, die durch Übernahme zusätzlicher Aufgaben von ca. 150 zu Beginn des Unternehmensentwicklungsprozesses auf 240 zum Ende des zweiten Jahres anwächst.

Die von allen Mitarbeitenden erlebte Intensität des Unternehmensentwicklungsprozesses im betrieblichen Alltag kommt also zu einem Zeitpunkt, in dem sich nicht nur die Organisation als System (er)finden muss, sondern in dem jeder Mitarbeitende individuell Orientierung für die eigene Rolle und das Zusammenspiel mit den anderen sucht. Dies gilt nicht nur für die Führungskräfte, für sie aber besonders.

Für das Gelingen von Annäherung aus Welt II in Welt I bietet diese Orientierungs- und Findungsphase eine interessante Chance, um Führung erlebbar zu machen und in der Selbstklärung zu unterstützen: Durch die permanente Organisation von Austausch- und Vernetzungsforen sowie die wiederholte Erzeugung von Mikrokosmen in den Großgruppenkonferenzen wird im Unternehmensentwicklungsprozess ein Erlebnisraum mit hoher Intensität im Zusammenspiel der Akteure geschaffen. Dies führt zwangläufig zu einer Schärfung von Rollenbewusstsein und gegenseitigen Rollenerwartungen und mündet naheliegender Weise in die Frage: „Was heißt bei uns gute Führung?". Mit der Entscheidung, die Forderungen „Vertrauen!", „Vernetzung!", „Transparenz!" und „Selbstorganisation!" als kulturprägende Merkmale des Entwicklungsprozesses zur Geltung zu bringen, wird implizit ein Führungsverständnis zugrunde gelegt, das alle WaVe-Prinzipien durchdringt und sich in gereiften Organisationen oft erst gegen eingefahrene und anderen Prinzipien folgende Denk- und Verhaltensmuster durchsetzen muss. Das ist hier anders: Das Verständnis von Führung, das den Formen und Formaten des Unternehmensentwicklungsprozesses unterlegt ist, stößt auf eine erst schwach ausgeprägte Führungskultur des Systems. Worauf es vor allem trifft, sind Subkulturen, in denen einzelne Organisationseinheiten ihre Traditionen aus den Vorgängerorganisationen mitbringen und weiterleben. Jede einzelne Organisationseinheit ist zu schwach, um das ganze Unternehmen mit einer Art Leitkultur zu prägen. Stattdessen findet in dieser Phase die Entwicklung einer gemeinsamen Unternehmens- und insbesondere Führungskultur als Such- und bisweilen durchaus konflikthafter Orientierungsprozess statt.

4.3.7 AUF DEM WEG ZUR ORGANISATION

Mit dem Inkraftsetzen der überarbeiteten Aufbauorganisation im zweiten Jahr der Unternehmensentwicklung entsteht Klarheit über die Führungsstrukturen. Nun müssen die Aufgaben, Befugnisse und Verantwortungen abgegrenzt und zugeordnet werden. Die Schnittstellen zwischen den Organisationseinheiten sind zu definieren. Die Vielfalt von Förderprogrammen und Serviceangeboten für die Zielgruppen muss strukturell verkoppelt und inhaltlich harmonisiert werden. Der verabredete Zielkatalog zeigt, dass auch in der Stabilisierungsphase große Veränderungs- und Anpassungsaufgaben zu bewältigen sind – und immer neben dem operativen Geschäft. Die Formate, die hierfür gewählt werden, machen deutlich, welchen Einfluss die Erfahrungen in und mit den Arbeitsformen in Welt II im Jahr zuvor auf die Kommunikation und Zusammenarbeit in Welt I haben: Für die Weiterverfolgung der o.g. Themen wird auf allen Hierarchieebenen und wenn erforderlich Hierarchie übergreifend der direkte Austausch in dafür reservierten Zeiträumen, i. d. Regel als Klausur- oder Workshop-Format, gesucht. Stets läuft der Vernetzungsgedanke mit: Wer kann noch etwas zu unserer Frage beitragen, wer ist betroffen von dem, was wir hier bereden? Die Erwartungen sind hoch, dass Entscheidungsprozesse transparent gemacht werden – es herrscht nach wie vor Konsens darüber, „Überraschungen" zu vermeiden. Vertrauen zeigt sich in der Bereitschaft zu kontroverser Diskussion auch über die Hierarchieebenen hinweg. Führung übernimmt hier die Gestalter-, Befähiger- und Ermöglicherrolle. Eine Verletzung der Handlungs- und Verhaltensregeln und Prinzipien, die sich als hilfreich im Unternehmensentwicklungsprozess erwiesen haben, wird unmittelbar thematisiert. Die Organisation entwickelt und nutzt ihre Fähigkeit zur Selbstreflexivität und tut das, worauf systemische Beratung stets hofft und seine Mühen lenkt: das System beobachtet sich beim Beobachten und stellt diese Beobachtungen zur Verfügung.

Die Selbstähnlichkeit zwischen dem, was in Welt I im zweiten Jahr geschieht mit dem, was in Welt II im ersten zu erleben war, ist verblüffend. Sie lässt sich nicht allein über den Reiz und die Schlüssigkeit des WaVe-geprägten Beratungsansatzes erklären. Ein wesentlicher Faktor ist die Anschlussfähigkeit des WaVe-Gedankens und seiner Handlungsprinzipien an den, sagen wir „genetischen Code" des Klientensystems:

- die Identifikation mit den Dienstleistungen, die erbracht werden über die Gewissheit, gesellschaftlich und global etwas Gutes zu tun (Werte-Orientierung);
- die Vertrautheit im Umgang mit kultureller, gesellschaftlicher und individueller Vielfalt (Diversity-Orientierung);
- der Respekt gegenüber individuellen und gesellschaftlichen Unterschieden und die Fähigkeit, diese Unterschiede fruchtbar zu machen (Inklusions-Orientierung);
- die Fähigkeit und Bereitschaft zur Selbstreflexion und zum aktiven Zuhören (Reflexivität und kommunikative Kompetenz).

Über den Weg der Prozessentwicklung und Strukturbildung entsteht im Austauschprozess zwischen Welt I und Welt II eine Unternehmenskultur, die die eincodierten Merkmale der Herkunftsorganisationen mit den Prinzipien und erfolgswirksamen Faktoren transformativen Wandels zu etwas Neuem verbindet: ein soziales System (er)findet sich selbst.

5 BEISPIEL MERGER-MANAGEMENT ALS KULTURBEGEGNUNG

5.1 DER FALL

Greifen wir das Beispiel von oben auf (s. Kap. B.5.4): Zwei Unternehmen im freien Ersatzteilgeschäft der Automobilbranche fusionieren. Das übernehmende Unternehmen hat ca. 400, das übernommene ca. 100 Mitarbeiter. Beide Firmen sind weltweit aktiv, beide weisen in unterschiedlichen Bereichen Wettbewerbsvorteile auf und ihre Produktpaletten ergänzen sich in idealer Weise. Angestrebt wird eine Vollintegration.

Beide unterscheiden sich kulturell. Die kleine Firma ist patriarchalisch geprägt, sie wird mehr von einem informalen Beziehungsnetz dominiert, als dass sie durch klare Führungsstrukturen gesteuert wird. Viel geschieht auf Zuruf, man ist daher schnell und „hemdsärmelig" unterwegs, einiges wird auch „unter der

Hand" abgewickelt, Prozesse und Systeme lassen an Professionalität zu wünschen übrig. Da es die letzten Jahre bergab ging, fehlen finanzielle Mittel, wichtige Investitionen wurden hintangestellt und viele Lieferanten haben offene Forderungen. Es herrscht große Verunsicherung und viele Mitarbeiter haben das Unternehmen schon verlassen.

Ganz anders das übernehmende Unternehmen: Als Teil eines Konzerns ist alles klar formal geregelt, Professionalität ist gesichert, Ressourcen sind vorhanden. Von Verunsicherung keine Spur – eher im Gegenteil … Die Führung ist recht kollegial ausgerichtet. Man ist erfolgreich. Die Übernahme stellt die erste derartige Aktion dar.

Auf den Märkten herrscht hohe Aufmerksamkeit. Ehemalige Mitarbeiter der übernommenen Firma haben sich einem Konkurrenten angeschlossen und sind schon dabei, verunsicherte Kunden zu sich herüber zu ziehen …

5.2   AUSGANGSSITUATION – WIDERSPRÜCHLICHKEIT VON MERGERS

Das erste Hauptthema ist die Frage, welche Haltung das Management zu Tage legt und ob WaVe grundsätzlich zu ihr passt. Es gilt ein gemeinsames Verständnis herzustellen (s. **Abbildung D.10**). Grundsätzlich ist ja die ganze Bandbreite an Übernahmeformen denkbar, von der Stand-alone-Lösung – das gekaufte Unternehmen läuft selbständig weiter – über partielle, bis zur vollkommenen Integration oder gar Absorption. Da man sich im Beispielfall für die vollständige Variante entschieden hat, muss geklärt werden, von welcher Qualität man spricht. Ist man sich klar, dass als Folge der Käufer ähnlich von Veränderungen betroffen sein wird, wie die gekaufte Firma? Geht es also um eine Art „Neugründung"? Wollen wir den Merger als „Novation" auffassen? Da eine enge strategische Interdependenz vorliegt, die eine Verflechtung erfordert, um die Potenziale zu heben, muss auch ein funktionierendes kulturelles Zusammenspiel sichergestellt werden. Ja, es geht um eine Novation, trotz der eindeutigen Machtverhältnisse zugunsten der kaufenden Firma. Damit sind die beiden Schwerpunkte des Merger-Projektes definiert: Es geht um einen Projekt-Rahmen, der es ermöglicht,

1.   die Prozessgestaltung zügig in beiden Ursprungsunternehmen durchzuführen und
2.   zugleich die Entwicklung einer gemeinsamen Kultur in Gang zu setzen.

Schon an dieser Stelle ist leicht zu sehen, dass wir es hier mit einer Komplexität zu tun haben, für die WaVe sich als Methode der Wahl anbietet. Und trotzdem stehen wir – bei Mergers generell – widersprüchlichen Herausforderungen gegenüber.

Abbildung D.10 *Das gemeinsame Verständnis klären: „Novation" (Präsentationsfolie für die Führungskräfteinformation im Beispielfall)*

Merger weisen eine ganz eigene Systemdynamik auf, die immer auch ein gewisses Ausmaß an Wertezerstörung mit sich bringt:

- Kulturen treffen aufeinander.
- Personen kämpfen um Einfluss.
- Unsicherheit und Angst greifen um sich.
- Kundenorientierung wird Nebensache.
- Entscheidungen dauern länger und die Entscheidungsqualität schwankt, weil wichtige Routinen außer Kraft gesetzt sind.

Diese Aspekte verlangen nach einem gegenseitigen Kennenlernen der Organisationen, nach einer fundierten Integrationsstrategie und nach sorgfältiger Partizipation.

Dagegen steht aber eine ganz andere handfeste Anforderung: Die Märkte sind in Aufruhr, die Lieferanten klopfen an die Tür, die Kunden brechen weg. Das alles verlangt nach Schnelligkeit:

- Entscheidungs- und Führungsstrukturen müssen schnell verfügbar sein,
- die Unsicherheiten bei den Mitarbeitern müssen schnell beseitigt werden,
- das Umfeld bzw. die Märkte verlangen schnell klare Signale,
- jeder giert nach „Quick Wins".

Diesen Gegensatz heißt es durch das praktische Vorgehen in Balance zu halten (s. dazu auch **Kasten D.3**).

Diese Balance erreichen wir, indem wir auf drei Schwerpunkte achten:

A) DIE „3. KULTUR" – DEN BEGINN ALS CHANCE NUTZEN

Das 2-Welten-Konzept gibt eine überzeugende Antwort auf die Frage, wie das kulturelle Zusammenwachsen sichergestellt werden kann. Nach all dem, was wir bzgl. WaVe bisher diskutiert haben (s.o. vor allem die Prinzipien), ist klar, dass wir kulturell nur mit einem Konzept indirekter Steuerung und unfokussierter Bearbeitung vorankommen. Kultur ist nicht machbar. Jeder gezielte Versuch droht überdies entweder als Vereinnahmung verstanden zu werden mit der Folge von Widerständen und Zeitverlusten. Oder es werden irgendwelche Sozialmaßnahmen (Events, Kampagnen, Wettbewerbe, Socializing ...) durchgeführt, mit dem großen Risiko, ins Läppische abzurutschen. Unser Weg sieht daher so aus:

1. Wir rücken von Anfang an die Sache (das „Geschäft") in den Mittelpunkt und greifen zügig die anstehenden Gestaltungsaufgaben an (SPSS). Damit reduzieren wir die Unsicherheit und befriedigen Erwartungen.
2. Nun die andere Seite: Alle Betroffenen (!) beider Ursprungsorganisationen (!) wählen daraufhin Kollegen aus ihren Reihen aus, die im PMI (Post Merger Integration)-Projekt mitarbeiten sollen (wir halten uns m.a.W. an die Prinzipien und die beschriebene Schrittfolge). Dieses Vorgehen (s.o. z.B. Informationsworkshops) macht Begegnungen zwangsläufig und setzt dem gegenseitigen Bekanntwerden mitlaufend, aber intensiv in Gang (unfokussierte Bearbeitung).
3. Es entsteht ein Netzwerk von Teams (s. **Abbildung D.11**), die jeweils einen Querschnitt durch alle Ebenen und Disziplinen beider Unternehmen (!) darstellen.
   a) Nicht nur aufgrund der Sichtbarkeit des Mergers im Merger, sondern aufgrund der 12 Prinzipien manifestiert sich hier ein Unterschied, der wahrgenommen wird.
   b) Vor allem kommt uns jetzt in gewisser Weise die Verunsicherung in der Belegschaft sogar zugute. Der Merger liefert frei Haus, was wir uns sonst hart erarbeiten müssen: gespannteste Aufmerksamkeit! Alles wird von jedem registriert - Formulierungen, Gesten, Maßnahmen ... alles wird auf mögliche Bedeutungen abgeklopft; ein „Window of Opportunity"!

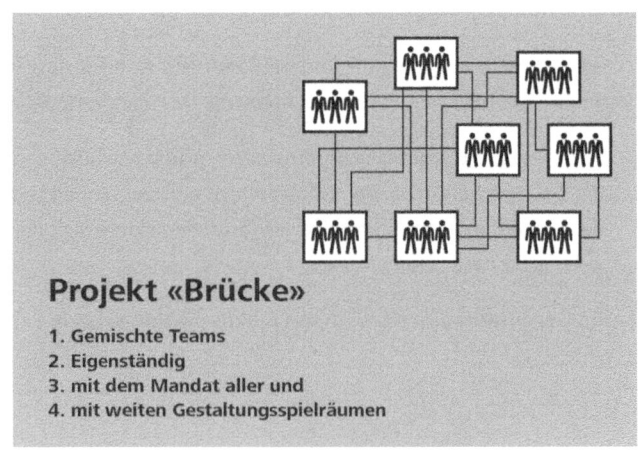

Abbildung D.11 *Vorstellung Projekt „Brücke" (Kurzpräsentation auf der Belegschaftsversammlung nach dem Closing; (s.o. Falldarstellung): Folie 1: Projekt-Logik*

Projekt «Brücke»

1. Gemischte Teams
2. Eigenständig
3. mit dem Mandat aller und
4. mit weiten Gestaltungsspielräumen

Auf diesem hoch sensibilisierten Hintergrund wirkt ein Vorgehen auf Basis der 12 Prinzipien als denkbar mächtigste Kultur-Botschaft. „So also geht man vor!", „Das ist also der Stil, in dem hier bzw. in dem die Zusammenführung gemanagt wird!" – so oder ähnlich lauten die Reaktionen. Anders gesagt: Diese Merger-/WaVe-Projektkultur sticht ins Auge. Sie ist öffentlich sichtbar. Wir nennen sie die „3. Kultur" im Unterschied zu den beiden Herkunftskulturen der der Fusionspartner (s. **Abbildung D.12**). Und sie stellt in sich eine höchst wirksame Intervention dar.

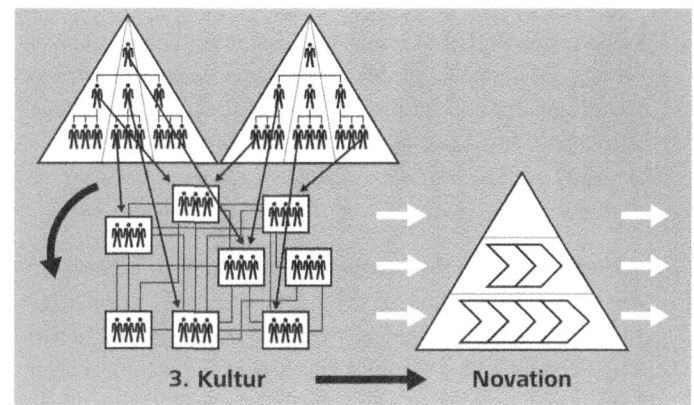

Abbildung D.12 Kulturzusammenführung über die Bildung einer „3.Kultur" , die aus den Kontexten der beiden Herkunftskulturen (symbolhaft oben durch die beiden Pyramiden dargestellt) beobachtet wird

4. Da das Netzwerk bekanntlich – innerhalb definierter Grenzen und Spielregeln – frei agiert, formen alle Protagonisten diese 3. Kultur in der Folge aus. Das hat Rückwirkungen in die Linie beider Herkunftsorganisationen.
5. Über den umfassenden Gestaltungsauftrag, mit dem die gemischten (gemergten) Teams betraut sind, gibt es weitere – die eigentlich zentralen! – kulturwirksame Effekte. Die Teams gestalten ja die künftige gemeinsame Organisation! Das aber geschieht bei dieser Projektanlage im Geiste der 3. Kultur (!).

In kurzen Worten lässt sich der erste Schwerpunkt so zusammenfassen: Zügiges Angehen der Sachthemen bei mitlaufender „Kulturarbeit", gesichert durch die vernetzte Projektanlage!

B) VIER ARTEN VON AUFGABEN UNTERSCHEIDEN

Schnelligkeit und Sorgfalt lassen sich außerdem vereinbaren, indem die anstehenden Aufgaben in vier Kategorien unterteilt werden. Nicht alles muss und kann zur Bearbeitung auf das Netzwerk warten. Wir haben es mit

1. Umstellungen,
2. Übergangslösungen,
3. strategischen Weichenstellungen und
4. mittelfristigen Entwicklungs-/Gestaltungsthemen zu tun.

Die Netzwerkteams befassen sich mit dem vierten Punkt als Schwer-Punkt: Prozessanpassungen und Reorganisationsfragen (die im Beispielfall geltende Projektstruktur haben wir schon kurz diskutiert: s. Beispiele in Kap. B.4.1). Als Orientierung dienen hierbei, wie dargestellt, die Prinzipien und die Schritte.

In dem Moment, in dem der Geschäftsbetrieb übernommen wird, gibt es im rechtlichen Sinn einen Verantwortungsübergang im Management. In einem Handelsunternehmen geht es z.B. um die Befolgung von Zoll- und Außenhandelsbestimmungen bzw. um die Sicherstellung gesetzeskonformer Herkunftsbezeichnungen. Weiterhin heißt es, Lieferantenbeziehungen in Ordnung zu bringen, dringende und berechtigte Forderungen zu begleichen usw. Das alles bedarf schneller Umstellungen und Aktionen.

Es steht eine Unzahl an Fragen im Raum: Mitarbeiter haben persönliche Anliegen, Kunden monieren Lieferverzüge, Abstimmungsprobleme entstehen, weil Positionen nicht besetzt sind oder Gremienstrukturen und Regelkommunikationen nicht zusammenpassen. Hier müssen Antworten gegeben werden, wohl wissend, dass diese Lösungen in Konflikt mit den künftigen Prozessen stehen könnten, ja werden (WaVe-Schwerpunkt bzw. POT-Arbeit). Regelungen sind aber jetzt nötig. Sie müssen als Übergangslösungen deklariert werden.

Schließlich nimmt die Strategiefrage eine dominante Stellung ein: Wohin geht die Reise? Natürlich hat sich das Management schon im Vorfeld dazu Gedanken gemacht. Formal ist die Frage möglicherweise erledigt. Nur ist das aufgrund einer noch dünnen Datenlage geschehen. Volle Einsicht in das gekaufte Unternehmen ist oft erst nach dem Closing möglich. Und erst wenn die beiden Managementteams das erste Mal ausführlich zusammen kommen – im Top-Workshop – kommen die richtigen Fragen angemessen auf den Tisch.

Was heißt das für WaVe im PMI-Fall?

Die Strukturierung der komplexen Gemengelage in die vier genannten Kategorien in der Startphase des Mergers gibt in sich eine erste Orientierung und entlastet.

Den Top-Workshop (und in der Folge auch noch die Frameworkshops) heißt es vorrangig an der Strategiethematik auszurichten: Das Kapitel V (für „Vision" in unserer Erfolgsformel NxVxV>W) nimmt in diesem Sinne viel Raum ein. So lässt sich aber bearbeiten, worauf es eigentlich und grundsätzlich zu diesem Zeitpunkt ankommt: Das noch herrschende Misstrauen. Wenn z.B. die strategische Aussage lautet „Die Marken bleiben bestehen!", dann ist noch längst nicht klar, was das genau und für die einzelnen Manager heißt; wenn es z.B. um die gleichen Kunden geht, bei denen man vorher in Konkurrenz zueinander stand, dann kann die Aussage möglicherweise gar nicht gehalten werden. Was heißt das in den verschiedenen Märkten? Usw. Man sieht: Über diese Themen berühren wir tiefgehende Fragen, identitätsmäßiger und auch finanzieller Art. Denn letztlich fragen sich Manager im Beispielfall, wie es mit ihren Erfolgsaussichten in den Märkten bestellt sein wird? Kompensiert wird der hohe Diskussionsaufwand in diesem Bereich durch den Zeitgewinn wegen des geringeren Aufwands beim N-Kapitel (Not-Wendigkeit): Der Merger macht den Handlungsdruck evident. Die Not-Wendigkeitsfrage beantwortet sich selber. Keiner fragt sich, warum etwas getan werden muss. Die Meisten fragen sich vielmehr, warum es noch nicht längst geschehen ist.

C) SICHERHEIT DURCH VERFAHREN SCHAFFEN

Was an inhaltlicher Offenheit Unsicherheit stiftet, müssen wir durch Verfahrensklarheit auffangen. Was die Verfahrensklarheit an Dringlichkeitsbedürfnissen frustriert (Zeitaufwand 6 Monate!), müssen wir durch Verbindlichkeit der Zeitziele befrieden.

Wenn wir nach diesem Motto vorgehen, brauchen wir trotz des Zeitdrucks nicht auf Sorgfalt zu verzichten.

Im Beispielfall haben zu Beginn/nach dem Closing zwei einfache Darstellungen gereicht, um in den Belegschaften ausreichend Sicherheit zu stiften:

- Eine einfache Darstellung des Projektplans und
- eine auf das Wesentliche reduzierte Darstellung der Projekt- (Change- bzw. WaVe-) Logik (s. **Abbildung D.12**)

Die wichtigsten Orientierungspunkte sind folgende:

- Nach einem halben Jahr ist der Durchbruch geschafft. Das Datum gewinnt durch das angekündigte Town-Meeting und evtl. durch eine Startkonferenz große Verbindlichkeit.
- Es gibt nachvollziehbare und beobachtbare „Zwischenstationen": Das sind der Top- und die Frameworkshops. Das erhöht die Sicherheit. Man muss nicht Monate warten, sondern darf hoffen, recht schnell über den Fortgang informiert zu sein.
- Offensichtlich ist es so, dass jeder recht eng an das Geschehen angebunden ist; entweder durch direkte Mitwirkung als Protagonist, oder durch indirekte Unterstützung in der Publikumsrolle (Auswahl der Kollegen/Protagonisten, Sicherstellen des täglichen Geschäfts). Man kann also etwas tun und ist nicht als passiv Betroffener dem Geschehen ausgeliefert.
- Die Vorgehenslogik macht aus dem Prozess eine Art spannende Story: Ein Kapitel folgt auf das andere im „offenen Buch" des Mergers. Es kann schnell passieren, dass man als Mitarbeiter kräftig mit anpacken kann und muss.
- Jeder kann ein klares „Kultur"-Konzept erkennen: Die Inhalte des Leitbildes nehmen in deutlich nachvollziehbaren Maßnahmen (gemischte Teams, Selbststeuerung, Groß-Workshop, usw.) reale Gestalt an.

Wie die Struktur aussehen wird, wo sich jeder wiederfinden wird, wie die Strategie sich weiterentwickelt, wie man mit den neuen Kollegen auskommen wird, ob sich die Synergien einstellen, wie erfolgreich man auf dem Markt sein wird – alles Fragen mit reichlich offenem Ausgang. Mit dieser Spannung heißt es erst mal zu leben. Aber: Man kann recht gut damit umgehen, wenn das Verfahren klar ist. Das gibt Sicherheit.

	eher schwierig / fordernd	eher förderlich / hilfreich
Not-Wendigkeit	• Die Not-Wendigkeits-Frage bezieht sich beim Merger auf die Art des Vorgehens • Die Diskussion von N muss auf die Verfahrensebene (!) verlagert werden (WaVe)	• Die Organisationen befinden sich „automatisch" im Aufmerksamkeits-Modus: „Window of opportunitiy" steht weit offen • Die N-Frage „Warum ist der Wandel nötig?" beantwortet sich selbst
SPSS	Zeitdruck: Die Veränderungen bzgl. Strategie, Prozessen, Strukturen und Systemen werden „sofort" erwartet	• Aufmerksamkeits-Modus : wie oben • Erwartungshaltung bzgl. Änderungen von Strategie, Prozessen, Strukturen und Systemen ist vorhanden und muss nicht hergestellt werden („Pull-Modus"; s.u.)
Vision	• Die Mitarbeitenden verlangen strategische Orientierung, die aber nicht von Beginn an wünschenswert klar gegeben werden kann • Es geht nicht nur um die Klärung der Vision. Es geht um Strategieentwicklung / -Korrektur / -Anpassung	• Die Organisation will strategische Orientierung • Sie befindet sich im „Pull-Modus"
12 Prinzipien & 5 Schritte	Zeitdruck und Druck von außen aktivieren Top-Down-Reflexe	• Mithilfe der klaren WaVe-Strategie (Struktur und Vorgehen) lässt sich Sicherheit schaffen (zweites V „Verfahren" der Erfolgsformel) • Strukturierung in 4 Aufgabentypen (s. Kap. D.5.3.B) fördert Quick-Wins
Öffentlichkeit & Transparenz	• Vor dem Closing oft fast unmöglich • Fehlende Übereinstimmung in Routinen und Info-Wegen stellen praktische Hindernisse dar	Positive Grundhaltung: Hohe Sensibilität, hohes Interesse von Hause aus vorhanden (s.o. „Pull-Modus")
Netzwerk / Selbstorganisation	• Erscheint aufwendig und • frustriert Kontrollbedürfnisse	• Bei Vollintegrationen ist Nutzen als PMI-Verfahren unstrittig • Konzept „Dritte Kultur" baut Misstrauen ab
Themenbreite	Alle Themen sind Gegenstand: Strategie, Prozesse, Strukturen	Akzeptanz für Veränderungen in den Themen-Bereichen

Kasten D.3 Besonderheiten des Merger-Managements aus WaVe-Sicht

E) STIMMEN AUS DER PRAXIS

EINORDNUNG[2]

In den folgenden Interviews kommt die Nutzer-Seite im Originalton zu Gehör. Wie stellt sich das Verfahren WaVe aus Sicht der Anwender bzw. Betroffenen im Rückblick dar? Welche Schwerpunkte werden erkennbar? Welche Varianten? Welche Tipps können abgeleitet werden? Wie wird der Effekt bzw. Nutzen rückblickend und aus erheblichem zeitlichen Abstand gesehen? Und: Welche kritischen Aspekte werden erkennbar?

Gemeinsam ist allen befragten oberen Führungskräften ihre verantwortliche Rolle in den Projekten. Die Unterschiede beziehen sich auf die jeweiligen Projektgegenstände und Kontextbedingungen. Zwei Projekte fanden im Konzernumfeld/Produktionsunternehmen statt, eines hatte die Fusion von mittelständisch geprägten Handelsunternehmen zum Gegenstand (PMI bzw. Post-Merger-Integration). Die Konzernprojekte hatten mit einer klassischen Reorganisationsaufgabe zu tun bzw. mit Prozessverbesserungen im Zuge eines internen Mergers. So decken wir auch in diesem Teil des Buches einen großen Teil der Anwendungsfelder von WaVe ab (das Thema Strategie haben wir schon in D behandelt).

REORGANISATION: EIN U-TEAM-MITGLIED FÜNF JAHRE DANACH

Das Interview fand gut fünf Jahre nach Abschluss eines Zentralisierungsprojektes statt. Es ging darum, konzernweit verteilte Einheiten zu einer Service-Organisation zusammenzufassen. Die Brisanz lag darin, dass die Konzernbereiche damit ihre Ergebnisträger verloren. Von der Veränderung waren weltweit mehrere tausend Mitarbeiter betroffen. Gesprächspartner M. Müller ist ein ehemaliges Mitglied des U-Teams, jetzt Mitglied der Geschäftsleitung der neu geschaffenen Organisation.

Interviewer: Was war der Anlass des Projektes?

Müller: Es bestanden eigentlich drei unabhängig voneinander agierende Systeme, die unterschiedliche Strategien verfolgt haben: After Sales, Trading und Kundenservice. Da hat sich jeder selber optimiert. Es gab einen internen Wettbewerb.

I: Warum haben Sie sich ausgerechnet für dieses Vorgehen mit Drift entschieden?

M: Weil es aus meiner Sicht von allen Konzepten, die wir bislang kannten, den größten integrativen Charakter hatte. Die Methodik mit den Vernetzungsforen und den Town-Meetings, um die Gruppen zusammenzubringen, um Vergemeinschaftung zu betreiben, um Ergebnisse abzugleichen und Handlungsbedarf aufzu-

---

[2] Wir danken den Herren Martin Müller, Hansjörg Rölle und Matthias Benz für ihre Bereitschaft, sich für diese Veröffentlichung zur Verfügung zu stellen und einem aus ihrer Sicht Außenstehenden Rede und Antwort zu stehen (aus Gründen der Unvoreingenommenheit hat H. Baumeister, der zur Zeit der Projektdurchführung nicht zum Team Drift Consulting GmbH gehört hat, die Interviews durchgeführt).

zeigen, um dann wieder in Spezialistengruppen bis zum nächsten Town-Meeting daran zu arbeiten, sodass man über einen längeren Prozesszeitraum alle mitnimmt – das war bei uns neu in der Firma.

I: Woher haben Sie den Mut gehabt?

M: Weil ich nachhaltig davon überzeugt bin, dass so etwas nur funktioniert, wenn man ein Commitment in der Fläche hat. Wenn die Mitarbeiter das selbst entwickelt und erarbeitet haben, dann setzen sie es hinterher auch um.

I: Auf der einen Seite braucht es top down die Linie, die Leitplanken vorgibt, und auf der anderen Seite braucht es die Netzwerkorganisation. Das kann Unsicherheit und Befremden auslösen. War das der Fall?

M: Klar, auf beiden Seiten. Das Management hatte vorher nicht die Erfahrung, wie es ist, wenn ein Team als „Freelancer" arbeitet. Umgekehrt haben das auch die Mitarbeiter noch nicht gekannt, dass sie das jetzt dürfen und dass das einen hohen Anspruch mit sich bringt. Aber das wurde in dem Konzept durch die Abgleichmeetings zwischen den Teams gut aufgefangen.

I: Und dann im Ganzen mit dem Unterstützungsteam …

M: Ja genau. Daher das Unterstützungsteam. Das waren ja im Prinzip die Initiatoren des Ganzen und eine Art Stab, bei denen die Fäden zusammen liefen. So hat man immer den Puls mitfühlen können. Wo steht das Projekt gerade? Welche der POTs sind ihrer Zeit voraus? Welche hinken noch hinterher? Es ist wichtig darauf zu achten, dass die Teams ungefähr synchron miteinander unterwegs sind. Aber das war durch die Arbeit im Netzwerk gut abgedeckt. Dadurch wurde auch die anfängliche Unsicherheit genommen, sowohl im Management als auch bei den Mitarbeitern. Sind wir in unserem Team richtig unterwegs? Arbeiten alle Teams an den richtigen Themen?

I: Ist das ein Prozess, der sich „automatisch" einrenkt?

M: Automatisch geht ja selten etwas. Es hat schon Unterstützung gebraucht. Aber die hat sich bei den Meetings ergeben. Da wurde von den Teams beispielsweise gesagt: „Das wäre unser Lösungsansatz. In diese oder jene Richtung würden wir gehen. Ist das okay?" Das wurde dann vom U-Team entweder bestätigt oder es wurden weitere Impulse gegeben: „Denkt bitte auch noch an die und jene Strategie." Und dann lief das wieder weiter.

I: Der Aufwand ist ja nicht gerade zu vernachlässigen. Rechtfertigt der Aufwand das Ergebnis?

M: Ja! Denn wenn ich den Aufwand im Projekt nicht betreibe, habe ich ihn hinterher. Im Projekt wurde zwei bis drei Tage am Stück an einem Thema gearbeitet. Ich bin überzeugt, dass der Aufwand in Summe so eher kleiner ist, als es parallel zum Tagesgeschäft zu machen. Außerdem schwindet dann irgendwann die Energie bei allen Beteiligten.

I: Ein Exkurs in die Zukunft: Wie kommt das Neue ins Spiel, wie kommt etwas Neues in die Unternehmenswelt?

M: Aus meiner Sicht muss für ein zukunftsorientiertes Unternehmen das Change-Energie-Niveau konstant auf einem hohen Level gehalten werden.

I: Halten Sie das für möglich?

M: Ja. Es müsste eine Truppe geben, die immer da ist und überlegt: Wo gibt es Wege, die noch keiner gegangen ist? Wo gibt es Modelle, die ganz neu sind? Wo gibt es Businesspotenziale, über die man noch nie nachgedacht hat? Was Unternehmen von morgen brauchen, ist eine Art Freidenkergruppe, die genau das als Auftrag hat und die diese Energiekurve, die man mit so einem Projekt hochfährt, in der Organisation oben hält - schon allein dadurch, dass es sie gibt und dass sie immer wieder die operativ tätigen Bereiche mit diesen Fragen konfrontiert. Ich kann mir vorstellen, so etwas auch in der Organisation zu verankern.

I: Zurück zum Projekt: Gibt es noch einen Gedanken, der durch unser Gespräch wieder aufgetaucht ist?

M: … mir hat es Spaß gemacht. Ich fand es auch interessant auf der Bühne zu stehen und die Gemeinschaft von hunderten Leuten zu sehen, die an der Zukunft des Aftersalesbereichs des Konzerns arbeiten. Das ist rein optisch ein nachhaltig beeindruckendes Bild gewesen. Damit haben wir die Basis und den Grundstein gelegt für die spätere Zusammenarbeit, weil viele Kollegen sich dort das erste Mal getroffen haben. Ich glaube, das war damals noch gar nicht allen klar, als sie so beieinandersaßen, dass sie mit ihren Kollegen von morgen sprechen.

I: Da ging es los. Neues Netzwerk, neue Zusammenarbeit!

M: Genau.

I: Angenommen, ich würde jetzt auf dem Flur den größten Kritiker von damals treffen. Was würde mir der über das Projekt erzählen?

M: Der wird Ihnen sagen: „Ja, es kam die neue Organisation mit „Services" dabei raus. Aber der wirtschaftliche Erfolg, den man sich davon versprochen hat, der lässt auf sich warten. Wo bleibt der daraus resultierende Zusatzertrag? Welche Synergieeffekte wurden denn tatsächlich realisiert?"

Und richtig, das alles ist heute, fünf Jahre danach in Euro und Cent in vollem Umfang schwer nachzuweisen. Aber ich sage, wenn wir in der alten Struktur geblieben wären, dann hätten wir in der Summe heute ein größeres Problem. Wir sehen bei unseren Lieferanten und Kunden einen zunehmenden Konzentrationsprozess und wir waren in unseren früheren Organisationseinheiten immer nur als Einzelkämpfer unterwegs. Alles, was wir heute als „Services" aus strategischer Sicht gemeinsam tun, hätten wir allein nicht zuwege gebracht.

I: Wenn es H. H., den damaligen CEO noch gäbe, was würde der jetzt als Resümee ziehen?

M: Es war die einzig richtige Entscheidung, das zu tun.

I: Ja? Sie kriegen ja richtig leuchtende Augen dabei. – Gut! Danke!

M: Danke Ihnen auch!

Gegenstand des Gesprächs ist ein Post-Merger-Integration-Projekt zweier Handelsunternehmen, die im freien Automotive-Ersatzteilgeschäft tätig sind. Die übernehmende Firma hat mehrere hundert, das übernommene knapp hundert Mitarbeiter. Gesprächspartner ist H.Rölle, Geschäftsführer der übernehmenden Unternehmensgruppe. Das Besondere bei diesem Projekt: Nur die Transformationsphase wurde extern von Drift Consulting GmbH begleitet; mit einer Dauer von nur sechs Monaten. Die Stabilisierungsphase (im Interview wird von „Implementierung" gesprochen) wurde in Eigenregie durchgeführt.

Interviewer: Was war damals der Ausgangspunkt für den Veränderungsprozess „Brücke"?

Rölle: Ausgangspunkt war die Akquisition der Firma B., die wir aus einer Insolvenz heraus gekauft haben. Wir kannten diese Firma schon sehr lange, die mit sog. NKW-Konstruktionsteilen (Kurbelgehäuse etc.) handelte, die wir nicht im Programm hatten. Wir haben diese Firma im Dezember 2010 gekauft und uns dann gefragt, wie wir diese Firma in die MSgroup integrieren können.

I: Wenn Sie noch mal zurückschauen, würden Sie den Schritt mit der Akquisition und Integration noch mal tun?

R: Ja, wir würden die Akquisition noch mal machen, obwohl wir unterschätzt haben, wie es ist, ein Unternehmen aus einer Insolvenz zu übernehmen.

I: Und den Integrationsprozess?

R: Wir würden das Projekt „Brücke" noch einmal machen. Das war insgesamt eine tolle Erfahrung. Rückblickend haben wir in dem Prozess vielleicht zu viel Rücksicht genommen auf die Belange dieser Firma oder auf deren Gewohnheiten. Wir hätten damals schnellere und tiefere Einschnitte machen müssen.

I: Was hat Sie veranlasst, das nicht zu tun?

R: Zum einen haben wir eine Firma mit sehr verunsicherten Mitarbeitern übernommen. Einige Mitarbeiter hatten das Unternehmen bereits verlassen und wir hatten Angst, dass noch mehr gute Mitarbeiter weggehen. Zum anderen haben wir uns zu viel vorgenommen. Wir haben zu viel reingepackt an weiteren Veränderungen.

I: Der Brücke-Prozess ist geprägt von sogenannten Leitplanken, und dem erarbeiten von Lösungen innerhalb der Leitplanken.

R: Was sehr gut war in dem Brücke-Prozess, waren die auf den Veränderungs-Prozess vorbereitenden Workshops mit den Teamleitern aus beiden Unternehmen. In der Projektierungsphase, in den ersten drei Monaten, haben wir die strategische Grundausrichtung, die Leitplanken gesetzt. Der anschließende Start-Workshop war für uns alle etwas völlig Neues.

I: Der Veränderungsprozess war gekennzeichnet von viel Energie, einer Haltung von: ‚Ja, wir schaffen das´.

R: Ja, das war so. Der Workshop hat dies noch einmal bestätigt. Es war beeindruckend zu sehen, dass so viele Leute auf einmal an Lösungsvorschlägen arbeiten. Den Prozess selbst würden wir jederzeit wieder machen.

I: Jetzt gehe ich noch mal einen ganzen Schritt zurück. Was hat Sie veranlasst diese Art der Veränderung zu wählen?

R: Wir hatten zwei, drei Unternehmen, die sich für das Integrationsprojekt präsentiert haben und das, was Herr Petersen uns damals präsentiert hat, war etwas ganz anderes. Wir waren angetan von dieser Art des Integrationsprozesses. Wir sagten, dieses Vorgehen passt sehr gut zu unserer Kultur, weil auch die menschliche Komponente starke Berücksichtigung fand.

I: Wenn Sie jetzt den Aspekt Integration betrachten, der ja ein Bestandteil des Brücke-Prozesses war, hat der darüber stattgefunden?

R: Ja, der hat stattgefunden, aber er hat eben auch länger gedauert, als wir angenommen haben. Weil die neuen Mitarbeiter eben verunsichert waren aus der Vergangenheit heraus, in der sie so etwas noch nie gemacht hatten. Sie dachten: ‚Workshop, was ist das? Der Chef sagt doch immer, wo es lang geht, warum brauchen wir Workshops? Wir sollen da mitwirken und selber entscheiden'?

I: Welche Bedeutung hatten denn die kritischen Kräfte in der übernommenen Organisation?

R: Nun, nicht nur dort, auch bei uns gab es kritische Stimmen. ‚Kann das funktionieren? Was ist das? Kennen wir ja noch gar nicht'. Aber unsere Mitarbeiter sind es gewohnt, dass wir manchmal mit unkonventionellen Ideen kommen oder Dinge anders machen als andere und von daher war hier die Überzeugungsarbeit nicht so groß, da mitzumachen. Viele Führungskräfte von uns waren in diesem Workshop beteiligt und haben dann als Multiplikatoren gedient. Sie verbreiteten: „das ist eine tolle Idee und wir gehen so und so vor".

I: Jetzt hat der Brücke-Prozess, zwei ganz wesentliche Elemente. Der eine ist, die Leitplanken zu definieren, damit die Projektteams Struktur und Orientierung erhalten. Und auf der anderen Seite den Freiraum zu geben, um Lösungen zu erarbeiten, die dann auch umgesetzt werden. Woher hatten Sie den Mut dazu?

R: Gut, die Leitplanken wurden ja hier erstellt, in kleinen Workshops, mit einer limitierten Anzahl von Führungskräften aus verschiedenen Bereichen. Und da hat es sehr heftige Diskussionen darüber gegeben, ob wir das so oder so machen können. Die Projektteams sagten uns aber, ‚wir kriegen das hin', dann sagten wir ebenfalls zu, auch wenn wir dachten, das könnte schwierig werden. Anzunehmen, dass das nicht klappt, stand für uns nicht zur Diskussion.

I: In dem Brücke-Prozess gab es auch die Town-Meetings (Startkonferenz und Ergebniskonferenz; Ergänzung DP). Wie haben Sie die rückblickend denn in Erinnerung?

R: Positiv. Beim ersten Meeting war alles sehr neu für uns. Die Berater haben das zusammen gestaltet und uns erklärt, wie es gemacht wird. Das war neu für uns und das fanden wir faszinierend. Zum Abschluss des Projektes gab es ja noch mal ein großes Town-Meeting, indem alle Ergebnisse präsentiert wurden. Auch da waren wir wirklich euphorisch, auch über die Ergebnisse, die präsentiert wurden. Mitarbeiter von uns, die sonst nur selten im Fokus standen, die aber als Sprecher dieses POT-Teams gewählt wurden und dann vor 200 Kollegen ihre Ergebnisse präsentierten. Anschließend konnte sich jeder ja noch eine Stunde informieren und bei den einzelnen Teams schauen, was erarbeitet wurde. Es war faszinierend.

I: War dann die Integration oder die Implementierung der erarbeiteten Lösungen schwierig?

R: Die Implementierung. Die Integration war oberflächlich schon gut, aber wenn es dann an die Implementierung geht, kommt vielleicht doch das eine oder andere wieder an Bedenken hoch. Diese hätte man vielleicht im Nachhinein intensiver verfolgen müssen bzw. Cuts machen müssen. Auch während der Implementierung muss man ggf. öfters nachhaken.

I: Da hätte es einen eigenen Brücke-Implementierungsprozess gebraucht.

R: Ja. Das ist natürlich wiederum sehr schwer, weil wir dachten, wir können das jetzt alleine, aber man darf es eben nicht unterschätzen.

I: Wenn Sie es noch mal in drei, vier Punkten zusammenfassen. Was war der Erfolg von dem Brücke-Projekt? Was ist da wirklich toll gelaufen?

R: Dass wir alle Mitarbeiter beider Unternehmen eingebunden haben, war wirklich sehr gut. Sehr gut sind aus meiner Sicht auch die vorbereitenden Workshops gelaufen, in denen die Festlegung der Leitplanken erfolgte.

Wie gesagt, das gesamte Projekt ist sehr gut gelaufen, weil eben alle integriert waren, alle dabei waren, aber auch aktiv mitwirken konnten und ihre Ideen einbringen konnten und nicht einfach, dass wir das oben entschieden haben und die Mitarbeiter müssen das jetzt umsetzen. Dadurch, dass die Großgruppen-Meetings stattgefunden haben, haben auch die anderen POT-Teams mitbekommen, was z.B. der Vertrieb, was der Einkauf, was das Produktmanagement erarbeitet hat. Ein anderer wichtiger Punkt war das U-Team, sie entwickelten die Leitplanken, steuerten den Gesamtprozess und lösten Blockaden. Vor einem zukünftigen Integrationsprozess wäre wichtig, dass wir uns zusammen setzen um die Erfahrungen heraus zu arbeiten, was wir in dem Brücke-Prozess gelernt haben, damit wir Fehler nicht noch einmal wiederholen und die gemachten Erkenntnisse besser umsetzen könnten.

I: Wie gestalteten Sie die Zusammenarbeit mit dem Betriebsrat?

R: Der Betriebsrat wurde ständig informiert, was wir machen, war auch an den großen Meetings anwesend und war sehr angetan, was erarbeitet wurde. Der Betriebsrat sagte, toll, die Geschäftsführung bestimmt einmal nicht allein, was gemacht wird, sondern die Mitarbeiter werden mit einbezogen und erarbeiten Lösungen.

I: Wie gestalteten Sie die Zusammenarbeit mit dem Vorstand?

Der Vorstand wurde über alle Phasen hinweg informiert gehalten. Kommentar: „Mal wieder typisch für die MSI, die machen wieder mal etwas ganz anderes!"

I: In Summe gesehen, wenn ich das noch mal jetzt ganz Revue passieren lasse, ist das ein toller Prozess gewesen.

R: Ja, und ich glaube nicht, dass wir es mit einem anderen Integrationsprozess besser und schneller geschafft hätten.

I: Danke.

MERGER/PROZESSVERBESSERUNG: DER PROJEKTLEITER FÜNF JAHRE DANACH

Das Interview fand fünf Jahre nach Abschluss eines internen Merger-/Prozessverbesserungsprojektes in einem großen Automobilzulieferkonzern statt (s.u. Definition der Ausgangssituation durch den Gesprächspartner selber). Gesprächspartner ist M. Benz, damaliger vom CEO beauftragter Projektleiter. Die Besonderheit in diesem Fall war der dramatische Einbruch durch die Finanzkrise, der zu äußerst „schlankem" Vorgehen während der Stabilisierungsphase (auch hier wieder „Implementierung" genannt) gezwungen hat.

Interviewer: Wie war die Ausgangssituation und welche Ziele verfolgten Sie mit dem Veränderungsprozess?

Benz: Die Ausgangssituation ist eine historisch gewachsene Organisation, die auf mehrere Akquisitionen zurückzuführen ist. Irgendwann wurde die Notwendigkeit erkannt, im Sinne des Außen- bzw. des Marktauftritts und der internen Synergien, diese historisch gewachsene Landschaft zusammenzubringen, der Organisation eine Richtung zu geben und in Organisationsmodelle einzukleiden.

I: Welchen Ansatz wählten Sie für die Veränderung?

B: Wir wählten den WaVe-Ansatz, dem Ideen zu Grunde liegen wie z.B. die Betroffenen zu Beteiligten zu machen, einen Querschnitt durch die Organisation zu erzeugen oder eine Plattform für die öffentlichkeitswirksame Projektarbeit zu schaffen; d.h. eine Bühne, die, wenn man die Vorgesetzten und den Betriebsrat einbindet, kaum Raum lässt, Projektergebnisse im Nachgang anzuzweifeln, infrage zu stellen und umzuwerfen. Die Beteiligten merken, dass die gesamte Organisation dahinter steht, von ganz oben bis unten und sie sagen sich: „Die meinen das so und handeln danach".

I: Die kritischen Kräfte waren in den sozialen Prozess eingebunden und konnten nicht ausweichen?

B: Die hatten kein Ausweichen. Sie hatten aber durchaus in der Projektarbeit die Möglichkeit, die Bedenken mit einzubringen. Und wenn sechs von zehn sagen, es macht Sinn und vier sagen es macht keinen Sinn, dann waren immerhin sechs dafür, und wir als Mehrheit haben das mitgetragen.

I: Was ist dafür nötig?

B: Also dafür war WaVe ein sehr, sehr tolles Instrument. Aber ohne Führung von oben, die Leitplanken setzt, die klar umreißt, was in diesen POTs erarbeitet werden soll, die auch mal den einen oder den anderen Dialog in eine Richtung bringt nach dem Motto: „wir müssen jetzt zum Ende kommen, entscheidet euch!", endet das Ganze im Chaos. Also man braucht da schon jemanden, der gewisse Leitplanken bietet.

I: Die Leitplanken schaffen die Voraussetzung, dass der ganze Prozess sichtbar und innerhalb der Organisation wirksam wird. Was braucht es dafür an Bereitschaft und Veränderungswillen?

B: Es setzt voraus, dass der Vorsitzende der Geschäftsführung, der Vorstandsvorsitzende oder eine Gruppe aus dem Management oder das Topmanagement sagen: „Das wollen wir wirklich". Es braucht einen Nucleus, der etwas zu sagen hat.

I: Wie stellt sich für Sie das Thema Kontrolle und Steuerung durch das Topmanagement dar?

B: Die lassen per se nicht gern los. Das tut keiner gern. Der Schlüssel zu so einem Veränderungsprozess ist es, den Leuten zu sagen, sie sollen am Prozess entlanggehen: „Lass uns über Prozesse sprechen! Lass uns über Ergebnisse sprechen! Lass uns konsequent vorangehen, lass uns einer Struktur folgen, die ihrerseits einer Strategie folgt"!

I: In den POTs gibt es keine vorbestimmten Rollen und Aufgaben. Die Gestaltung liegt in den Händen der Gruppe.

B: Es gibt zwei Möglichkeiten, das zu steuern. Im klassischen Petersen´schen Ansatz hätten die POTs Sprecher. Das war mir zu kritisch, da oft diejenigen vorne stehen, die am lautesten schreien.

Man kann dafür sorgen, dass die Richtigen gewählt werden. Oder man entscheidet: „Wir wählen nicht! Der und der macht es"! Und das muss jemand sein, der in der Lage ist, das POT vernünftig zu begleiten, der von den Beteiligten akzeptiert wird und der sagt, „ich mache da mit, weil ich daran glaube".

I: Wie kamen Sie zum U-Team?

B: Wir haben die betroffenen Bereiche gebeten, einen wirklichen Querschnitt zu benennen, Personen, die Projekte tatsächlich unterstützen können.

Die große Herausforderung eines solchen Projektes ist ja das Tagesgeschäft. Wichtig ist, den Leuten zu sagen: „Wenn wir das hier richtig machen, ist auch euer Tagesgeschäft hinterher leichter". Das war sicherlich der Schlüssel zum Erfolg.

I: Dann gab es den TOP- und die Frameworkshops. Was war da der entscheidende Faktor?

B: Wichtig ist, eine klar formulierte Zielsetzung zu haben, wenn man so etwas aufsetzt: Was wollen wir denn erreichen? Und daraus abgeleitet die Leitplanken. Sehr gut ist, wenn man bewusst die Tabus, die herrschenden „Denkverbote" anspricht. Das war immer meine Rolle. Ich habe dann gesagt, „ich weiß, was ihr glaubt, was ihr nicht denken dürft. Ich werde es formulieren; denn ihr würdet die Frage nie stellen, während eure Chefs hier im Raum sitzen". Und ich habe auch in den Großworkshops (Town-Meeting, Vernetzungsforum), als die obersten Chefs da waren, die Denkverbote auf den Tisch gebracht: „Ich weiß, dass nicht jeder, der in der ersten Reihe sitzt, diesen Prozess voll unterstützt. Aber wir wollen den Dialog, um Sie zu überzeugen".

I: Zu den Town-Meetings: Was sind die drei, vier wichtigsten Momente daraus?

B: Da habe ich das erste Mal ein Wir-Gefühl gespürt. Das Zweite war die Meinung, die ich herausspürte: „Die haben ein Ziel! Das wollen die erreichen. Und dieses Mal fragen sie uns; die, die es wissen. Und es kommt nicht von oben oder von der Seite. Jetzt hören die uns mal zu!"

I: Der nächste Schritt war die Besetzung der POTs durch die Bereiche selber.

B: Das ist sinnvoll. Es gibt den Leuten das Gefühl, „ich habe meine Leute da rein geschickt". Ein Projektleiter, der das Unternehmen kennt, sieht auch an der Benennung der Leute, was die Intension ist. Da entsteht der nächste Dialog, wie ja der ganze Prozess von Dialogen lebt, nicht nur in diesen großen Veranstaltungen. Das ist ein großes Gespräch in der gesamten Organisation.

I: Was würden Sie heute, rückblickend, in dieser Phase anders machen mit den POTs und der Netzwerkarbeit und dem U-Team?

B: Nichts. Das war gut. Das war eine Sternenkonstellation, wie man sie selten hat.

I: Die Ergebnisse der POTs wurden im Town-Meeting präsentiert. Wie war das? Was hat das ausgelöst?

B: Sie können nicht davon ausgehen, dass jedes POT aufgrund der Zusammensetzung neutrale, zielführende Ergebnisse liefert. Das Wichtige ist, dass die jetzt nichts präsentieren, was völlig diametral gegen das Ziel des Projektes ist. Das Ringen um die Lösung schweißt die Leute zusammen. Der Projektleiter ist gefordert, im Vorfeld den Dialog mit den POTs zu suchen: ist das wirklich die Meinung dieses Kreises? Gibt es eine versteckte Agenda? Die Leute ermutigen, noch mal drüber nachzudenken. Das Meeting selber erzeugte dann einen ungeheuren Schub für das Vorhaben.

I: Gab es innerhalb des gesamten Prozesses die Botschaft: „Wir werden die Ergebnisse der POTs umsetzen"?

B: Ja. Das war Maßgabe, und wir haben die vorgestellten Ergebnisse so umgesetzt. Das erzeugte wiederum eine hohe Euphorie. „Jetzt geht es los, jetzt geht es los!" haben die in den Gängen gesungen. Die Phase mit den PITs war weniger öffentlichkeitswirksam, und schon kamen die alten Strukturen. Und wir mussten in der Implementierungs-Phase mehrfach nachsteuern, indem wir sagten: „Das sind die Ergebnisse der POTs, die werden so umgesetzt!"

I: Den gesamten Prozess im Blick: was würden Sie belassen, was würden Sie ändern?

B: Am Prozess nichts. War sehr, sehr spitze, ist gut, klasse. Ändern würde ich: Im Vorfeld des Projektes ein klares Commitment vom Auftraggeber anfordern für die organisatorische Umsetzung. Zum anderen würde ich in der Umsetzung auf die Geschwindigkeit drängen. Schneller umsetzen. Sie müssen das Eisen schmieden, solange es warm ist. Wenn Sie das nicht schaffen, dann verlieren Sie auch viel Begeisterung.

I: Was sind in Ihren Augen weitere wesentliche Ergebnisse?

B: Zum einen verändert es die Kultur der Zusammenarbeit maßgeblich, ohne dass es als Ziel deklariert wird. Weiterhin schön ist, dass dieser ganze Prozess das beste und größte Assessment-Center ist, das Sie sich vorstellen können. Sie sehen die Mitarbeiter ja sonst nicht so im Tagesgeschäft. Und, Sie sparen sich auch noch das 360° Feedback, die Beteiligten erfahren das Feedback in der direkten Prozessarbeit.

I: Was geben Sie einem potenziellen Interessenten, der dieses Verfahren machen möchte, mit auf dem Weg?

B: Also dieses sind zwei Botschaften. Nummer eins: Mach es nur, wenn du es ernst meinst. So viel Gutes du damit erreichen kannst, wenn du es ernst meinst und richtig machst, so negativ wirkt es, wenn das Thema halbherzig betrieben wird und als Alibi-Projekt formuliert wird. Nummer zwei: die Umsetzung muss mit der gleichen Konsequenz und hoher Geschwindigkeit erfolgen.

I: Danke für das Gespräch!

F) AUSBLICK

Bei der bisherigen Darstellung von WaVe haben uns vier Ziele geleitet: Wir wollten Einblick geben,

1. wie Change-Projekte auf der Basis von WaVe angelegt werden,
2. wie die konkrete Durchführung aussieht und
3. welche Besonderheiten in den vier unterschiedlichen Anwendungsfeldern zu beachten sind.

Wir hoffen, damit dem Praktiker eine Anleitung zur Bewältigung der entsprechenden Herausforderungen an die Hand gegeben zu haben. Wenn das gelungen ist, sollte es dem Interessierten auch möglich sein,

4. WaVe als Veränderungsverfahren zu etablieren, d.h. zum wiederholten Gebrauch in der Organisation/im Unternehmen wach zu halten.

Wir sprachen aber auch von einem „Tor in die Zukunft", das sich mit WaVe öffnen lässt (s.o. Vorwort, „Der dreifache Vorteil").

„UNTERNEHMENSBÜRGER"

Welche Hypothesen bezüglich der Zukunft von Unternehmens-/Organisationen als sozialen Systemen werden aufgestellt, welche Prognosen formuliert, die wir zur Kenntnis nehmen sollten, wenn wir uns mit Change-Management befassen?

Die Zeit der „Unternehmensbürger" ist angebrochen, heißt es. Die Unternehmen der Zukunft werden demokratisch werden, die Beschäftigten werden künftig stärker mitreden. Führungskräfte werden von den Mitarbeitern direkt gewählt werden. Führung wird nicht mehr eine Funktion sein, die von der Unternehmensspitze und wie aus höherer Gnade verliehen wird. Die Ausübung von Führung wird vielmehr von der Akzeptanz der Geführten abhängen. Natürlich, so die einschränkende Präzisierung, werden sich Unternehmen nicht in Parlamente verwandeln. Aber dass es immer mehr auf die Menschen ankommt, daran scheint es keinen Zweifel zu geben. So sieht jedenfalls ein ehemaliger Personalvorstand großer deutscher Dax-Unternehmen die Zukunft (Interview mit Thomas Sattelberger, Die Zeit, Nr. 46, 7.11.2013) und die Trends scheinen das zu bestätigen: Von Stuttgart 21 angefangen, über die Occupy-Bewegung, den Ur-Wahlen und Mitgliederbefragungen in den Parteien und den Volksbefragungen generell, zu den diversen politischen Umwälzungen überall auf der Welt. Das ganze kulturelle Umfeld ändert sich, so wird argumentiert, und Politik und Medien spielen dabei eine zentrale Rolle: Die Entwicklung geht in Richtung mehr Transparenz. Die Unternehmen werden „gläserner" und der Rechtfertigungsdruck gegenüber der Öffentlichkeit nimmt zu. Das zeigen die Vergütungsdiskussionen, das zeigt die zunehmende Gewichtigkeit von Compliance-Fragen und die Akzentverschiebung in Richtung ethisches Handeln und das zeigt das zunehmende Streben in Richtung Nachhaltigkeit.

Dass WaVe das ideale Podium bietet, auf dem sich diese Zukunft antizipieren lässt, sollte nach dem bisher Besprochenen klar sein: Mitarbeiter können sich in die Rolle des Unternehmensbürgers eingewöhnen, Organisationen können sich auf die Zukunft praktisch vorbereiten; wohlgemerkt: beides über das Kernanliegen, eine effektive und nachhaltig wirksame Change-Maßnahme durchzuführen, hinaus!

NEUE MACHTVERHÄLTNISSE

Es liegen aber auch Daten und Fakten vor, die eine noch direktere Sprache sprechen: Die technologischen Umbrüche lassen uns die Welt der Massenproduktion zunehmend vergessen, wie wir wissen. Als Folge ist der Wissensarbeiter gefragt.

Das Wichtige dabei ist, dass es nicht um ein Eliten – sondern um ein Breitenphänomen geht. Denn auf diesem Hintergrund wird deutlich, dass wir uns im deutschsprachigen Raum einer Talentlücke gegenüber sehen, die die Machtverhältnisse auf dem Arbeitsmarkt auf den Kopf stellen wird. Dass sich nämlich künftig die Arbeitgeber bei den Arbeitnehmern bewerben müssen, belegen Daten. Zwischen 2007 und 2012 ist die Zahl der jungen Menschen, die sich um einen Ausbildungsplatz bewerben, z.B. in Deutschland um mehr als 200.000 zurückgegangen. Bis 2030 werden fünf Millionen Fachkräfte fehlen; nicht nur Akademiker, sondern vor allem Meister, Techniker, Facharbeiter und Handwerker. „Diese Lücke schließen Sie nicht mit Zuwanderung. Wir haben noch nicht verstanden, in welcher Geschwindigkeit und Dramatik sich der demografische Wandel abspielt" (T. Sattelberger, a.a.O.).

„Woraus besteht denn ein Unternehmen? Doch aus seinen Mitarbeitern" (Zeit, aaO). Diese Antwort – eines Topmanagers – rückt das hier gezeichnete Bild in den angemessenen Kontext: Wir sprechen nicht „nur" über ein Personal-Fachthema, sondern über einen Mega-Trend und damit eine zentrale Überlebensfrage.

Auf die Frage, was denn zu tun sei, lautet die Antwort:

- Für mehr Freiheit sorgen,
- mehr Vielfalt zulassen,
- auf Solidarität achten und
- auf die Sinnhaftigkeit von Arbeit (T. Sattelberger a.a.O.).

Es ist wohl leicht erkennbar, dass sich in Bezug auch auf diese Forderungen mit WaVe einiges tun lässt. Die vier Forderungen bzw. Lösungsangebote können gut und gerne als Kernprinzipien von WaVe durchgehen, wenn wir die zwölf Prinzipien Revue passieren lassen.

Noch deutlicher wird die Verwandtschaft zwischen dem hier zitierten und dem WaVe-Ansatz, wenn wir uns erinnern, dass sich mit WaVe eine zweite Organisationsdimension etablieren lässt, wie sie von Kotter empfohlen wird (s.o. Kap. A: „second operative system" und Kap. D, zum Thema „Strategiearbeit"); denn mit einem derartigen „Strategienetzwerk" verlassen wir die flüchtige Projektwelt und betreten endgültig festes organisationales Neuland.

Viel weiter in diese Richtung geht dann noch Gary Hamel, der fordert: „First let´s fire all the managers!" (in: Harvard Business Review, Dec. 2011: Inside the most creative managed company).

„… imagine a company where…

- ▫ No one has a boss.
- ▫ Employees negotiate responsibilities with their peers.
- ▫ Everyone can spend the company's money.
- ▫ Each individual is responsible for acquiring the tools needed to do his or her work.
- ▫ There are no titles and no promotions.
- ▫ Compensation decisions are peer-based.

… These are the signature characteristics of a large, capital-intensive corporation whose sprawling plants devour hundreds of tons of raw materials every hour, where dozens of processes have to be kept within tight tolerances, and where 4oo full-time employees produce over $7oo million a year in revenues. And by the way, this unique company is a global market leader" (Gary Hamel, 2011).

Hamel will uns also sagen, dass es sich hier nicht um Utopien oder Visionen eines „Weltverbesserers" handelt. Vielmehr hat er den Beweis gefunden, dass sich ein hocheffizienter und erfolgreicher Industriebetrieb als Netzwerk organisieren lässt.

Mit einigen zentralen Bestimmungsfaktoren gibt er uns näheren Einblick in die Funktionsweise (s. Gary Hamel, 2011, ebda.):

- ▫ Jedes Mitglied dieser Organisation legt ein persönliches Mission-Statement fest, in dem der Kern und das Ziel der jeweiligen Aufgabe festgehalten sind.
- ▫ Jedermann formuliert zusammen mit jedem der jeweils für seine Arbeit wichtigsten Partnern im Unternehmen jedes Jahr ein „Common letter of understanding", in dem Vorgehen und Abläufe („operating plan") ausgehandelt, abgestimmt und beschrieben werden. Sie decken bis zu 30 Aktivitäten ab und halten die wichtigsten KPI´s fest. „Every person at Morning Star is a contractor in a web of multi-lateral commitments. As one team member told me. 'Around here, nobody's your boss and everybody's your boss."
- ▫ Für alle im Unternehmen gilt wirkliches „Empowerment": Jeder kann Einkaufsorders ausstellen und den entsprechenden Zahlungsauftrag abzeichnen; es gibt keinen Zentraleinkauf. Die Einkaufsmacht wird stattdessen sichergestellt, indem sich diejenigen, die mit den gleichen Lieferanten zusammen arbeiten, regelmäßig treffen und auf diese Weise für Koordination sorgen. Die Ermächtigung bezieht sich auch auf Personalentscheidungen: Jeder kann prinzipiell im Fall von Personalengpässen einen Einstellungsprozess auslösen …
- ▫ Für die Mitglieder sind keine Rollenbeschreibungen bzw. -definitionen vorgegeben. Die Mitarbeiter tun das, was sie gut können. Und sie können ihr Arbeitsgebiet ausbauen und formen und selber lernen und wachsen. Vorschläge für andere Bereiche, die von anderen Kollegen verantwortet werden, sind willkommen und regen Lernen und Entwicklung an.
- ▫ Obwohl keine Hierarchie existiert und es keine Titel zu gewinnen gibt, herrscht keinerlei Gleichmacherei – im Gegenteil. Jeder beteiligt sich am ehrgeizigen Wettbewerb für die jeweils besten Lösungen in der Sache. Auf diese Weise entstehen Unterschiede. Diejenigen mit den erfolgreichsten Ein-

Tor in die Zukunft

fällen und Vorschlägen gewinnen an Renommee und Ansehen, und ihnen werden in den Honorarvereinbarungen entsprechend höhere Bezüge zugestanden.

Diese Punkte beschreiben die Funktionsweise des Unternehmens nicht erschöpfend. Dazu gälte es eine ganze Reihe anderer Spezifika näher zu beleuchten: Mediationsregeln zur Lösung von evtl. Konflikten, gewählte Komitees zur Gehaltsfestlegung, absolute Zahlentransparenz mit Hilfe der CLOU's (common letter of understanding), Vorlage von business cases zur Begründung von Investitionen, Peer-Review-Verfahren zur Qualitätssicherung, Qualifikationsveranstaltungen zu Grundlagen der Selbstorganisation, usw.

Und das Ergebnis? – Vor allem fällt ein gestaffeltes Management von Managern von Managern ... weg und damit ein riesiger Kostenblock. Mit Wegfall dieses Systems werden Entscheidungsrisiken vermindert, die in Hierarchien nach oben hin proportional zu immer weiter verdichteten Informationen zunehmen. Damit werden immense Zeitgewinne realisiert und es werden Know-how-Potenziale freigesetzt, die ein hierarchisch vorgeprägtes Rollenmuster zwangsläufig ungenutzt lassen muss. Schließlich ist Hamel fasziniert vom hohen Grad an Loyalität, Kollegialität, Flexibilität und Unternehmertum, das ihm in den Gesprächen dort begegnet.

Und damit sind wir beim Punkt. Auch wenn eine demokratisch geprägte Unternehmenszukunft vielen absurd erscheinen mag – dass wir es heute schon nicht mehr mit derart klar geschnittenen Problemstellungen zu tun haben, wie sie für die Entstehung der traditionellen Organisationsform verantwortlich waren, dürfte unstrittig sein. Und die sich beschleunigenden Veränderungen im Umfeld sind ja unübersehbar und allgemeines Diskussionsthema. Wie soll die entsprechende Anpassungsfähigkeit aber möglich sein, außer über die jeweilige Neujustierung, Umstellung und Anpassung des internen Zusammenspiels? Was anderes sollte denn gefordert sein, als die Verflüssigung der internen Kopplungen zwischen den Akteuren, Einheiten, Funktionen?

So oder so, und unabhängig davon, ob ein Management sich mit der Idee einer Netzwerkorganisation anfreunden kann: Das WIE der Organisation muss gestaltbar sein, will sie in der Lage bleiben, den Märkten zu folgen. Dafür ist WaVe gedacht und mit seiner netzwerkartigen Projektanlage besonders gut in der Lage.

In der Lage zu sein, den Märkten zu folgen, heißt, wie wir oben schon diskutiert haben (s.o.Teil B, Prinzip 1): den Wandel zweiter Ordnung zu beherrschen. Denn es geht ja nicht nur darum, neue Projekte oder Aufträge zu akquirieren, neue Technolgien einzusetzen und neue Produkte zu entwickeln. Dieser permanente Wandel ist ja im Gang und durch die Praxis jedes erfolgreichen Unternehmens tausendfach belegt.

Die Herausforderung, die sich heute mehr denn je stellt, besteht darin, den Gang der Dinge seinerseits gestaltbar zu machen, fähig zu sein, auf diesen Veränderungsfluss Einfluss zu nehmen, die Prozesse, die das tägliche Geschäft ausmachen, bei Bedarf umzuleiten, neu zu ordnen, zu bereinigen usw. Change-Management muss daher aus WaVe-Sicht entsprechend der Begriffkombination zweidimensional gesehen werden:

A. Es geht einmal um den Wandel des Wandels, also darum, die Art und Weise, wie eine Organisation lernt und sich ändert, qualitativ weiter zu entwickeln (Change als „Wandel zweiter Ordnung").

B. Zum zweiten geht es um das Management des Wandels, also weder um eine Kunst noch um einfaches Projekt-Management, sondern um professionelles und transparentes Veränderungshandeln, das man lernen und wiederholt anwenden kann.

Dazu soll dieses Buch ermutigen.

GLOSSAR

	Begriff	Erklärung
1.	**Adressaten** (s. Kap. C 7.2 und Abbildung C.20)	Die Adressaten sind die Zielgruppen der PITs. Sie sind die „Umsetzer" in der Linie (Welt I) während der Stabilisierungsphase; die PITs sind die „Treiber" (Coaches) und Teil der Welt II.
2.	Aufmerksamkeitsmodus (s. Kap. B.2.3)	Führung im Allgemeinen und Veränderung im Besonderen geschieht durch Lenkung von Aufmerksamkeit. Ohne Aufmerksamkeit kein Wandel (im Sinne von Wandel II; s.u.)! Die „Kunst" des Wandels liegt darin, die betroffene Organisation zu sensibilisieren und für das anstehende Change-Projekt zu interessieren. Wenn der Wandel Tages-Thema geworden ist, befindet sich die Organisation im Aufmerksamkeitsmodus.
3.	Dritte Kultur (s. Kap. D.5.3 und Abb. D.12)	Die „3. Kultur" ist die Projekt-Kultur, die bei einem Merger zweier Organisationen (1. und 2. Kultur) mit WaVe entsteht. Es ist die erste gemeinsam erlebte und beobachtbare Kultur (Kultur der Welt II). Sie wird durch die Projektbeteiligten, die aus den beiden unterschiedlichen Herkunftskulturen stammen, hervorgebracht. Sie hat starke Signal-Wirkung und funktioniert als Modell für die Zukunft. Die 3. Kultur bewährt sich besonders bei „Novationen" (Neugründungen durch Fusionen) durch ihre integrative Funktion; denn sie lässt die Frage, ob die 1. oder 2. Kultur gelten soll, in den Hintergrund treten.
4.	Dynamik	Siehe unten Begriffe 7., 13. und 18.
5.	Fokussierte und unfokussierte Bearbeitung	Gewisse Phänomene lassen sich nicht direkt beeinflussen oder gestalten: Die Kultur gehört dazu. Sie verhält sich wie ein Horizont, der sich mit jeder Annäherung zurückzieht. Wir rücken daher SPSS in den Fokus (das WAS). Die Art, wie wir diese Bearbeitung organisieren (das WIE), wirkt aber selbsttätig kulturprägend. Das verstehen wir unter unfokussierter Bearbeitung (Das Wirkungsprinzip der „3. Kultur").

6.	Frame Workshop (Frameworkshop) (s. Kap. C.3.1 und C.3.2)	In den Frame-Workshops – im allgemeinen sind zwei zweitägige Frame-Workshops mit dem Unterstützungsteam vorgesehen – wird der Rahmen für das Veränderungsprojekt erarbeitet, daher die Bezeichnung Framework-Shop. Es werden die inhaltlichen Leitplanken, d.h. was erarbeitet werden soll (Aufträge an Netzwerkgruppen), und die vorgehensmäßigen Leitplanken, d.h. wie etwas erarbeitet werden soll (Spielregeln), erarbeitet und definiert. Die definierten Leitplanken werden in einem gleichnamigen Papier festgehalten. Dieses bildet die wesentliche Arbeitsgrundlage für die weiteren Arbeiten.
7.	Interaktionsdynamik (s. Kap. A.3.1)	Das ist die Dynamik, die sich innerhalb eines Netzwerkteams abspielt: Zusammenarbeitsdynamik, Gruppendynamik etc. Es ist eine der drei zentralen Dynamiken in WaVe, die den Wandel vorantreiben.
8.	Kontextsteuerung (s. Kap. A.2 und A.3.1)	Kontextsteuerung ist der Kontrapunkt zu hierarchischer Steuerung bzw. Führung. Systemsteuerung erfolgt durch die Definition eines *zweckmäßigen* Kontextes, d.h. von sinnvollen Rahmenbedingungen bzw. Leitplanken, Spielregeln, innerhalb derer sich das System, z.B. die Netzwerkgruppen selbst steuern. Dahinter steht die Überzeugung, dass soziale Systeme sich selbst steuernde Systeme, oder in der Sprache der Systemtheorie „autopoietische Systeme" sind. Wir vertrauen auf das System der Selbstregulation innerhalb eines klar definierten Rahmens/Kontextes.
9.	Konvergente und divergente Arbeitsformen (Konvergenz / Divergenz) (s. Kap.C.4 Einleitung)	Ein Wandlungsprozess verläuft in sich abwechselnden divergenten (auseinanderstrebenden) und konvergenten (zusammenlaufenden) Arbeitsformen. Divergente Situationen sind gekennzeichnet durch Vielfalt, Kreativität. So entstehen in mehreren parallel arbeitenden Gruppen neue Ideen, Lösungsvarianten etc. Konvergente Situationen sind gekennzeichnet durch Verdichtung, Auswahl, Zusammenführung, Prioritätensetzung. Dies erfolgt vor allem in Plenarveranstaltungen durch Meinungsbildung, Einigungsprozesse, Entscheidungen.

10.	Leitplanken/ Rahmenbedingungen (s. Kap. C.3.1 und C.3.2)	Darunter werden die Grenzen verstanden, innerhalb derer sich das Veränderungsvorhaben abspielt. Die Grenzen werden am Anfang des Projektes definiert. Konkret sind es z.B. klare Aufgabenabgrenzungen, Regeln (z.B. die sog. Nicht-Regeln), Prinzipien usw., die den Kontext des Veränderungsprozesses definieren und steuern. Die Leitplanken haben als Grenzziehung einen Doppelcharakter. Sie sind einerseits Begrenzung und Eingrenzung und andererseits Offenhalten von Spielräumen. Sie haben eine inhaltlich/sachliche Dimension (Sachauftrag) und eine soziale und zeitliche Dimension (Selbstorganisationsauftrag).
11.	Mikrokosmos (auch: Diagonaler Schnitt) (s. Kap. C.5.2.1)	Darunter wird ein Abbild der Gesamtorganisation in einer überschaubaren Gruppe verstanden. In dieser Gruppe sollten die verschiedenen Hierarchieebenen der Organisation und andere wichtige Merkmale, z.B. verschiedene Funktionen, repräsentiert sein. Nach dem Mikrokosmos-Prinzip sind *annäherungsweise* die POTs, die PITs und das U-Team zusammengesetzt.
12.	Netzwerk s. Kap. A.1.2 und Kap. B.10)	Unter „Netzwerk" wird im WaVe-Konzept der Kontext verstanden, in dem Wandel stattfindet. In anderen Worten versteht man darunter eine vernetzte, nicht zentral gesteuerte Projektorganisation im Unterschied zur Hierarchie. Dieses Verständnis von Netzwerk in WaVe unterscheidet sich vom herkömmlichen Verständnis von Netzwerken: Das WaVe- Netzwerk ist ein definiertes Netzwerk mit Grenzen und einer Zielsetzung und ist damit ein soziales System. Offene Netze haben keine definierten Grenzen (z.B. klare Mitgliedschaft), verändern sich stetig und sind somit keine sozialen Systeme.
13.	Netzwerkdynamik (s. Kap. A.3.1 und C.5.2) und Abbildung A.3	Das ist die Dynamik, die zwischen den verschiedenen Netzwerkteams abläuft, wie Vernetzung, voneinander lernen, Austausch, aber auch Wettbewerb, Abgrenzung etc. Es ist eine der drei zentralen Dynamiken in WaVe, die den Wandel vorantreiben.
14.	Netzwerkteams (s. Kap. B.8, B.9, C.5.2 und Abb. C.15)	Netzwerkteams sind die Teams von ca. 9 Personen, welche die Resultate aufgrund klar definierter Aufträge selbstverantwortlich erarbeiten. Sie haben die Aufgabe, sich untereinander selber zu organisieren; d.h. zu interagieren und sich zu vernetzen. Daher die Bezeichnung Netzwerkteams. Intern funktionieren sie nach Prinzipien der Selbststeuerung. Das betrifft auch die Leitung der Gruppen. Die Netzwerkteams sind am besten vergleichbar mit selbstorganisierten Teilprojektgruppen.

15. Nicht-Regeln (s. Kap. C.3.2.3 und Abbildung C.10)	Bezeichnung für die Regeln, die neben dem Arbeitsauftrag den Rahmen für die Arbeit in den Netzwerkgruppen vorgibt. Nicht-Regeln *heißen* sie deshalb, weil sie etwas *ausschließen*, was sonst häufig Themen in Veränderungsprojekten sind. Und sie eröffnen einen *großen* Handlungsspielraum, denn alles andere ist erlaubt. Beispiele für Nicht-Regeln: Keine Hierarchiediskussionen! Keine Kästchen malen (Organigramme)! Keine Überraschungen! d.h. was umgesetzt wird, muss kommuniziert sein. Keine Perfektion! – Grundlegende Gesetzesaussagen sind so formuliert wie z.B. die zehn Gebote.
16. Nominierungsverfahren (s. Kap. C.4.2)	Die Delegation von Mitarbeitenden in die Netzwerkgruppen erfolgt nicht durch eine Selektion durch das Management, sondern in einem geordneten Wahlverfahren durch die Mitarbeitenden aufgrund vereinbarter Kriterien, wie fachliche Kompetenzen, Sozialkompetenz usw. Die gewählten Personen sind dadurch in einer hohen Verantwortung gegenüber ihren Wählern.
17. N x V x V > W (s. Kap. C.2.1.3 und Kasten C1)	N = Not-Wendigkeit oder nötiges Problembewusstsein V = Vision, kraftvolles Zukunftsbild V = Verfahren, Vorgehen W = Widerstand. Die Faustformel besagt, dass Veränderung nur gelingen kann und zu erwartende Widerstände (= Beharrungskräfte im Sinne des vorhandenen organisationalen Wissens) überwunden werden können, wenn die Notwendigkeit für Veränderung vorhanden ist und eine Anzahl verantwortlicher Menschen auch tatsächlich etwas verändern wollen und dafür Energie, Engagement aufbringen, wenn eine Vision oder ein klares Zukunftsbild vorhanden ist und über das Verfahren (Vorgehen) Klarheit besteht. Wir sprechen auch von „Erfolgsformel", weil sie grundsätzlich zur Strukturierung von Interaktionen dienen kann (Workshops, Gespräche, Entwicklungsprozesse).
18. Organisationsdynamik (s. Kap. A.3.1 und Abb. A.2 und A.3)	Das ist die Dynamik, die sich zwischen Welt I und Welt II abspielt, durch Beobachtungsprozesse, Beeinflussung, Austausch etc. Mit Hilfe dieser Dynamik lässt sich die erforderliche Breitenwirkung (auch in großen Organisationen erzielen). Es ist eine der drei zentralen Dynamiken in WaVe, die den Wandel vorantreiben.

19. POT / PIT (s. Kap. B.8, C.5.2.1, C.7.2 und Abb. C.15, 19 und 20)	POT = Prozessoptimierungsteams: das sind die Netzwerkteams, welche definierte Prozesse neu erarbeiten bzw. optimieren. PIT = Prozessimplementierungsteams, Nachfolger der POTs vertiefen die Prozesse, informieren und qualifizieren die Anwender (bzw. die Adressaten).
20. Projektorganisation (s. Kap. C.3.2 und Abbildung C.15)	Das ist die Organisation des ganzen Veränderungsprojektes. Im WaVe-Verfahren ist das eine netzwerkartige Projektorganisation im Unterschied zu einer klassischen Projektorganisation mit den hierarchisch angeordneten Projektorganen und Gremien.
21. Protagonisten (s. Kap. A.3.1, C.4.2.3 und C.5.2.1)	Das sind diejenigen Personen, die im Veränderungsprojekt aktiv mitwirken, insbesondere die Mitglieder der Netzwerkteams. Diese werden von den anderen Organisationsmitgliedern gewählt (Nominierungsverfahren).
22. Prozesse (s. Kap. C: ist durchgängig am Beispiel einer Prozessgestaltung aufgezogen)	Hat zwei Bedeutungen: 1. Geschäftsprozesse (laufende Prozesse: Führungs-, Geschäfts- und Unterstützungsprozesse) 2. Entwicklungsprozesse (wie einmalige Change-Projekte).
23. Publikum (s. Kap. A.3.1 und Abb. A.2)	Das sind alle Organisationsmitglieder, welche nicht unmittelbar im Veränderungsprojekt mitwirken, das Projekt aber als Beobachter verfolgen und Rückmeldungen geben, z.B. im Town-Meeting.
24. Pull-Modus (s. Kap. B.4.3)	Zum Ende der Transformationsphase hin, spätestens nach dem ersten Town-Meeting, konzentriert sich die Aufmerksamkeit der Mitarbeitenden auf die Frage, ob tatsächlich und konsequent umgesetzt wird. Alle wollen, dass der Wandel Wirklichkeit wird (bzw. sich in SPSS niederschlägt). Die Organisation befindet sich im Pull-Modus. Das Wichtigste, der Durchbruch, ist geschafft. Das traditionelle „Umsetzungsproblem" ist nicht entstanden.
25. Selbststeuerung (s. Kap. B.9 und C.5.2.1)	Selbst-Steuerung und nicht hierarchische Steuerung sind das Steuerungsprinzip in der netzwerkartigen Projektorganisation, insbesondere in den Netzwerkteams. Die Teammitglieder regeln die Rollenverteilung, die Wahrnehmung von Führung, die Art der Entscheidungsfindung usw. selbst. Es gilt die Nicht-Regel: Keine Vor-Gesetzten!

26.	SPSS (s. Kap .B.1)	S = Strategie P = Prozesse (Geschäftsprozesse, Unterstützungsprozesse usw.) S = Systeme (IT, Beurteilung, Zielvereinbarung usw.) S = Strukturen (Organisationsstruktur, Kommunikationsstrukturen usw.) Das WaVe-Konzept geht davon aus, dass die wirklich wichtigen Veränderungsthemen in die Themenbereiche Strategie, Prozesse, Systeme, Strukturen fallen. In vielen Veränderungsprojekten spielt die Prozessneugestaltung oder -verbesserung eine zentrale Rolle. Wenn sich in diesen Bereichen nichts ändert, können wir nicht von wirklichem Wandel (Wandel II) sprechen.
27.	Startallianz (s. Kap. C.2.1.5)	Die Teilnehmenden des Top-Workshops werden Startallianz genannt, da es entscheidend ist, dass sie ein „Bündnis" eingehen, d.h. entschlossen und sich einig sind. Sie haben eine besondere Bedeutung, weil sie den ganzen Veränderungsprozess starten und ihn in der Regel auch wollen, d.h. sich besonders engagieren und bereit sind, sich dafür einzusetzen (Machtpromotoren).
28.	Systemisch (s. Kap. A. 2.2 und Kasten A.4)	Denken in Kontexten und inneren Wechselwirkungen. D.h.: Nicht die Einzelheiten stehen im Vordergrund, sondern die Beziehungen zwischen ihnen (Relationen statt Relata). Nicht Wesenheiten interessieren, sondern Unterschiede (Differenz statt Essenz/Substanz). Haupterklärungsinteresse: Umgang mit Komplexität.
29.	Timebox-Verfahren (s. Kap. B.11.1)	ist eine Planungstechnik, die einen festen Zeitrahmen für das Projektende und allenfalls die wesentlichen Zwischenmeilensteine (z.B. Kick-off, Town-Meeting) festlegt. Ist im agilen Projektmanagement verbreitet.
30.	Top-Workshop (s. Kap. C.2.1)	Der Top-Workshop ist der erste, ca. zweitägige Workshop des beschlossenen Veränderungsprozesses. Die *maßgebenden* verantwortlichen Führungskräfte nehmen daran teil, aber auch andere Mitglieder der Organisation. Der Teilnehmerkreis soll *einen* Mikrokosmos der ganzen Organisation repräsentieren. Inhaltlich geht es grob gesagt um die Erzeugung von Veränderungsenergie, die Entwicklung einer Vision, Klärung des grundsätzlichen Vorgehens, von strukturellen und strategischen Eckwerten und der Zusammenstellung des U-Teams.

31.	Town-Meeting (s. Kap. C.6.1)	Das Town-Meeting ist der Ergebnisworkshop, in dem die Netzwerkgruppen ihre erarbeiteten Resultate präsentieren und zur Diskussion stellen. Es wird Feedback eingeholt und das Management leitet die Umsetzung ein (bzw. die Überführung in kontinuierliche Verbesserungsarbeit). Im *Allgemeinen* ist dies eine Großgruppenveranstaltung von einem Tag.
32.	Umsetzungsgewissheit (s. Kap. B.4)	Die Gewissheit, dass das, was in den Netzwerkgruppen erarbeitet wurde, tatsächlich auch umgesetzt wird. In WaVe gibt das obere Management diese Zusage unter der Bedingung strikter Einhaltung der WaVe-Regeln (insbesondere: jederzeitige Transparenz). Die Befolgung dieses Prinzips zwingt alle Seiten zum intensiven Dialog.
33.	Unterschied (s. Kap. B.)	Im WaVe-Konzept erfolgt Wandel durch das Erzeugen von Unterschieden. „Mach Unterschiede" ist das oberste Leitprinzip von WaVe, z.B. den Welt I- Welt II-Unterschied. Der zentralste Unterschied ist der System-Umwelt-Unterschied, ein Grundprinzip des systemischen Denkens. Die *maßgebenden* praktischen Unterschiede des WaVe-Konzeptes zu anderen Veränderungsansätzen sind die 12 Prinzipien (s. Kap. B).
34.	Leitende Unterschiede im WaVe-Denken (s. Petersen et al. 2011, S. 63 ff.)	Grundlegende leitende Unterschiede sind: Netzwerk – Hierarchie Vielfalt – Selektivität Autonomie – Fremdbestimmung Vertrauen – Macht Öffentlichkeit/Transparenz – Intransparenz. So besteht z.B. die Orientierung am Unterschied Netzwerk vs. Hierarchie im Aufbau einer netzwerkartigen, leistungsstarken Parallelorganisation, die Schaffung eines Welt I-Welt II-Unterschiedes und eines Dialogs zwischen den beiden Welten.
35.	U-Team (s. Kap. C.3.1.4, Abbildung C.15)	= Unterstützungsteam. Es unterstützt den ganzen Veränderungsprozess. Es definiert den Rahmen für die Veränderung (Aufträge für die Netzwerkteams, Leitplanken) und begleitet den ganzen Prozess, wobei die Verantwortung für die Ergebnisse bei den Netzwerkgruppen *bleibt*. Es besteht aus 6 bis 9 Personen und wird im Top-Workshop gebildet. Im *Allgemeinen* wirken einige Mitglieder der Startallianz im U-Team mit. Im klassischen Projektmanagement ist das U-Team vergleichbar mit der Steuergruppe oder dem Projektausschuss (*dort* aber den Teams hierarchisch übergeordnet).

36.	Veränderungsenergie, Energie	Damit ist das emotionale und tatkräftige Engagement, die Motivation, die Kraft gemeint, die während der ganzen Dauer des Veränderungsprozesses aufgebracht wird, um den Prozess zu einem guten Ergebnis zu bringen. Der jeweilige Grad an Energie ist spürbar am „Geist" des Projekts, an der Stimmung, am „Spirit", von dem diejenigen erfasst werden, die als Außenstehende mit einer Gruppe von Aktiven in Kontakt kommen. Damit ein hohes Energieniveau entsteht, hat sich eine *größere* Anzahl von Beteiligten zu engagieren. Es gilt, während des ganzen Prozesses die Veränderungsenergie hochzuhalten (wir sprechen von „Spannungsbogen"). Hauptenergiequellen stellen die große Verantwortung der Protagonisten dar, der hohe Öffentlichkeits-/Transparenzgrad und das nahe Ziel.
37.	Verfahren	Ein gleichbleibendes Muster von Vorgehensschritten. Vor allem für die sach-logische Bearbeitung von Problemen bekannt (Problemlösungstechniken, Projektmanagement). WaVe stellt ein Verfahren dar, das an der Sozial-Dynamik von Organisationen ansetzt und eine sozio-logische Bearbeitung der Problemstellung ermöglicht. Dies befreit von der Notwendigkeit, bei jedem Veränderungsprojekt eine neue Veränderungs-Architektur entwerfen zu müssen.
38.	Wandel I – Wandel II (s. Abb. B.2.1 und Kasten B.1)	Wandel I bezeichnet kleine Veränderungen, die bei der Arbeit **im System** vorgenommen werden, also die stetige Weiterentwicklung der Organisation. Wandel II hingegen bedeutet Arbeit und Veränderungen **am System** mit grundlegendem Charakter. Der stetige Wandel I wird damit verändert und auf ein neues Niveau gehoben.
39.	Vernetzungsforum (s. Kap. C.5.3)	Ein Vernetzungsforum ist eine ca. eintägige Veranstaltung, auf der sich die Netzwerkteams am gleichen Ort treffen, um an ihren Themen zu arbeiten und auf einfache Weise mit anderen Netzwerkteams zusammenarbeiten zu können; zu Koordinationszwecken und zur Klärung von Nahtstellen u.ä. Vernetzungsforen sind bei Veränderungen nach WaVe dann erforderlich, wenn örtlich weit verteilte Organisationen betroffen sind. (z.B. international, global). Je Projektphase werden im *Allgemeinen* 1 bis 3 Netzwerkforen organisiert.
40.	WaVe (s. Kap. A.3)	ist der Name des Veränderungskonzepts „Wandel durch Vernetzung". Es ist ein Gesamtkonzept, das in den 12 Prinzipen und 5 Schritten besteht, wie sie in diesem Buch beschrieben sind.

41.	Welt I –Welt II	Welt I = die Welt in der Linienorganisation
	(s. Kap. A.3.1 und Abb. A.2)	Welt II = die Welt der netzwerkartigen Veränderungsorganisation
		Unter Welt wird alles verstanden, was zur jeweiligen Organisation gehört, insbesondere die Kultur mit ihren Werten, Regeln usw., die Art der Zusammenarbeit, die Art der Führung, aber auch die Organisationsform usw.

LITERATURVERZEICHNIS

[1]   Diwald, Hellmut: Der Kampf um die Weltmeere, Droemer Knaur, München 1991

[2]   Elias, Norbert: Die Gesellschaft der Individuen, Suhrkamp, Frankfurt, 1994

[3]   Hamel, Gary: Inside the world`s most creatively managed Company. Harvard Business Review, Dec. 2011

[4]   Jansen, Stefan A.: 10 Thesen gegen Post Merger Integration Management. Organisationsentwicklung 1/00, S. 32-37

[5]   Kotter, John P: Leading Change. Boston: Harvard business School Press, 1996

[6]   Kotter, John P.: Accelerate!. Harvard Business Review 11/2012

[7]   Martin, Roger L.: The big lie of strategic Planning. In Harvard Business Review, Jan-Feb 2014

[8]   Petersen, Dominik mit Witschi, Urs, Kötter, Wolfgang, Bahlow, Jörg: Den Wandel verändern – Change-Management anders gesehen, Gabler, Wiesbaden, 2011

[9]   Petersen, Dominik: Wandel durch Vernetzung. Organisationsentwicklung. Heft 2, 2000

[10a]   Petersen, Dominik, Witschi, Urs: Komplexes Projektmanagement. Projektmanagement 1/2002

[10b]   Petersen, Dominik, Witschi, Urs: Change – Management von Unterschieden. Organisationsentwicklung, Heft 3, 2002

[11]   Petersen, Dominik, Witschi, Urs: Ganzheitliche Prozessoptimierung am Beispiel einer Krisenbewältigung und Neuorientierung. Zeitschrift für Führung und Organisation 5/05, S. 278- 288, 2005

[12]   Petersen, Dominik, Noya, Manuel: Merger-Management. Die Kulturbegegnung. Management&Qualität 12/2011

[12]   Sattelberger, Thomas: Die Zeit der Unternehmensbürgern bricht an! Interview in Die Zeit Nr. 46 S. 30, 7. November 2013

[12]   www.rhythmisit.com

[13]   Zimbardo, Philip: „In jedem von uns steckt ein Teufel". Interview mit Hubertus Breuer in Süddeutsche Zeitung 01.08.2007

DIE AUTOREN

DOMINIK PETERSEN

Studium der Psychologie in München (Diplom-Psychologe); zwei Jahre klinisch-therapeutische Tätigkeit am Institut für Sozialtraining in München; sieben Jahre freier Verhaltenstrainer; vier Jahre Unternehmer bzw. Geschäftsführer einer Vertriebsgesellschaft; ab 1990 Beratungstätigkeit im Bereich Organisationsentwicklung; ab 1995 Arbeit an und mit WaVe als Change-Management-System; 1997 Übersiedlung nach Italien; ab 2000 Beginn der Publikationstätigkeit; 2002 Gründung der Drift Consulting GmbH in Baden/Schweiz. Geschäftsführer u. Gesellschafter; Projekte in Nord- und Südamerika; 2006 Begründung der Partnerschaft zwischen GITTAmbH/Berlin und Drift Consulting GmbH Baden/Schweiz.

Arbeitsschwerpunkte: Coaching und Führungskräfte-Beratung – Teamentwicklung – Organisationsberatung – Change-Management-Beratung

Weitere Informationen unter: www.driftconsult.com

URS WITSCHI

Studium der Architektur, Nachdiplom Betriebsingenieur an der ETH Zürich, Unternehmensberater am Betriebswissenschaftlichen Institut der ETH, Weiterbildung im systemischen Management, 1991 Mitbegründung des onion Netzwerkes für Beratung. 2002 Gründung, Partner und Geschäftsführer der Drift Consulting. 12 Jahre Vorstandsarbeit und Ehrenmitglied der spm (Schweiz. Gesellschaft für Projektmanagement).

Arbeitsschwerpunkte: Ausbildung und Coaching in Projektmanagement, Organisationsberatung in Unternehmen und öffentlichen Verwaltungen

Weitere Informationen unter: www.driftconsult.com

HANS BAUMEISTER

Studium der Sozialpädagogik-Erwachsenenbildung (Diplom-Sozialpädagoge); 12 Jahre als Mitarbeiter und Führungskraft im sozialen Bereich: Leitung, Marketing, Vertrieb und Veränderungen; 1 Jahr Mitarbeit in einer Unternehmensberatung; 5 Jahre Partner in einer Beratungsgesellschaft; Weiterbildung in systemischer Organisationsentwicklung; seit 1995 selbstständiger Trainer und Berater.

Arbeitsschwerpunkten: Führungsberatung, Coaching, Teamentwicklung und Begleitung von Veränderungsprozessen.

Weitere Informationen unter: www.hans-baumeister.de

CAROLA PUST

Studium der Soziologie und Psychologie in Berlin (Diplom-Soziologin; Diplom-Psychologin), insgesamt 8 Jahre wissenschaftliche Mitarbeiterin für soziologische Forschung und Methodenlehre, 9 Jahre Bildungsreferentin und Leitung der Frauenakademie an der Heimvolkshochschule Jagdschloss Glienicke, 1997 Gründung von Potentiale – Organisationsberatung. Zertifizierte Senior- und Lehrcoach (DCV).

Arbeitsschwerpunkte: Organisationsberatung (Beratung von Firmen und öffentlichen Verwaltungen), Begleitung von Mitarbeiterbefragungen, Entgeltberatung, Hochschullehre „Change-Management"

Weitere Informationen unter: www.potentiale.org

HEINZ VETTER

Ingenieurstudium mit Vertiefung in Betriebswissenschaften an der ETH Zürich (dipl. Ing. ETH); Projektmanager bei der Firma Sulzer für größere, internationale technische Projekte mit Kunden in Europa, China, Südamerika, Russland; Studium der Psychologie an der Universität Zürich (Dr. phil. I); Berater und Ausbilder am Institut für Angewandte Psychologie Zürich (IAP); Weiterbildungen als systemischer Organisationsentwickler und Coach; 1995 Gründung der eigenen Beratungsfirma CORES, Winterthur; seither Berater und Begleiter von Change-Prozessen in der Industrie, der öffentlichen Verwaltung, Spitäler, Non-Profitorganisationen und Bildungsinstitutionen. Dozent für Projekt- und Change Management an der Hochschule für angewandte Wissenschaften Zürich (ZHAW).

Arbeitsschwerpunkte: Beratung und Prozessbegleitung zu den Themenfeldern Change- und Projektmanagement, Strategie-, Organisations-, Führungs- und Teamentwicklung, Konfliktmoderation und Coaching.

Weitere Informationen unter: www.cores.ch

JÖRG BAHLOW

Handwerkliche Lehre als Kfz-Mechaniker; Studium des Maschinenbaus (Arbeitswissenschaft/Produktionstechnik); Weiterbildung in Systemischer Beratung und Prozessbegleitung; seit 1993 Organisationsberater und Trainer bei GITTA mbH; seit 2006 Partner der Drift Consulting GmbH in Baden/Schweiz.

Arbeitsschwerpunkte: Beratung und Umsetzungsbegleitung in strategischen Veränderungsvorhaben, Agiles Projektmanagement, Interaktive Konferenzen mit großen Gruppen, Praxisbegleitung für Führungskräfte.

Weitere Informationen unter: www.gitta.berlin

WOLFGANG SCHICHTERICH

Banklehre; Studium der Sozialpädagogik; Masterstudium zur Personalentwicklung, ab 1990 Ausbildungen als Supervisor, Coach und Psychodramaleiter; vier Jahre Berater zum Aufbau von Verwaltungsstrukturen in den Neuen Bundesländern; ab 2000 interner Change-Berater bei einem Automobilhersteller; Beratertätigkeit in Wirtschaftsunternehmen und Non-Profit-Branchen (Gesundheit, Bildung, Öffentliche Verwaltung); seit 2006 bei GITTA mbH.

Arbeitsschwerpunkte: Prozessberatung bei Veränderungsprozessen, Strategieberatung, Coaching von Führungskräften und Teamentwicklung

Weitere Informationen unter: www.gitta.berlin

The manufacturer's authorised representative in the EU is Springer
Nature Customer Service Centre GmbH, Europaplatz 3, 69115 Heidelberg,
Germany. If you have any concerns regarding our products, please
contact ProductSafety@springernature.com

Printed and bound by CPI Group (UK) Ltd, Croydon, CR0 4YY
26/04/2026
02097302-0019